江汉大学学术著作出版资助

"城市中国"的探讨

民国前期（1912—1937年）社会精英对城市现代化道路的求索

高路 著

中国社会科学出版社

图书在版编目(CIP)数据

"城市中国"的探讨：民国前期（1912—1937年）社会精英对城市现代化道路的求索/高路著．—北京：中国社会科学出版社，2016.7
ISBN 978-7-5161-8303-8

Ⅰ.①城… Ⅱ.①高… Ⅲ.①城市—现代化—研究—中国—1912—1937 Ⅳ.①F299.29

中国版本图书馆CIP数据核字(2016)第124039号

出 版 人	赵剑英
责任编辑	吴丽平
责任校对	石春梅
责任印制	李寡寡

出　　版	中国社会科学出版社
社　　址	北京鼓楼西大街甲158号
邮　　编	100720
网　　址	http://www.csspw.cn
发 行 部	010-84083685
门 市 部	010-84029450
经　　销	新华书店及其他书店
印　　刷	北京明恒达印务有限公司
装　　订	廊坊市广阳区广增装订厂
版　　次	2016年7月第1版
印　　次	2016年7月第1次印刷
开　　本	710×1000　1/16
印　　张	15.25
插　　页	2
字　　数	258千字
定　　价	56.00元

凡购买中国社会科学出版社图书，如有质量问题请与本社营销中心联系调换
电话：010-84083683
版权所有　侵权必究

目　　录

导论 ……………………………………………………………… (1)
 一　选题的缘起 ………………………………………………… (1)
 二　已有研究的主要内容 ……………………………………… (4)
 三　研究成就及不足 …………………………………………… (14)
 四　研究内容和研究方法 ……………………………………… (15)
 五　几点说明 …………………………………………………… (17)
 六　难点和重点 ………………………………………………… (18)

第一章　城市之光：20世纪初的中国城市化概况 …………… (19)
 第一节　20世纪初中国城市数量、人口及地域分布 ………… (20)
 第二节　近代城市兴起的原因 ………………………………… (25)
 第三节　城市化动力的缺陷 …………………………………… (31)

第二章　城市之思：近代中国的城市观 ……………………… (41)
 第一节　传统"城市"与近代"城市" …………………………… (41)
 第二节　引领文明的近代"城市化" …………………………… (44)
 第三节　中国人的市政观 ……………………………………… (50)
  一　"市政"对"国政"的依托 ………………………………… (50)
  二　反资本主义的"平民化"市政 …………………………… (55)

第三章　城市之治：市政构想的蓝图 ………………………… (60)
 第一节　城市体制的选择 ……………………………………… (60)
  一　城市制度的选择 ………………………………………… (60)
  二　从分权到集权的内部管理体制 ………………………… (65)

		三 举步维艰的城市自治 ………………………………… (68)
		四 "民治"与"官治"的两难 ……………………………… (71)
	第二节	城市的设计 …………………………………………………… (77)
		一 城市设计的提出 ……………………………………… (77)
		二 美的城市空间 ………………………………………… (78)
		三 社会结构的设计 ……………………………………… (83)
		四 优雅的城市文化追求 ………………………………… (84)
	第三节	城市治理 ……………………………………………………… (88)
		一 传统城市管理的弊病 ………………………………… (88)
		二 财政管理 ……………………………………………… (91)
		三 住房管理与设计 ……………………………………… (93)
		四 治安与慈善 …………………………………………… (96)
		五 道路交通 ……………………………………………… (100)
	第四节	城市市民文化建设 …………………………………………… (104)
		一 公共空间的营造 ……………………………………… (104)
		二 市民的教育和文化 …………………………………… (106)

第四章 城市之痛：社会精英对中国"城市病"的思考 ……………… (115)
  第一节 知识精英对于欧美"城市病"的认知 ……………………… (115)
  第二节 缺乏城市内涵的物质空间 ………………………………… (119)
  第三节 两极分化的城市社会 ……………………………………… (121)
  第四节 乡村化与工业化城市病的并存 …………………………… (125)
    一 都市里的村庄 ……………………………………………… (125)
    二 人的异化 …………………………………………………… (131)
  第五节 畸形的消费文化 …………………………………………… (133)
  第六节 知识精英对中国"城市病"原因的探讨 …………………… (142)

第五章 城乡之间：时人对城乡关系问题的探讨 ……………………… (156)
  第一节 时人对城乡关系问题的关注 ……………………………… (156)
  第二节 解决城乡关系的途径和对城乡差别原因之分析 ……… (167)
  第三节 近代学者对城乡关系探讨之启示 ………………………… (176)
  第四节 "反城市化"思潮的萌发 …………………………………… (181)

第五节 "反城市化"思潮出现的原因 …………………… (191)
第六节 对"反城市化"思潮的评价 …………………… (194)
第七节 从文学世界看中国知识分子的城乡意识——以京派、
　　　 海派文学为例 …………………………………… (202)

结论 ……………………………………………………… (219)

参考文献 ………………………………………………… (225)

后记 ……………………………………………………… (236)

导　论

一　选题的缘起

19世纪末20世纪初，世界资本主义和中国都进入一个新的发展阶段。从世界来看，主要欧美列强由自由竞争资本主义向垄断资本主义过渡，形成了资本主义世界市场体系，帝国主义加剧了对亚非拉不发达国家的资本输出，中国是它们进行资本输出和商业竞争的重要场所。尤其是中日甲午战争之后，中国被迫缔结《马关条约》，给予了列强在通商口岸开矿设厂之特权，于是列强掀起了一个在中国兴办工业的高潮，相继出现了日本东华公司、英国老公茂纱厂、鸿源纱厂、德国瑞记纱厂等企业。从中国自身来看，经过甲午战争的惨败后，洋务运动的缺陷暴露于国人面前，一批地主、士绅、资本家决定走"实业救国"之路，"20年官督商办时期所提倡不起之工业奋斗精神，至是受外人之猛击而醒"[①]。而清政府经庚子国变后，亦痛定思痛，开始推行新政、立宪。内外力量的交相作用，列强、朝廷、士绅、官僚、商人、知识精英等各种利益集团的奋斗努力、竞争博弈，客观上推动了中国工业化和城市化艰难起步。国内有学者认为1900年至1937年，为中国城市化的发展阶段。[②] 1937年之后到1949年以前，由于战争的破坏，城市发展陷入停滞。民国时期有市政学者认为，中国的市政状况可划分为3个时期，第一个时期为清末设警察立学校时期；第二个时期为从清末设警察立学校至民国成立；第三个时期则是从民国成

[①] 申报馆：《五十年来之中国工业》，转引自陈真、姚洛《中国近代工业史资料》第1辑，三联书店1957年版，第6页。

[②] 参见何一民《中国近代城市研究的新动向》，载《从农业时代到工业时代：中国城市发展研究》，四川出版集团巴蜀书社2009年版，第619—620页。

立到当时。① 当代学者所说的"城市发展期"和民国学者所说的"市政发展期"基本上都是指20世纪初到抗战前这一时期。

根据马克思主义的观点，社会存在必然会反映到社会意识上来。如果当时是一个城市化发展较为明显的时代，那么城市现代化事业的进展应当也是一个重要的历史现象，这一现象必然会在时人的著述中留下烙印。通过查阅时人的思想著作，或许能得到更生动的历史认知。笔者认为可以通过系统研究这段时期学者关于城市的思想来考察近现代中国城市发展状况。当时知识分子对中国城市的发展是如何认识的？这些认识本身又该如何评价？对今天中国的城市现代化建设又有哪些珍贵的借鉴？如果将这些认识综合整理、逐类分析，是否可以写出一篇关于20世纪初的城市思想史？这些认识在民国成立以后的学者文章中较多，因为在民国成立到抗战爆发前，也就是民国前期，城市发展相对较为显著，城市化的问题和市政建设的问题在社会上引起了较大的关注和讨论。

于是笔者开始关注当时人的文章里和城市发展相关的内容。毋庸置疑的是，民国市政学者们的思想是一份宝贵的学术资源。如董修甲、张慰慈、刘文岛等人，他们对外国先进市政规划的介绍，对经理制、委员制、市长制等城市制度的阐述，对城市与国家的关系、城市自治与市民自治问题的剖析，以及对中国市政建设的辛勤探索，都是民国市政专家留给今天的丰厚遗产。同时，一些学界精英如梁启超、胡适等人的文章里，也有着大量的关于对城市的感受和他们对城市和市政建设的思考。比如，胡适当年就专门为张慰慈作序，说道："现在中国的情形很像有从乡村生活变到城市生活的趋势了。上海、广州、汉口、天津等处的人口的骤增，多处商埠的渐渐发达，都是朝着这个方向走的。我们这个民族自从有历史以来，不曾有过这样人口繁多、生活复杂的大城市。大城市逼人而来了！"② 通过翻阅资料，笔者以为当时知识界对城市的思想大致呈现这样一个脉络：这段时期的城市化发展，使得当时的一批有识之士逐渐形成了对城市、城市化的认识，并开始积极研究西方市政制度和思想，探索中国的城市市政建设，其核心就是为构建一个现代城市体系而进行探索。他们借鉴西方城

---

① 参见臧启芳《市政和促进市政之方法》，载陆丹林《市政全书》第1编《论著》，中华全国道路建设协会1928年版，第29页。

② 胡适：《〈市政制度〉序》，载欧阳哲生《胡适文集》第4册，北京大学出版社1998年版，第647页。

市的先进城市理念，为构建中国城市的管理规划、功能结构、空间结构、体制框架和社会文化而不懈思索。民国前期中国城市的发展也必然促使时人形成许多丰富的城市化认识和城市规划的设计构想，许多认识对今天仍然有着深刻的启示作用。但是，对这一段时期的城市思想的研究主要集中在对个别人物、具体思想的介绍，至今并无专门著作进行整体系统的梳理分析。

在探索中国现代城市体系的过程中，时人对欧美城市和中国城市的种种阴暗面也有所察觉，出现了对西方和中国"城市病"的思考。随之社会上出现了一种"到乡村去"的思潮，在这一思想过程里，出现不同倾向。一种倾向是积极探索城乡之间的关系，进行乡村建设和乡村复兴，以期为城市化运动提供更好的助力；另一种倾向就是开始视城市为怪兽，反城市化思潮随之萌生。这一倾向较早萌芽于梁启超的《欧游心影录》《新大陆游记》等文章里，当时梁启超由对欧洲文明的反思走向弘扬中国传统文化就包含着对城市文明的某种失望。解决城乡关系问题和乡村文明与城市文明之优劣的问题在民国时期也成为时人关注的焦点。特别是在20世纪二三十年代学界出现的关于"以农立国"还是"以工立国"的文化讨论里，包含了大量关于乡村文明与城市文明的优劣之争。当然，都市文明与乡村文明之争并不是像这场文化讨论一样明显地集中于某个时期、某些群体和某些刊物上，它其实一直存在于这个时间段。

对城乡关系的探索包含学者们对如何解决城乡不平衡发展问题、如何避免通过牺牲农村的利益来发展城市、如何让城市去反哺乡村等诸多问题的思考，它反映出当时的学者认识到，城市的问题不能仅仅在城市解决。民国学者的探索给我们今天的城乡建设乃至世界城市化发展又留下了一笔宝贵的思想财富。关于土洋的争论、城乡关系的思考，本身就是民国学者为在一个乡土中国的土壤上建设起一个"城市中国"的思想探索。

尽管知识界的学者们对城市现代化的研究构成了这股思潮的主流，但是，政界、文艺界包括工商界都有各自的精英人物留下了许多关于城市现代化运动的文字，这也同样表达着他们的感受。因此，把研究的范围扩大一些应该能够了解到更多的细节。

民国前期不同类型的精英人士对城市发展表达的思考和感受，这是20世纪的城市留给今天城市的一份珍贵的思想遗产。其实核心问题都是在探索如何在中国这样一个有着千年农业传统同时面对西方资本主义体系步步侵逼渗透的环境下开创出一条城市化道路。将这一思想发展的过程描述出来进行客观的分析，并从中发现对今天城市化建设和城乡建设有益的借鉴，是笔者的关注焦点所在，也是本文的研究核心。它也提供了我们对中国城市早期现代化一个独特的认识视角，它提出的问题对我们今人不仅有学术史、思想史的意义，还对我们今天的城市建设有着重要的借鉴意义。民国前期这段时期距今并不遥远，且当时的一些城市问题至今仍然存在，或又重新出现，因此，这个研究的经世意义就显得更加强烈了。因此，笔者决定尽自己最大努力来做一篇关于20世纪初城市的思想史。

二 已有研究的主要内容

尽管目前以20世纪初城市发展为研究对象从思想史的角度进行专题研究的著作和文章并不多，但是，国内关于近代城市史研究在20世纪80年代兴起，其成果颇丰，在诸多城市史研究的著作和文章中，都包含了大量对这一时段中国城市化和城市现代化状况的考察。

（一）宏观上的城市空间分布

顾朝林等人编著的《中国城市地理》揭示了城镇地域空间上沿海和内地的不平衡特点，其中包括了自19世纪末期到1936年的中国城市（镇）分布趋势，认为中国东部沿海地带（包括长江下游地区）是中国城镇最集中的地区，沿江带次之，内陆区最少。同时还形成了沿海、沿江两大城市带。吴松弟主编的《中国百年经济拼图：港口城市及其腹地与中国现代化》书中以1933—1936年的数据为例，证明沿海口岸城市是中国近代城市成长最快、城市化水平最高的地带。同时，沿江口岸已逐步形成一条仅次于沿海口岸的城市带，1933—1936年，约占全国城市总数的2/5以上，而且已形成以上海—南京、武汉和重庆为核心的三大城市群集区。

何一民在《中国城市史纲》里探讨了民国时期的城市空间分布，认为中国由于区域发展不平衡，未能形成统一的全国性城市体系，而以不同的经济地理区域或行政区域为主形成若干区域性城市体系，主要有长江下游城市体系、长江中游城市体系、长江上游城市体系、东北城市体系、华北城市体系、珠江三角洲城市体系以及其他省区城市体系。对区域城市空间分布的研究方面，张仲礼在《长江沿江城市与中国近代化》一书里揭示，近代中国最发达的是沿海地区和长江中下游地区，最不发达的是西部地区。在长江沿江城市里,上海、武汉、重庆分别是下游、中游、上游地区三大中心。

(二)城市化的动力

费正清等人提出的"冲击—反应"模式试图通过中国对西方冲击的回应来解释近代中国历史。这一模式也引起了研究者对于近代中国城市动力内因、外因的讨论。一般认为,近代中国半殖民地半封建的社会性质,决定中国不可能具备合理的经济发展环境,也不可能走上正常的发展道路,因而近代以来中国城市经济发展受外力影响较大。复旦大学吴松弟教授等人认为,五口通商以来,先进生产力首先在沿海沿江口岸城市形成,这些城市率先得到发展并成为中国现代化的样板和基地。沿海、沿江口岸城市不仅是中国商业和交通最发达的地带,也是近代工业最集中的地带。1933年,在我国除东北、台湾以外的工业最发达的11个城市中,沿海和沿江的口岸城市,占了工人总数和生产净值的绝大多数。同时,沿海沿江口岸也是我国城市成长最快、城市化水平最高的地区。[①]

张仲礼认为:"中国古典城市不同于西方城市的特点,决定了中国历史上城市虽然为数不少,城里人口众多,但孕育不出与封建社会相对抗的市民阶层、市民运动,发动不了与封建自然经济相对立的工业革命,也无法启动城市近代化的闸门。"[②] 因此他们强调外力对近代上海城市近代化的推动作用。但外国的影响只是外因,外因只能通过内因的变化才能充分表现出来,这种内因就是上海人对西方民主政治思想、城市管理方式、企业管理方式和技术等的学习、理解和创新。张仲礼等上海学者认为上海与外国的交流不是单向的,而是双向的,一方面西方的民主政治思想、城市管理方式、企业管理方式和技术等对上海的近代化起了促进作用;另一方面上海也为西方各国的繁荣做出了贡献。[③] 在书中,他们特别考察了民国建立之后上海对先进生产技术、管理制度的学习。此外,黄美真、张济顺在《近代上海与近代中国几个问题的思考》中也强调中国城市化不能只

[①] 参见吴松弟《通商口岸与近代的城市和区域发展——从港口—腹地的角度》,《郑州大学学报》(哲学社会科学版)2006年第6期。

[②] 张仲礼主编:《近代上海城市研究·总论》,上海人民出版社1990年版,第3页。

[③] 同上书,第30页。

视为欧风美雨孵化的结果,还要看到中国人为适应新局面所做的近代化努力。① 陈自芳分析了近代城市发展动力的共性及杭州城市发展动力的个性。②

还有不少学者认为中国城市早期现代化是多种因素综合作用的结果。郑忠认为长江下游非条约口岸城市的近代化是外部动力与内部动力推动的结果。③ 谭玉秀、范立君指出清末民初东北城市近代化是移民、交通及市场体系完善等因素综合作用的结果。④

在探讨中国城市现代化的动力是内力还是外力的同时,在深入考察具体因素促进城市功能和结构转换的研究中,又出现了城市早期现代化的动力是来自商业化还是工业化的讨论。有一些学者认为商业化才是中国近代城市发展的主要动力。孟晋认为,民初商业的发展繁荣是推动城市近代化的重要力量,"因商而兴,因商立市"是城市近代化的重要途径和手段。⑤ 张秀英指出济南开埠后商业贸易的发展推动济南由传统封建政治中心向近代工商业城市转变。⑥ 陆远权认为开埠后重庆的商业化推动了城市近代化。⑦ 王中茂等认为外商在上海经营的房地产业推动了上海城市区域功能的分化及建筑的革命。⑧ 徐凯希认为,开埠后贸易的发展促进了沙市城市发展,同时也促进了商人及商业的发展。⑨ 尹作升对济南开埠到抗战爆发

---

① 参见黄美真、张济顺《近代上海与近代中国几个问题的思考》,载黄美真主编《论上海研究》,复旦大学出版社1991年版。
② 参见陈自芳《略论近代城市发展的条件与动力——对杭州城市近代化的剖析》,《城市史研究》2000年第17—18辑。
③ 参见郑忠《长江下游非条约口岸城市近代化动力分析》,《南京师范大学学报》(社会科学版)2001年第1期。
④ 参见谭玉秀、范立君《从市场发育等角度对近代东北城市化的分析——以奉天东部为例》,《社会科学战线》2006年第2期。
⑤ 参见孟晋《民国初年商业的发展与城市近代化》,《河南社会科学》2003年第1期。
⑥ 参见张秀英《自开商埠后济南经济近代化程度分析》,《济南职业学院学报》2005年第10期。
⑦ 参见陆远权《开埠通商与重庆城市的近代化阶层》,《重庆三峡学院学报》2004年第4期。
⑧ 参见王中茂、卫铁林《外商经营房地产活动与上海城市的近代化》,《郑州航空工业管理学院学报》2000年第9期。
⑨ 参见徐凯希《略论近代沙市社会经济的变迁——近代长江中游通商口岸研究之一》,《江汉论坛》2003年第7期。

期间济南城市工业的发展分析后肯定了开埠通商的作用。[①] 但有学者认为只有工业化才是中国城市近代化和城市化之命脉所在,强调中国工业化的发展过程也就是城市近代化和城市化的发展过程。[②]

因此,当前大多数学者都认为近代城市是因商而兴,外力正是通过开埠通商转化为推动中国城市早期现代化的动力。但工业化才是中国近代城市发展的内在动力,即"因工而发"。《近代上海城市研究(1840—1949年)》《近代重庆城市史》《近代天津城市史》《近代武汉城市史》等著作都提出了相似观点。

在考察工商业经济发展促进城市功能转型的研究中,考察交通型城市的研究文章比较多。江沛、徐倩倩认为青岛市在1898年至1937年间的变动与港路休戚相关:港路运输体系的构建,极大改善了当地的交通运输条件,使青岛成为陆上交通枢纽并跃居山东省沿海第一大港;凭借路港联动,物流与人流均以前所未有的速度和规模在内陆—青岛—海外地区间流动,带动了青岛工商经济的飞速发展,也为青岛集聚了人气,大批务工、经商人员移居青岛,青岛市人口规模增大,街市不断扩展。在青岛港和胶济铁路的作用下,青岛完成了由小渔村到现代化城市的嬗变,并由此引发了山东省乃至近代华北地区交通和经济格局的变动。[③] 林吉玲、董建霞认为1904年胶济铁路通车促进了济南商埠的兴起与发展,加速了济南城市的现代化进程,济南遂不独为山东政治之中枢更为山东工商业之要埠。[④] 李卫华、颜凤以淄博城市为个案,着重分析铁路这一近代重要的交通运输工具对传统工商业城市向产业城市化转型所产生的重要作用。[⑤] 还有许多研究铁路枢纽促进城市发展的文章和论文,如江沛、熊亚平的《铁路与石家庄城市的崛起:1905—1937年》,毛勇的硕士论文《铁路与新乡城市的兴起(1905—1937)》,等等。

[①] 参见尹作升《论近代济南城市工业的兴迁及其特点(1904—1937)》,《东岳论丛》2005年第4期。

[②] 参见李运华《中国城市近代化和近代中国城市化之命脉》,《城市史研究》第7辑。

[③] 参见江沛、徐倩倩《港口、铁路与近代青岛城市变动:1898—1937》,《安徽史学》2010年第1期。

[④] 参见林吉玲、董建霞《胶济铁路与济南商埠的兴起(1904—1937)》,《东岳论丛》2010年第3期。

[⑤] 参见李卫华、颜凤《胶济铁路与近代淄博产业城市化》,《内蒙古农业大学学报》(社会科学版)2008年第1期。

此外，李卫东、彭学斌认为政治因素对晚清武汉社会经济变迁影响很大。[①] 刘志琴分析与探究了保定城在中国近现代历史上所凸显出的政治功能、文化教养功能和军事功能以及这几种功能的叠加、互动与转换，认为即使在民初省会移督他处使得保定政治功能渐衰，保定的发展仍能以军事教育与新式文化教育的勃兴而在全国独领风骚。[②]

（三）城乡关系

刘易斯、芒福德曾表达过，在城市出现以前，城市的功能在它周围地区已经出现了。这一观点其实谈的就是城乡关系、城市与腹地的关系，并且认为是农业文明孕育了城市文明。现在绝大多数中国近代城市史学者都认为，城市史研究不能独立地局限于研究城市本身，城市的存在和发展必须以一定范围内的乡村作为自己的腹地。中国是一个农业大国，故研究中国近代城市史更要特别注意研究城乡关系。隗瀛涛认为，近代中国的城乡关系一方面表现为城市作为经济中心的功能，已对乡村产生了较大的辐射力和吸引力，一定程度扩大了城乡之间的联系；另一方面又加速了城乡之间的差别和对立，城市在政治上压迫乡村，在经济上剥削乡村，造成乡村的落后、破产，最终又延续了中国城市化和城市现代化的进程。宫玉松在《中国近代城乡关系简论》一文中对近代中国城乡关系做了整体概述，认为在近代中国社会大变迁的背景下，城乡关系发生了急剧的变化，呈现出新旧交替、由传统趋向近代化的复杂的过渡形态特征。一方面近代意义日趋增强，表现为城乡社会分工扩大，乡村城市化发展，城乡相互联系与依存加深，城乡贸易与人口流动加强，等等；另一方面又因袭了浓厚的传统色彩，表现为比较完整的近代意义上的城乡关系只存在于少数地区，城市数量少、经济辐射力和带动作用弱，农村商品经济不发达，城乡经济联系依然相当隔绝，等等。同时，半殖民地半封建的社会经济结构又使城乡关系带有严重的半殖民地色彩和高度的空间不平衡性。近代性、前近代性、半殖民地性、不平衡性相互交错，使城乡关系严重扭曲而呈畸形，尽管其中透露出若干具有历史进步意义的亮色，但最终未能冲破浓重的黑暗。他考察的主要依据来自20世纪初到二三十年代部分地区城镇人口和规模发

---

① 参见李卫东、彭学斌《论晚清武汉社会经济的变迁》，《江汉大学学报》2000年第4期。
② 参见刘志琴《由市政建设看近代城市功能的衍化——以清末民初的保定城为例》，《河北学刊》2012年第3期。

展的材料。①

吴毅分析了近代中国城乡分裂的原因在于中国早期现代化一开始就表现为城市的孤军突进，与农村基层社会严重脱节。而农村的衰败与动荡又反过来阻碍了早期现代化运动。②涂文学通过对汉口和周边地区的研究，也认为武汉由于深陷于传统农业社会的汪洋大海中，使得其远不如上海那样充分西化和洋化。③吴松弟的《中国百年经济拼图：港口城市及其腹地与中国现代化》则较全面分析了19世纪末到20世纪二三十年代港口城市与腹地的关系，且具有明确的现实指向。他指出，港口城市依赖于腹地，要建设港口城市，若忽略腹地建设，只能是空谈。

关于城乡关系、中心城市与腹地关系的研究已经越来越深入，而且逐渐将其放在中国与世界的关系中进行考察。不少人认为，若上海在国内为城市，但在世界体系内则只相当于农村；武汉等城市在当地为城市，但相对于上海，只能算农村。张仲礼、乐正都持此观点。

徐勇教授的《非均衡的中国政治——城市与乡村比较》是一部较为全面地论述从古代、近代到当代的中国城乡关系的重要著作。在近代城乡关系的部分，他提出西欧城乡分离是在资本主义工业发展下的自然分离，而中国的城乡分离"是在资本—帝国主义的暴力强制下突发性进行的"。④这一见解为我们考察当时的城乡矛盾、冲突提供了一种深刻的思路。此外他关于近代城乡新格局的特点、在帝国主义侵略下城市的功能特点、城市内部的社会特点等问题的阐述都十分深刻，值得关注。此外，许多研究城市史的专著中都有对近代城乡关系的简要介绍，但像徐书这样系统阐述近代城乡问题的专著不多。

（四）市政改革及市政思想

关于市政管理研究，较早有熊月之、罗苏文、周武发表的《略论近代上海市政》，认为近代上海市政以上海光复为界，大致可分晚清与民国两个历史时期。晚清时期上海市政策始于英租界，而后推而及于法租界和

---

① 参见宫玉松《中国近代城乡关系简论》，《文史哲》1994年第6期。
② 参见吴毅《农村衰败与晚清现代化的受挫》，人大报刊复印资料：《中国近代史》1996年第9期。
③ 参见涂文学《文化汉口》，武汉出版社2006年版，第18页。
④ 徐勇：《非均衡的中国政治——城市与乡村比较》，中国广播电视出版社1992年版，第229页。

华界；民国时期则在晚清的基础上大步推进，到20世纪30年代前半期上海的市政设施和市政管理已可以与当时世界任何一个大都市相媲美。上海市政的近代化从根本上改变了上海城市的外观和空间格局，极大提高了市民生活的质量，并有力地推动了上海城市社会经济的发展。[1] 唐振常的《市民意识与上海社会》一文认为上海的城市市政建设和管理制度造就与培养了市民的近代意识。这种市民意识，就是为了适应近代城市生活而发展出来的一套关于公共领域、公共事务的权利与义务。由此考察了1905—1914年的上海地方自治运动，以及1905—1930年公共租界的华人参政运动[2]。

专题述论这一时段市政的专著有留美青年学者史明正的《走向近代化的北京城——城市建设与社会变革》和四川大学历史系博士生赵可的《市政改革与城市发展》。《走向近代化的北京城——城市建设与社会变革》一书从城市建设和社会变革的互动关系，来探讨近代北京的变迁，主要分析了北京市政管理机构在城市近代化过程中的演变及其作用。近年来有涂文学的博士论文《城市早期现代化的黄金时代》，以20世纪30年代汉口的"市政改革"为例，从城市政府体制、城市规划、建设与管理、市政现代化效仿西方与民族自主意识以及城市早期现代化进程中的官民关系、官商关系等角度，较为全面地论述了20世纪二三十年代汉口的市政和"市政改革"，并得出结论："市政改革"是一场改变中国城市性质的城市变革运动，中国城市由此正式开始了由传统城市向现代城市的全面转型。[3] 此外，暨南大学郭声波的博士论文《近代西方警政的东渐及其在广州的实践》，以晚清民国以来广州警政实践的过程为例，将广州警政分成三个阶段进行考察，分析论证了中国近代化过程的艰难性、复杂性与反复性。最近则有方秋梅发表《辛亥革命与近代汉口市政体制转型》一文，认为在辛亥革命前夕，随着地方自治运动在城市的展开，传统城市管理体制出现松动，市制开始在汉口萌生；辛亥革命后，随着城市重建问题的凸显和地方自治运动的展开，到国民政府时期，现代市制在汉口确立，汉口

---

[1] 参见熊月之、罗苏文、周武《略论近代上海市政》，《学术月刊》1999年第6期。
[2] 参见唐振常《市民意识与上海社会》，《上海社会科学院学术季刊》1993年第1期。
[3] 参见涂文学《城市早期现代化的黄金时代》，中国社会科学出版社2009年版，第409页。

市政体制初步实现了由传统向现代的根本性转变。① 首都师范大学张锋的硕士论文《朱启钤与北京市政建设》，认为朱启钤是第一个把北京城由一个封建都市改造为现代化城市的先驱者，其实践对今天改造、建设北京城仍有重要借鉴意义。安徽大学方番的硕士论文《1930年代前后安庆城建的历史时空及其特征研究》介绍了20世纪30年代前后安庆的市政建设、电气化建设、公路交通。香港浸会大学的周子峰在《近代厦门市政建设运动及其影响（1920—1937）》中比较详细地描述了厦门城市建设运动，并客观评价了其影响。在表彰华侨建设厦门的传统认识之外，指出其市政建设存在的缺陷：增加了贫富悬殊、加强了国家对社会的控制能力，从而加剧了国家与社会既得利益者的矛盾冲突。该文对厦门"城市病"的探讨较有启发意义。郭钦论述了民国前期长沙现代市政管理及筹划建设，长沙城市由传统向现代转型的过程。② 同济大学建筑学博士生孙倩的博士论文《上海近代城市建设管理制度及其对公共空间的影响》，对开埠后至20世纪30年代城市建设中的制度因素及其对公共空间的影响进行了研究，研究对象是公共租界工部局兼及法租界和华界。安徽师大社会学院的王良胜在《清末警察与天津城市管理的近代化》中认为天津警察从成立之初，就充分发挥了警察在城市管理中的重要作用，建构新型有效的治安防控体系，加大对公共事业的管理力度，倡导和维护城市文明，有力推动了天津城市管理的近代化，促使天津加快了向近代化城市转型的步伐。汤黎的博士论文《人口、空间与汉口的城市发展（1460—1930）》介绍了民国初年汉口的市政规划对功能空间的强化作用，其中对租界的市政、汉口的几次市政规划及其代表人物都有详细介绍。唐富满探讨了20世纪二三十年代广州人力车夫群体背后折射出的市政管理中政府与社会的关系。③ 陈广也认为民国初年广州从市政公所到市工务局，市政当局所实施的集资、收用民业及路政管理政策逐步走向规范化与制度化，但与此同时也出现强制性的倾向。④《近代重庆城市史》《近代上海城市研究》《近代武汉城市史》

---

① 参见方秋梅《辛亥革命与近代汉口市政体制转型》，载《纪念辛亥革命100周年国际学术研讨会论文集》（讨论用稿）二。

② 参见郭钦《民国前期长沙市政现代化初步发展述论》，《湖南社会科学》2006年第6期。

③ 参见唐富满《20世纪20、30年代广州的人力车夫及其政府救助》，《中山大学研究生学刊》（社会科学版）2005年第3期。

④ 参见陈广《试析民初广州路政政策及演变——以马路建设为例》，《牡丹江师范学院学报》（哲学社会科学版）2008年第5期。

都介绍了民国时期到抗战以前各自的市政管理状况。

市政思想方面一直未有专著论述。四川大学何刚的硕士论文《近代视角下的田园城市理论研究》把对田园城市理论的关注视角扩大到近代中国，认为市政学者在积极引进田园城市理论的同时，只是在片段式解读和简单套用霍华德的田园城市理论。在欧美先进市政理论对中国市政改革运动的作用"合力"下，中国留下了许多局部片段式的"田园城市"印迹。华中师范大学邱红梅的硕士论文《董修甲的市政思想及其在汉口的实践》选取在市政改革运动中很有影响的市政专家董修甲为研究对象，力图研究市政管理思想对市政改革运动的影响，及从中发现其对今天城市建设仍具有有益的启示。此外，于海漪认为，张謇的城市规划思想比国内城市规划学术界探索西方城市规划思想要早，它是处于中国传统城市规划建设与20世纪20—30年代学界引进西方近代城市规划思想之间的过渡阶段。[①] 赵可阐述了近代知识精英在介绍、引入西方市政思想方面的贡献[②]，他的另一篇文章《论留学生在1920—1930年代市政改革实践中的重要作用》认为留学生群体对国内市政改革实践的积极参与，使城市政府的专门化程度得到提升，科学化管理成为近代社会的发展趋势，学生群体吸取了先进国家市政进步的成功经验，通过加强城市规划设计，合署办公，突出城市特色和发展方向等措施，使城市管理的科学化水平有较为明显的提高。王亚男和赵永革在《近代西方"市政建设"思想的引入和对北京发展方向的讨论》中论述了20世纪二三十年代中国学者的"市政建设"思想以及对北京城市发展的设想，包括城市发展方向、空间结构、城市管理等。何刚的《民国时期中国新型市政学者的城市规划思想研究》一文认为，民国时期，新型市政学者从较为广泛的层面对"城市规划"进行概念界定，提出了自己的城市规划思想。这与20世纪二三十年代中国社会的特定时代背景、新型市政学者对中西近代城市化的认知水平以及他们潜在的政治追求密切相关。然而，他们的城市规划思想建立在对西方城市规划思想模仿的基础之上，缺乏对中国近代社会与城市发展的实际情况有真正了解的认知土壤。

---

① 参见于海漪《从〈市政全书〉看张謇城市规划思想的地位》，《建筑》2006年第1期。
② 赵可：《20年代我国留美知识分子对市政体制改革的探索》，《四川大学学报》（哲学社会科学版）1999年第4期；《留学生与1920—1930年代市政学的传入及其人才培养》，《徐州师范大学学报》（哲学社会科学版）第35卷第4期。

总体说来，学者们都认为：近代的市政专家对近代城市建设的理论探索、对西方先进市政理论的引进对当时的市政改革运动起到了重要的理论指导作用，并且对今天的城市建设仍然有着重要的现实意义。但是囿于客观政治环境，他们的市政理想不可能彻底实现，也不可能解决城市的根本问题，而且在本身也还存在理论上的缺陷和照搬西方的弊病。

（五）城市社会

近年对城市社会的研究主要涉及慈善事业、会馆与商会、市民生活等方面。

汪华认为1927—1937年上海形成的涵盖社会救济、社会保险和社会福利等方面的社会保障体系，给上海的繁荣提供了相对稳定的保障。① 李占乐则认为近代中国城市社区福利事业主要是国家和民间参与的社会救助，并肯定了民间救助对"公共领域"的形成及社区福利事业变迁的重要作用。② 郑成林认为1927—1936年上海、天津的商会参与民族抗日及促进经济恢复发展的活动具有一定的自主性。③ 任云兰分析了1903—1936年天津商会的赈济活动，并以此分析近代慈善事业中国家与社会的关系。魏国栋认为天津商会在北京政府为了收回胶济铁路而进行的"筹款赎路"活动中起到了推动作用。④

何一民指出辛亥革命前后，新旧制度和观念的交替使市民生活观念有着明显的缺陷。⑤ 李长莉以上海为例，分析了晚清上海社会生活方式及观念变迁。⑥ 谯珊指出中外贸易的发展、消费观念的更新及市民阶层的形成，促使城市消费观念、习惯及结构变迁。⑦ 许多城市通史、城市志都开辟了专门章节论述市民生活和市民文化。

（六）其他相关研究

关于20世纪二三十年代的"以工立国"与"以农立国"的文化讨论

---

① 参见汪华《近代上海社会保障事业初探（1927—1937）》，《史林》2003年第6期。
② 参见李占乐《近代中国城市社区福利事业论析》，《广西社会科学》2005年第3期。
③ 参见郑成林《1927—1936年国民政府与商会关系述论》，《近代史研究》2003年第3期。
④ 参见魏国栋《天津商会与胶济铁路的收回》，《云南社会科学》2006年第4期。
⑤ 参见何一民《辛亥革命前后中国城市市民生活观念的变化》，《西南交通大学学报》（社会科学版）2001年第3期。
⑥ 参见李长莉《以上海为例看晚清时期社会生活方式及观念的变迁》，《史学月刊》2004年第5期。
⑦ 参见谯珊《近代城市消费生活变迁的原因及其特点》，《中华文化论坛》2001年第2期。

的研究著述颇丰，但多是关注工业化与农业化道路问题的，直接就城市化的视角来考察这些文化争论的并不多。有些著作和论文中有所提及，如周积明与郭莹所著的《震荡与冲突——中国早期现代化进程中的思潮和社会》专门讲到城市化问题；西南大学刘荣争的硕士论文《〈独立评论〉视野下的知识分子与乡村建设论争（1932—1937）》里面围绕《独立评论》就乡村建设道路展开的争论进行研究，其第四部分专门论述了陈序经与梁漱溟就都市文化与乡村文化展开的争论。但该文的重点也是放在工业化与农业化之争上，对于都市文明与乡村文明的探讨上并未深入。郑大华的《20世纪30年代思想界关于中国经济发展道路的争论》一文里谈到了当时争论中出现的是"发展乡村影响都市"还是"发展都市救济乡村"，核心是围绕梁漱溟与吴景超的争论进行论述，文中结尾对两种观点做了比较公允的评价。该文对研究民国学者关于城乡关系问题的思考很有启发意义。总体上说，从城市史眼光来研究民国知识界对城乡关系问题的思想探索的文章并不多。

三　研究成就及不足

中国近代城市史研究已经取得了巨大成就，并表现出良好的发展趋势。

研究领域日益扩大。单体城市研究一直是中国近代城市史研究的热点，但目前已经从对大城市向小城市、通商口岸城市甚至更多类型城市扩展，并且向区域城市扩展。近年来，国家社科重点课题越来越强调综合研究和区域城市研究。研究的范围已涉及城市社会的各个侧面，包括阶级、阶层、民间社团、政党、市民生活及市民文化、心理、生活方式、民俗、社会管理、市政建设、文化教育等。

城市通史和城市志的编纂工作蔚然成风，北京、成都、开封、洛阳、济南、广州、厦门、南京、苏州、无锡、南通、昆明、沈阳、大连、鞍山、宝鸡、本溪、自贡、长沙、邯郸、包头等城市都有相应的专著面世。这些年来，先后批准的有"中国近代不同类型城市综合研究""东南沿海城市与中国近代化研究""近代华北城市系统研究""山东城市史研究"等一些综合性较强的研究课题。中国社会科学院历史研究所主办的"比较城市史研究网"、四川大学城市研究所主办的"城市中国网"、上海社会科学院历史研究所网站、华东师范大学现代城市社会研究中心主办的"都市研究网"等城市研究相关网站，在交流研究信息、共享学术资源方面起了很好的作用。

理论研究取得相当发展。如针对城市化与现代化，城市化与半殖民地化，城市的功能、结构等理论问题的探讨；初步形成"结构—功能学派""综合分析学派""社会学派"以及"新城市史学派"等不同学派。学者们的努力探索，对形成具有中国特色的近代城市史理论体系付出了辛勤劳动。

学者们的研究工作，为我们进一步对20世纪初尤其是民国前期中国城市史进行深化研究奠定了一个良好的基础。既是进一步研究，我们就也要看到以前这些研究中还存在的一些薄弱之处。

城市史研究仍是以单体城市研究为主，从宏观上对中国城市进行整体研究的著作并不多。这就容易导致今人对于20世纪初中国城市化发展状况流于碎片化的理解，难以形成一个宏观、全局的认识。

理论上目前主要还是以借鉴西方的流行理论为主，这些理论包含着许多崭新、宏大的视角和严谨科学的方法，但也有不少是西方历史和社会实践的产物，盲目照搬过来研究中国城市问题难免削足适履，建立中国特色的城市史理论体系仍然还有大量的工作要做。

海内外史学界对近代市政的研究相对薄弱，尤其是对20世纪二三十年代"市政改革"运动关注不够。国内史学家对此的研究更显冷清。已有的文章多是论文，专著很少。而且，对市政改革和市政思想的研究多集中于对某几个人或某个城市的考察，还缺乏系统、全景式研究。

四　研究内容和研究方法

（一）研究内容

20世纪初至30年代是中国城市化和城市现代化运动开始启动的时期，特别是进入民国以后，近现代以学者为主的各界名流开始对城市化及城市现代化这一历史现象形成认识、展开思考。在这一时期，初步形成了一些关于对城市化和城市现代化的观点、看法乃至思想的碰撞。这些思想是以前从未有过的，体现着新时代的特征，对于今天来说，它虽不成熟，却十分宝贵，需要当代人去认真挖掘、清理。而现在城市史的研究虽然已经成为一大热门，引起了越来越多的关注，可是对于近代人们关于"城市"的思考却甚为冷淡，已有的研究也呈现零散、碎片化特点，本书研究的目的就是对民国前期（1912—1937年）的社会精英对于城市现代化中一系列主要问题的思考作一个初步的梳理工作，使时人关于"城市"的思考能够形成一个完整系统的城市思想史。在这个研究中，笔者将首先观照这一阶段中国城市化发展的基本状况，然后在此背景下从几个宏观问题来梳理时人对"城市"的思考，包括时人的"城市"认知，对于涉及制度、管理、文化建设等诸多问题的市政建设的构想，以及对于中国式"城市病"的探讨和如何实现城乡平衡发展的思索。而这些问题直到今天都还是城市化运动中绕不过去的重心和难题，如果一百年前的中国人已经对这些问题有所察觉，并且进行了比较深入的思考，今天的人们有什么理由不去重新研究、整理之呢？

本书研究共分为"导论"、"结论"和正文五章。"导论"简要介绍论题的背景和研究意义，对这一问题的回顾，交代本书的研究内容和基本方法。正文分为五章展开论述。

第一章"城市之光：20世纪初的中国城市化概况"，主要从宏观上介绍当时中国的城市实际状况，计算不同阶段的城市人口比例。从工业化水平、交通现代化水平、商业发展水平、对外贸易、农村商品化程度几个方面分析近代城市形成的动力机制。描绘出城市的地理空间分布和城乡一体的传统模式被打破后形成的城乡关系新构架。

第二章"城市之思：近代中国的城市观"，主要介绍市政学者、学界精英和政界人士对"城市"的思考，涉及他们对现代城市与传统城市区别的阐述以及对"城市化"的认识。

第三章"城市之治：市政构想的蓝图"，阐述中国人的市政观念的特点，以及对中国城市规划的构想。包括对城市体制的选择、城市空间的设计、城市社会结构的设计、城市文化的设计、如何对城市进行科学的管理，以及建设高尚的现代城市市民文化。

第四章"城市之痛：社会精英对中国'城市病'的思考"，主要介绍学者文人对社会不平等、城市文化乡土气息浓厚、精神文明畸形发展等现象的揭露，阐述他们对中国式"城市病"的思考，并着重阐述他们对于中国"城市病"产生原因的分析。

第五章"城乡之间：时人对城乡关系问题的探讨"，主要介绍一部分学者开始研究城市与乡村的联系，力图通过整合城乡之间的关系来实现城乡平衡发展。包括他们对城乡差别形成原因的分析、城乡联系的看法，以及解决城乡差别途径的探索。同时，随着城市弊端的暴露，出现了一股"反城市化"思潮。本文认为这种思潮具有积极和消极两个方面的作用。

结论部分则主要对全书进行宏观总结和引申阐发。认为中国近代城市化运动呈现一条从"城市"始、以"反城市"为手段、以回归"城市"终的发展轨迹，而"反城市"也和"城市化"一道出现于民国初至抗战前这段时期。并结合当前现实阐述了几点近代"城市"思想的宝贵经验。

（二）研究方法

首先，本书坚持马克思主义的历史唯物主义和辩证唯物主义的方法，以事实为依据，将城市发展和城市思想的发展这一历史现象放到当时大的历史背景中去分析，总结其经验教训以及对现实的启示。其次，本书坚持用历史的方法进行研究，注重史料的挖掘、对比，并在史料的基础上进行归纳总结，发现其中的历史规律。最后，在具体方法上本书既有数量分析，又有理论阐述。

五　几点说明

本书将研究范围界定为"社会精英"的思想。根据百度百科，"精英"的基本解释有三个：卓越人物，泛指在一项或多项领域上的优秀人才和领导者（如科学家、政治家、学者、军事家等），各行各业中的杰出人才。本书对"社会精英"的定位更加倾向于后面两种解释，它包括市政界的市政学者和学者官员，文化界的文化名流，政界的领袖、官员，以及工商名人、知名作家等当时在社会上具有一定地位、知识能力和声望的人物。因此，在本书的研究对象里，虽然以那些市政学者的思想为主，但也包括了梁启超、胡适、梁漱溟等文化精英，马寅初、千家驹等经济学家，还出现了蒋介石、孙科、陈立夫、胡汉民等政界人物，甚至也提到过卢作孚这样的工商界名流，他们对于"城市"的感受、认知共同构成了本书的研究对象。

研究历史，当然要有"时间"的观念。一种思想史，它必然是一个发展过程，不同的阶段下它会呈现不同的特征。不过，1911—1937年这段时期在整个近代史中本身就显得十分短促，而成系统的西方城市现代化理念、市政科学传入国内又已经是20世纪20年代的事了，所以，在这个阶段里的思想往往呈现出更多的共性，强行将其划分成不同阶段反而容易走向人为割裂事物整体的误区。尽管如此，我们还是可以在这短暂的时间段里将城市思想分为晚北洋军阀统治时期、1927年南京国民政府建立后两个发展阶段，在北洋军阀统治时期，尽管有人开始意识到建设城市文明的重要性，也出现了少数市政官员，如朱启钤，但总体看来，当时的城市现代化思想颇为零碎，直到20世纪20年代市政学传入国内后，特别是南京国民政府成立后中国经济建设出现了一个所谓的"黄金十年"，这个时期人们对于"城市"的思考明显在广度、深度上都大大超过了前两个时期。笔者在阅读材料中，也发现了这一现象：阐述城市与市政的资料多集中于30年代。20世纪初和20年代初则往往流于对现象的描述，比较难以上升到"思想史"的高度来分析，但是又不可回避时人正在开始思考"城市"这一事实。因此，在正文中，笔者不再专门分期进行讨论，但是在具体问题上注意到不同时期人们思想的区别。不过，需要强调的是，在这一阶段，对于城市的思考，人们还是往往共性较多一些。

六　难点和重点

20世纪初的中国城市化水平并无一个统一的指标，城市人口的确切数字莫衷一是。海关、邮政、教会的统计各有不同，学者们连当时中国总人口是否有四万万人都有不同说法。从近代直到中华人民共和国成立后相当长一段时期内，中国并无严格的"城市"与"乡村"的界定，因此对城市人口的统计往往建立在估量的基础上，我们今天也只能在这些估量的基础上结合时人的具体描述来对当时中国城市化状况作一个大致的推测。而这段时期的思想史研究更几乎是空白，已有的国内城市史研究更多集中在经济和社会层面，其次是具体人物或具体地区的市政思想和理念，要从整体上去梳理更广泛意义上的城市思想史，几乎无所凭借。这是研究过程中笔者感到的最大困难。

本书着重研究时人对于城市化的认识、对于城市文明与乡村文明区别的认识，如何构思建立一个民主自治、科学管理的城市社会却又在现实中障碍重重。如何力图重整现代化进程中被撕裂的城乡关系使畸形的城市化重新回归正道，是当时的社会精英思考的主要城市问题。

第一章 城市之光：20世纪初的中国城市化概况

塞缪尔·亨廷顿说过："现代化的发展是以城市的发展来衡量的。"①城市化是工业化的必然产物，随着工业化运动的展开，人口日益由农村向城市集中，新的产业部门在城市聚集，导致城市地域景观也发生了根本不同于传统城镇的变化，生活其中的人们的生活方式、文化观念也都随之改变。因此，城市是现代化运动的自我空间表现。19世纪后半期开始，中国开始了一场前所未有的社会大转型，用李鸿章的话说，便是进入了一个"三千年未有之大变局"。这场变革是全方位的整体变革，是由一个传统的农业文明向现代工商业文明，人治、专制的社会向民主、法治的社会，以乡治为主的乡村社会向以市政为主的城市社会迈进的现代化大转型。在这场转型中，其现代化历程的最直观表现便是第三种变化，即在传统乡村社会机体上发生的城市化历程。城市化是人口、地域、社会经济关系、生活方式由农村型向城市型转化的自然历史过程。②中国原先是一个由众多城镇乡邑构成的农业大国，古代城镇主要是作为政府控制国家的政治军事中心而存在的，不是作为与国家对立的工商业中心和城市共同体而存在的。但是，鸦片战争之后，一批对外通商口岸相继建立，在这些口岸，商业和工业化的早期现代化推动了当地由传统城镇向现代城市的转变。这一变化犹如在一个古老的机体之上注射了一针外来的新鲜药剂，从此向整体输送传播，开始了全国的城市化进程。进入20世纪后，中国的城市化运动有了明显的进展。

---

① ［美］塞缪尔·亨廷顿：《变革社会中的政治秩序》，李盛平等译，华夏出版社1988年版，第72页。

② 参见向德平《城市社会学》，武汉大学出版社2002年版，第137—138页。

第一节　20世纪初中国城市数量、人口及地域分布

关于20世纪初中国城市的数量和人口统计，在民国时期已有不少学者和组织做过这个工作。由于从近代直到中华人民共和国成立后相当长一段时期内，中国并无严格的"城市"与"乡村"的界定，因此对城市人口的统计往往建立在估量的基础上，不同的学者和组织其考察的结果也常有很大不同。我们今天对当时城市人口的研究也只能建立在估量上。据1921年海关统计，人口在百万人以上的城市有3个，50万—100万人的有5个，25万—50万人的有11个，15万—25万人的有15个，10万—15万人的有14个，5万—10万人的有82个，也就是说，20世纪20年代初，人口5万以上的城市共有130个。[1] 侯杨方认为中华续行委员会的调查最为可靠，根据中华续行委员会的调查与估计，1918年中国共有171个5万人以上的城市，共有人口25360537人，占全国人口的6%。其中10万人以上的城市共50个。[2] 这个统计数值高于1921年海关的统计。

据中国内地会调查，1928年，人口百万以上的都会有3个，50万—100万人的有6个，25万—50万人的有11个，15万—25万人的有15个，10万—15万人的有15个，5万—10万人的有83个，25000—50000人的有193个。也就是说，20年代末5万人以上的城市有133个。5万人以上的城市人口约占全国的6%，1万—5万人的城市人口约占6%，所余88%居住在1万人以下的城市或乡村中。[3] 20年代末的城市人口与20年代初大致相当。

据上海日报社1933年所编的《中国年鉴》统计，到30年代，我国10万人以上的城市达到116个。[4] 据民国学者沈汝生统计，至30年代，中国5万人以上的城市共有189个，10万人以上的有76个。[5] 也有学者统计是10万人以上的城市112个，共30880400人，5万—10万人的城市

---

[1]　参见易家钺《中国都市问题》，《民铎杂志》1923年第4卷第5号。
[2]　参见中华续行委员会《中华归主》附录七，转引自侯杨方《中国人口史 第六卷 1910—1953年》，复旦大学出版社2001年版，第478—480页。
[3]　参见许仕廉《中国人口问题》，商务印书馆1930年版，第45页。
[4]　参见上海日报社《中国年鉴》，1933年，转引自何一民《从农业时代到工业时代：中国城市发展研究》，四川出版集团巴蜀书社2009年版，第190页。
[5]　参见沈汝生《中国都市之分布》，《地理学报》第4卷第1期。

178个，共11356400人。① 所以，到了20世纪30年代，中国5万人口以上的城市至少在260个以上。世界上满百万人口的城市，有30个左右，有3个在中国，分别是天津、北平、上海。② 而实际上武汉三镇于1927年合并后，据皮明庥先生统计，到1930年也已突破百万大关，1935年达到最高，约为1290280人。③ 有当代学者曾统计，若以5万—10万人作为城市人口的标准，19世纪末全国城市大约有88个，20世纪30年代后有城市160个。④ 中国城市在这段时期的真实数量比当代学者的估计要多一些。

据珀金斯考察20世纪前十年不包括香港在内的10万人以上的城市人口约为16851000人，1920年约为16736000人，1938年约为27323000人⑤，饭田茂三郎估计1930年约为22646000人。⑥ 而根据胡焕庸先生的统计，1910年全国人口为44000余万人，1922年为45200余万人⑦，1930年45280余万人⑧。因此我们可以大致推算，若以10万人口以上的城市而论，在20世纪前十年，中国的城市人口率在3.8%左右，20年代初为3.7%左右，30年代初为5%左右，30年代末为6%左右。吴景超和民国市政学家张又新在30年代统计，中国10万人以上的城市人口占全国人口的6.4%⑨，结果基本近似。我们若再结合前述的数字，以5万人口以上的城市而论，则20世纪初到20年代都约为6%，而到了30年代，已经上升到9%左右。当时有学者统计，在20世纪初至30年代末，中国城市人口的比重不会超过7%左右，此结果应该估计得稍微偏低了些。霍普·蒂斯代尔在《城市化过程》一书中认为："只要城市存在规模上的扩大或者

---

① 参见启译《中国都市人口之研究》，《钱业月报》1930年第10卷第6期。
② 参见吴景超《近代都市化的背景》，《清华学报》1933年第8卷第2期。
③ 参见皮明庥《近代武汉城市史》，中国社会科学出版社1993年版，第660页。
④ 参见顾朝林《中国城市地理》，商务印书馆1999年版，第82页。
⑤ 参见［美］德·希·珀金斯《中国农业的发展（1368—1968）》，宋海文等译，上海译文出版社1984年版，第388—392页。
⑥ 参见［日］饭田茂三郎《中国人口问题研究》（中译本），洪炎秋、张我军译，人人书店1934年版，第100—110页。
⑦ 参见胡焕庸《中国人口之分布》，《地理学报》1935年第2卷第2期。
⑧ 参见胡焕庸《中国人口地理概要》，载《胡焕庸人口地理选集》，中国财政经济出版社1990年版，第127页。
⑨ 参见吴景超《近代都市化的背景》，《清华学报》1933年第8卷第2期；张又新《中国都市之特点》，《市政评论》1934年第1卷合订本。

数量上的增长，城市化的进程就在进行之中。"① 因此，我们可以说，在20世纪初，中国的城市化进程也是在发展之中，民国市政学者殷体扬断定中国"已慢慢走上都市化的路上，是无可讳言的了"②，并非夸大之词。

不过，我们也要看到，当时中国的城市化率在世界范围内是很低的。因为，美国早在1890年，其城市人口占全国人口的比值就已经达到27.6%，英国同年达到61.73%，法国达到25.9%，日本达到13.1%③，都远远高于中国。笔者认为，当时城市化的实际水平可能更低，因为这些城市人口往往并不能反映当地已经成为一座现代工商业城市。近代人口集中于一座城市，往往并非当地的现代工商业有所发展，而是由于乡村人口因其他原因向城市的迁徙。民国就有学者意识到了这一点："有许多城市一方面只见人口增加，可是他方面不见有什么富力之增殖。一切设备幼稚万分，配不上叫作城市，比诸外国乡村，恐怕还不如。"④ 南京成为全国首都后，有人如是描述："它名义上虽是都市，可是完全没有脱离乡村社会的状态，不仅有整千整万的农民，而且有阡陌相连的耕地。"⑤ 笔者认为，在沈汝生和中华续行委员会所统计的城市表里，以今天眼光观之，许多地方是否能属于现代城市是值得怀疑的。比如在他们的统计中，将贵阳、遵义、涪陵、金华等包括入内。其实根据20世纪30年代民国相关部门对铁路沿线城镇的考察，川黔两省，除重庆与贵阳两市以外，其余地方农民都达到了70%以上。⑥ 比如贵阳一地，共人口114558人，农民占了人口的60%以上，商人只占了约15%，矿工、手工业者只占约13%，无业者为32%。⑦ 其农业人口占有了绝大多数，非农人口比例如此之少，很难将这样的城市划入现代城市之列。从工业发展的角度看，川渝之地，

---

① [美] 布赖恩·贝利：《比较城市化》，顾朝林等译，商务印书馆2010年版，第31—32页。
② 殷体扬：《市政问题的研究》，《市政评论》1934年第1卷合订本。
③ 参见董修甲《城市之发达》，载陆丹林《市政全书》第1编，中华全国道路建设协会1928年版，第20页。
④ 姜琦：《城市教育》，载陆丹林《市政全书》第1编，中华全国道路建设协会1928年版，第254页。
⑤ 梁克西：《京市自治问题》，《南京社会特刊》1931年第1卷第1期。
⑥ 参见殷梦霞、李强选编《民国铁路沿线经济调查报告汇编》第14册，国家图书馆出版社2009年版，第244页。
⑦ 同上书，第241—242页。

"工商矿业均未萌芽"①，若涪陵的现代工业仅有一家火柴厂、一家制革厂、一家水力磨面厂、手工铁机织手工木机织布厂若干家，工业尚处于极幼稚时代②，因此，无论从非农业人口和农业人口的比例，还是从工业发展水平来看，云贵川三省，当时和现代城市最接近的只能是昆明、重庆、成都。金华的农业人口占了80%以上③，更是不能算成一座现代城市。此外，这些统计还将老河口、万县、阆中、亳州等地均划入城市之列，笔者对此皆难以完全认同。即使若青岛这样的城市，到1937年，其乡区较市区大七八倍，50余万人口中有30多万农民，市区人口仅占1/4。④ 因此，辛亥革命后不久，财政部在对中国与日本进行比较时说道："日本行市制者仅东京、大阪、横滨及其它大埠……非如我国若城若镇概称之曰市者可比。故我国省城商埠略与日本之市相等，若城若镇略与日本之町村相等。"⑤ 有学者说："中国除了少数都市外，大多数地方只能说是在市镇经济之下。"⑥ 真实的城市化水平和城市现代化状况往往不是一堆数据能够反映出来的。

城市在全国地区的发展水平也是极不平衡的。根据《中华归主》在20世纪前20年的统计，居民达10万人以上的城市共69个，华东有24个，华中11个，华南13个，华北12个，华西8个，蒙古、新疆、西藏3个地区只有1个，居民在5万人至10万人之间的共107个，华东26个，华中13个，华南17个，华北31个，华西15个，蒙古、新疆、西藏3个地区只有5个。⑦ 从城市分布来看，中国城市发展明显呈东西不平衡，特别是10万人以上的城市，主要都集中在了东南沿海一带。5万人以上的城市则华北多一些。

---

① 参见殷梦霞、李强选编《民国铁路沿线经济调查报告汇编》第14册，国家图书馆出版社2009年版，第244页。
② 参见殷梦霞、李强选编《民国铁路沿线经济调查报告汇编》第13册，国家图书馆出版社2009年版，第13页。
③ 同上书，第10册，第72页。
④ 参见《手工艺品预展及本市手工业之将来——都市与农村之经济交流》，《都市与农村》1937年第23期。
⑤ 《财政部调查会为移送江苏省岁入岁出简明总表致泉币司付 附视察报告及简明总表（1912年12月13日）》，载中国第二历史档案馆《北洋政府档案》第60卷，中国档案出版社2010年版，第98—99页。
⑥ 奚东曙：《都市发展之社会学观》，《都市与农村》1935年创刊号。
⑦ 参见中华续行委员会调查特委会《中华归主：中国基督教事业统计（1901—1920）》，中国社会科学院世界宗教研究所1985年版，第31页。

根据顾朝林结合施坚雅和沈汝生的统计，到了20世纪30年代初，沿海城市网密度为万平方公里2.29个，城市数量为69个，沿江城市网密度为万平方公里0.60个，城市数量达到79个，内地城市网密度只有万平方公里0.099个，城市数为12个。从数据中我们根据城市（镇）网密度和城市数量的比较分析，不难发现，在交通条件比较好的地区，城市发展速度也比较快，而在交通运输条件比较差的西部地区和内地区域，城市发展就相对缓慢。特别要指出，进入20世纪后，新型现代交通体系出现，东南沿海和长江下游的城市网密度分别为万平方公里0.79个和1.87个，西北和云贵地区却只有0.09个和0.11个，这反映出由于铁路、航运为代表的现代交通体系主要集中于东南沿海和长江下游，在广大内陆地区则发展微弱，这造成了沿海沿江地区和内陆、西北地区城市发展的不平衡。① 民国的调查者曾描述陕西地区"瓦屋茅舍，在乡村绝不多见，客处穴居，则比比皆是，以视平津沪宁各大都市之生活概况，真有天堂地狱之感"②。张继也形容："中国之发展，非平均的发展，而为畸形的发展……沿海沿江各处甚发达，内地各处则日渐衰微，尤以西北为甚。"③ 据统计，在这一时期，长江沿江城市网的密度高于沿海地区，从数量上看占全国城市总数的40％。而且全国人口在50万人以上的大城市有2/5分布在这一线，成为当时我国城市发展最密集的地带。④ 这表明，从1842年8月《南京条约》规定上海正式开埠到19世纪末《马关条约》规定湖北沙市开埠，沿江城市随着开埠通商的完成，逐步形成了一条与沿海并驾齐驱的沿江城市带。

不仅全国存在城市化发展不平衡现象，地区也是如此。以西南地区而言，若将广东、湖南算入，则西南六省，"银行之总分支行合计共三百二十二所，不足全国总数五分之一，其中四分之一又集中广州、长沙、重庆

---

① 根据施坚雅《城市及地方体系的等级系统》表3，以及沈汝生《中国都市之分布》中的中国5万人口以上都市表编译整理，转引自顾朝林《中国城市地理》，商务印书馆2002年版，第82—83页。

② 《陕甘调查记》，156页，载《近代中国西北五省经济史料汇编》第8册，国家图书馆文献缩微复制中心2006年版，第160页。

③ 张继：《开发西北问题——二十一年十二月十八在中央大学致知堂开发西北协会讲演》，《中央周报》1933年第244期。

④ 参见齐大芝《近代中国长江沿线商业面貌的发展变化》，载胡平主编《近代市场与沿江发展战略》，中国财政经济出版社1996年版，第207页。

三地，实际上之活动能力恐尚不及全国二十分之一，……以言交通，铁路全线，不及二千四百公里，约合全国铁路总长八分之一。水路……仅珠江下流、长江之川东段，及湘江下流可以行一千吨或五百吨以下之汽船，其他河流，或仅可行驶民船，或竟无舟楫之利，比之黄河流域之铁路，长江下流及沿海各省之航业，亦不可同日而语"①。

第二节 近代城市兴起的原因

吴景超认为城市化兴起的原因主要有三个：农业革命、工业革命、商业发展。柯象峰在这三个因素上增加了一个交通的发展。这四个要素可以看成是现代城市发展的动力，同时，通商口岸的出现，使中国出现了最早的一批近代城市，从前文可以看出，近代中国城市主要集中在东南沿海沿江，而这些地区主要是通商口岸集中之地。我们便从这几个方面来考察近代中国城市化的状况。

现代城市之不同于传统城市，根本在于其兴起是以现代工商业为第一推动力，其城市功能亦主要是为工商业贸易提供一个发展的空间，"城市化起源于工业化，又伴生于工业化，是工业革命的产物，是现代文明发展的必然趋势"②。工业革命，是促使西方社会由中世纪农业文明走向现代都市文明的关键因素。中国近代自开埠通商后，由于外国资本主义带来了先进的工业技术和现代企业，也逐步开始了自己的产业革命，城市化进程也随之发展。工业化带动城市化，是近代城市化的一个重要特点，尤其是在19世纪末20世纪初这一段时期，中国城市迎来了一个初步发展阶段。这个阶段的出现和当时工业的发展有着直接联系，"1895年的马关条约多少可以看作是中国城市发展的一个转折点，因为它的条款鼓励在数目已增加的通商口岸发展现代机械工业，并且开始了一个铁路建设的新时代。这样，中国几个地区城市体系朝现代化方向转变，在十九世纪九十年代晚期实实在在地开始了"③。19世纪末20世纪初，世界资本主义和中国都进入一个新的发展阶段。从世界来看，主要欧美列强由自由竞争资本主义向垄

---

① 余定义：《引言》，载《西南六省社会经济之鸟瞰》，全国图书馆文献缩微复制中心2006年版，第7—8页。
② 朱铁臻：《城市现代化研究》，红旗出版社2002年版，第226页。
③ 施坚雅：《中华帝国晚期的城市》，中华书局2000年版，第253页。

断资本主义过渡，形成了资本主义世界市场体系，帝国主义加剧了对亚非拉不发达国家的资本输出，中国是它们进行资本输出和商业竞争的重要场所。尤其是中日甲午战争之后，中国被迫缔结《马关条约》，给予了列强在通商口岸开矿设厂之特权，于是列强掀起了一个在中国兴办工业的高潮，相继出现了日本东华公司、英国老公茂纱厂、鸿源纱厂、德国瑞记纱厂等企业。从中国自身来看，经过甲午战争的惨败后，洋务运动的缺陷暴露于国人面前，一批地主、士绅、资本家决定走"实业救国"之路，"20年官督商办时期所提倡不起之工业奋斗精神，至是受外人之猛击而醒"[①]。而清政府经庚子国变后，亦痛定思痛，开始推行新政、立宪。内外力量的交相作用，列强、朝廷、士绅、官僚、商人、知识精英等各种利益集团的奋斗努力、竞争博弈，客观上推动了中国工业化和城市化艰难起步。据罗斯基（Thomas Rawski）估计，1912—1934年中国工业的年平均增长率是9.4%，超过了日本（6.6%）、英国（4.4%）、俄国（苏联）（7.9%）。[②] 1927年国民党上台后，南京国民政府颁布实施了一系列工业化政策，客观上促进了工业的发展，这段时期被称为"黄金十年"。据统计，1928年至1936年间，中国现代工业的平均增长率为8.4%。[③] 工业化的发展，成为城市化运动的重要助力。"工业与都市，在今日已有不可分离之趋势。因都市之工业化，工业即因之而都市化，又工业之都市化，都市往往亦随之工业化焉。故凡重要之工业，殆无不集中于都市，而重要都市，亦即工业发展之中心也。例如上海、天津、武汉、青岛、无锡、大连、济南、广州、哈尔滨等处，为工业发达之地，中国今日之重要工业，亦以此等都市为集中点也"[④]。

商业贸易的发展也促进了近代城市化的发展。根据20世纪20年代统计，同治十年（1871），我国对外贸易总额为1.36亿两白银，十多年后

---

① 申报馆：《五十年来之中国工业》，转引自陈真、姚洛《中国近代工业史资料》第1辑，三联书店1957年版，第6页。

② 参见［美］托马斯·罗斯基（Thomas G. Rawski）《战前中国经济增长》（Economic growth in Prewar China），加利福尼亚大学出版社1989年版，转引自［日］城山智子《大萧条时期的中国：市场、国家与世界经济》，孟凡礼等译，江苏人民出版社2010年版，第38页。

③ 参见［美］小科布尔《上海资本家与国民政府》，杨希孟、武莲珍译，中国社会科学出版社1986年版，第9页。

④ 龚骏：《中国都市工业化程度之统计分析》，第314页，载张研、孙燕京《民国史料丛刊》第568册，大象出版社2009年版，第225页。

至光绪十年（1884）增为1.63亿两，到光绪十七年（1891）达2.34亿两，光绪二十七年（1901）达4.37亿两，从这以后，增长速度加剧。根据数表显示，1900年为392185276两白银，1910年为870975238两白银，1920年为1379301482两白银。①较光绪二十七年（1901）增加了8.66亿两白银。较1910年增加了4.6亿两白银。后来在30年代的统计是，1900年是576564357元，1910年为1314637630元，1920年上升到2031447423元，1930年上升到3434765765元②，从这些数据可知，20世纪前30年，中国的对外贸易一直是发展得比较迅速的，反映出中国的商业贸易已经和世界市场密不可分，这种变化有力地促成了城市的发展。周谷城先生曾论述过近代商业革命与城市化的关系："中国自从与外国人通商以来，商业一事，其发展之盛况为前所未有。商业发达，商人随着到了都市，商店也在都市上开设起来，商店主人、商店雇员也随着一天天的多起来。产业界的变动，直接帮助都市发展了，都市上的社会关系也一天天复杂起来。都市关系复杂了，都市上的社会意识也随着复杂起来。"③

与国际的通商贸易直接刺激了近代口岸城市的兴起。从1842年《南京条约》五口通商以来，中国就一直开放商埠被动适应世界大势，20世纪后更主动自开商埠力图扭转在现代化大潮中的被动挨打局面。开放的口岸大多比非口岸城市较早接受了现代化浪潮的洗礼，开始了由传统市镇向现代工商业城市转化的进程。根据严中平先生的统计，1900—1930年这段时间里，共开放口岸和租借地分别是：秦皇岛、鼓浪屿、腾越、江门、长沙、济南、潍县、周村、江孜、铁岭、新民屯、通江子、法库门、南宁、吉林、长春、哈尔滨、满洲里、绥芬河、安东、大东沟、齐齐哈尔、凤凰城、辽阳、瑷珲、奉天、昆明、香洲、公益埠、三姓、龙井村、局子街、头道沟、百草沟、珲春、宁古塔、海拉尔、浦口、葫芦岛、多伦诺尔、洮南、归化、龙口、锦县、张家口、赤峰、郑家屯、海州、济宁、包头、郑州、徐州、青岛、无锡、宝兴洲、铜鼓、蚌埠、万县、中田港、威

---

① 参见陈重民《今世中国贸易通志（一）》，第3—5页，载张研、孙燕京《民国史料丛刊》第653册，大象出版社2009年版。
② 参见《中国国际贸易统计表》，载《经济统计月志》（一），1935年12月，第380页。
③ 周谷城：《中国社会史论》上卷，齐鲁书社1988年版，第423页。

海卫、武昌、安庆、常德、湘潭、惠州。① 在这些口岸里，根据人口，5万人以上的城市分别为腾越、江门、长沙、济南、潍县、周村、铁岭、新民屯、南宁、吉林、安东、辽阳、奉天、昆明、洮南、归化、张家口、济宁、包头、郑州、徐州、青岛、无锡、蚌埠、万县、威海卫、武昌、安庆、常德、湘潭、惠州31个城市。在这段时期以前，已经有广州、厦门、上海、宁波、福州、汕头、潮州、天津、营口、镇江、库伦、汉口、九江、宜昌、芜湖、温州、乌鲁木齐、澳门、重庆、苏州、杭州、沙市、南京、烟台、大连、喀什等26座口岸城市。所以，到20世纪30年代初，中国应该有58座口岸城市。这些城市多属于沿海沿江，其次为华北，西南西北边疆亦有少量城市。

随着条约商埠和自开商埠的出现，中国的传统交通体系亦逐渐被新的现代交通体系所打破。现代交通体系主要是采用铁路、航运、航空、公路及邮政电讯进行运输、传递的一套交通系统，这种现代交通体系和传统交通体系有着本质区别，"第一为交通工具之科学化，以机械的力量逐渐代替以前使用的人力、蓄力、水力和风力。第二为交通组织之商业化，凡各种新交通工具之利用，均可以普通的交易方式行之，没有阶级上的限制和以前专为军事政治上的便利而设的交通事业不同"②。可见，这种现代交通体系本身就代表着新型的工商业文明，当它逐步渗入中国内部后，必然会将工商业文明输入中国，而靠近这些新式交通组织的地区必然会首先受到这种工商业文明的影响。据统计，至1928年，全国铁路长度约为6836里，在亚洲仅次于日本。③ 不过在世界的独立国家里面，却是最少的。据全国道路建设协会调查，1934年，全国已经修筑完成公路7947351公里，尚未竣工的有11955172公里，其中成绩最为卓著者为广东，达7962公里。④ 铁路干线的发展，促成了新型的铁路枢纽城市和水陆交通枢纽城市的兴起。有不少城市因交通运输而兴起，如东北地区在1902年以前有2个20万人口的城市，东清铁路修筑后，到1915年，拥有10万人到20万

---

① 参见严中平等编《中国近代经济史统计资料选辑》，北京科学出版社1955年版，第44—48页。
② 白寿彝：《中国交通史》，上海书店1984年版，第212页。
③ 参见《新国民年鉴·第九编·交通》，第12页，载张研、孙燕京《民国史料丛刊》第929册，大象出版社2009年版。
④ 参见《对于全国公路建设之调查》，《中华实业商报》1934年第2期。

人口的城市有3个，5万人到10万人口的城市有3个，3万人到5万人口的城市有10个，1万人到3万人口的城市34个。①

除铁路交通以外，中国的现代航运始于道光十五年（1835），根据民国时期统计，1905年中国轮船吨位数为66372624吨，帆船为6382923吨，共计72755547吨；1910年轮船为82337331吨，帆船为6439358吨，共计88776689吨；1920年轮船为99642210吨，帆船为4624495吨，总计104266695吨；1927年轮船为112048073吨，帆船为4162712吨，共计116210785吨。②此数据显示，中国的轮船吨位在20世纪前30年一直呈上升趋势，所以尽管作为传统水运工具的帆船吨位在下降，总吨位却仍然在上升。由此可见，现代航运在中国发展是比较显著的。铁路、航运是促进中国近代城市化的主要交通动力。

在外国商品的侵袭下，中国农村的自然经济逐渐解体，农业生产逐步商品化、市场化，许多地区农产品的生产走出了自给自足的狭小范围，开始和市场相联系。如黑龙江地区，宁安县"麦多为本城各公司制面粉原料，余则运往哈尔滨、乌苏里江等处。豆为当地制油制酱原料，余多输往外埠"③。桦川县"独富于产麦，每岁数量不下十万石，实为粮运出口之大宗"④。山东东明县产落花生，"除高粱外，均有商人设庄收买，多由河道运销济南，或由铁道南销上海，年输颇巨"⑤。牟平县也是"土产多不敷用，须仰给外粮输入。落花生装运出口，种者颇多"⑥。浙江寿昌县的大米每年除自给外，"装售临浦一带，约数万石。其由陆路肩贩邻境者数亦不鲜"⑦。湖南浏阳"东乡产谷最多，每逢岁稔，除供给县城外，尚可运销省城，约二万余石。高粱……每年输出达一万一千三百余石"⑧。安徽歙县"农家事倍功半，故健者多远出为商贾"⑨。四川双流县的地瓜"每至秋冬，盈市山

---

① 宓汝成：《帝国主义与中国铁路》，上海人民出版社1980年版，第601—602页。
② 参见《新国民年鉴·第九编·交通》，第19—21页，载张研、孙燕京《民国史料丛刊》第929册，大象出版社2009年版。
③ 《宁安县志》卷3《职业、农业》，民国十三年版。
④ 《桦川县志》卷3《物产、植物、谷类》，民国十七年版。
⑤ 《东明县新志》卷4《物产、植物》，民国二十二年版。
⑥ 《牟平县志》卷1《地理志、物产》，民国二十五年版。
⑦ 《寿昌县志》卷3《食货志、特产》，民国十九年版。
⑧ 曾继梧等：《湖南各县调查笔记·物产类·浏阳》，民国二十年铅印本。
⑨ 《歙县志》卷1《舆地志、风土》，民国版。

积,复担于道,络绎不绝"①。从以上事实中不难发现,外国资本主义势力多是通过城市将乡村生产纳入到商品化、社会化轨道之中的。

还有的地区已经深深依赖于外国市场。江苏盐城县"海禁既严,邑米转销于内地各埠……改国后,米市转移,贩米之商不振……欧战起,百物腾贵,米价尤昂,县境连获丰稔,一时农村欣欣向荣。……二十一年秋,谷价惨落,商民请弛海禁,而运销甚微。二十三年,江浙旱灾,谷价再涨,省会复严海禁。二十四年,下河大熟,米禁再弛焉"②。广东开平"十数年来,谷种悉输自外洋"③。绥远归绥县"粮食为出口大宗"④。黑龙江呼兰的小麦"宣统改之后,由西伯利亚铁路输于欧洲小麦岁数百万石"⑤。根据海关数据,从20世纪初到1920年,农产品在出口商品总额中所占的比值由26.8%上升到36.4%。⑥

由于对外贸易的发展和商品经济的发展,乡村经济作物开始广泛种植,并且形成了许多专业种植区。主要种植作物首推棉花。如江苏宝山县罗店镇在光绪年间已是"七分棉花三分蹈也。农家勤纺织,种田之暇,惟以纱布为事"⑦。嘉定县在清末民初"通邑栽之(棉花),以资纺织"。⑧河北徐水县"民国以前,普通皆种中国棉,近年乃多改种美棉,绒长质细,产量极丰,每年运销天津口外最多"⑨。南宫县的棉花"为本县大宗产品,故业此者众,外籍之商、本县坐贾,随在收罗……北运天津,东运济南,冬春之际,车马络绎不绝于途"。⑩河南陕县在1934年前后,"以棉花为大宗,而商业以棉业为基础,市面之繁荣与萧条全视棉业之发达与否为衡"⑪,"外来巨商在南关建筑打包厂,每年发运于上海,为出产一大宗"⑫。第二大经济作物就是蚕桑,种植蚕桑的地区很多都是由于受到城

---

① 《双流县志》卷2《土产》,民国二十六年版。
② 《续修盐城县志》卷4《产殖志、粮食》,民国二十五年版。
③ 《开平县志》卷6《舆地略,物产》。
④ 《绥远志略》第7章《绥远之邑》第4节《归绥县》。
⑤ 《呼兰府志》卷11《物产略,植物,农产》。
⑥ 严中平等编:《中国近代经济史统计资料选辑》,北京科学出版社1955年版,第72页。
⑦ 《罗店镇志》卷1《疆域志、风俗》,清光绪十五年版。
⑧ 《钱门塘乡志》卷1《土产》,民国十年版。
⑨ 《徐水县新志》卷3《物产记、植物》,民国二十一年版。
⑩ 《南宫县志》卷3《疆域志、物产篇、货物》,民国二十五年版。
⑪ 《陕县志》卷13《实业、商业》,民国二十五年版。
⑫ 同上。

市工业的带动和满足城市工业发展的需要。嘉定县原本不习蚕桑之事，"近年（清末民初）上海丝厂盛开，广收蚕茧，乡人始渐讲求"①。清河县于1928年左右"湖桑繁植，蚕事日盛，每岁初夏，闽粤富贾挟资入境建灶、焙茧、捆载而南。土著小商亦多设盆缫丝，邮致海上"②。奉天辽阳县从清末到1928年前后，"茧丝畅销，价格日涨，外资因此输入，经济因此流通，利之所在，人争趋之，故种作者日多。现时蚕场较十年前增多一倍，较二十年前则不止两倍"③。此外，还有烟草、花生等作物种植。经济作物的广泛种植，直接为城市工业的发展提供了必需的原料。外国资本主义在中国开办的工厂和中国民族资本主义企业的发展，进一步刺激了农产品商业化进程。严中平等认为，近代农村经济的商品化率"一般不低于40%，在专业化的种植区域内则达到60%—70%"④。

生产方式上，家庭手工业与农业逐步分离开来，出现了机器生产方式和资本主义经营方式。而且，越是靠近城市的地区，这种生产方式的转变就越迅速。如江苏青浦县"东北乡妇女皆以做布为生，自洋布、洋纱盛行，土布低落。……光绪三十一年，知县田实荣创办罪犯习艺所，购置新式织具。延工师教罪人，织造各种布匹、毛巾，颇为优美"⑤。上海县"光绪中叶以后，机器纱盛行，手纺纱出数渐减。……各厂林立，销售他处，以振华厂之双象牌，裕源厂之云龙牌为著"⑥。河北高阳县"晚清时代，人民生活备极艰苦，后以提倡工业，全县日渐繁荣，商业繁盛，生活日裕，风俗渐靡，而对于力农亦渐就颓废，盖终年劳苦，不逮工业一日所入"⑦。农村经济的这些变化，为城市工业的发展提供了一定的市场和原料。

第三节　城市化动力的缺陷

尽管20世纪初，中国城市化运动有了初步发展，但是，城市化的动力机制上仍然存在不少缺陷。

---

① 《嘉定县续志》卷5《风土志、物产》，民国十九年影印本。
② 《续清河县志》卷1《疆域志、物产》，民国十七年版。
③ 《辽阳县志》卷27《实业、蚕业》，民国十七年版。
④ 严中平等编：《中国近代经济史统计资料选辑》，北京科学出版社1955年版，第325页。
⑤ 《青浦县续志》卷2《疆域（下）·土产》，民国二十三年版。
⑥ 《上海县续志》卷8《物产》，民国七年版。
⑦ 《高阳县志》卷2《风土·民生》，民国二十二年版。

正如罗斯基指出的，工业化对其他经济部门的影响不甚明晰，相对于整个经济体而言，1933年，工业只占国内生产总值的2.2%，而农业占到了60%。① 另据估计，1933年全国商业人员约1171万人，是当时工厂职工人数的24倍，商业资本约为工业资本的10倍。② 这说明中国城市经济的功能多以商业贸易为主。民国著名经济学家何廉指出中国工业发展还存在着两大根本缺陷，一为畸形发展，二为全是殖民地的工业。③

畸形发展是指工业发展的不平衡，首先是地理空间上的不平衡。不但工厂多集中在东南沿海沿江城市，就是金融机关也主要集中在这些地区，上海、天津、青岛、广州、南京、汉口六大都市的银行占全国70%以上，而这六大都市的人口却只占全国2%。江浙两省人口只有全国的15%，而银行占了全国20%。"工业与经济对于国家正如同血脉对于人的身体是一样，应该是流通的，而现在聚在一处了，这是多么危险的病症呢"④。而且，在这有限的工业生产中，上海又尤其为全国资源之聚集地，民国学者龚骏在30年代通过对纺纱、缫丝等几种工业的考察，得出结论：无论工厂数、资本、工人、机械还是都市工业比例均超过60%。无论何种工业，均以上海占绝大势力，有过分畸形发展特征。⑤ 根据民国政府在30年代的考察，同为沿海城市的福建一带，就已经和上海相差甚大了，"除福州、厦门、涵江、龙溪有机器工业，规模亦不甚大外，余完全在手工业时代"⑥。若芜湖，"大别为工厂机械工业，及家庭手工业两种。……机械工业……规模虽具，率以资绌材乏，产值无多。手工业八百六十八家，机器工厂二十四所"⑦。和沿海口岸城市相比，内地许多地方更是还停留在手工业阶段，且越往西部就越落后。若云贵地区，"湘滇线之云贵段附近各

---

① 参见托马斯·罗斯基（Thomas G. Rawski）《战前中国经济增长》（*Economic growth in Prewar China*），伯克利加利福尼亚大学出版社1989年版，转引自［日］城山智子《大萧条时期的中国：市场、国家与世界经济》，江苏人民出版社2010年版，第38页。
② 参见张寿彭《试论中国近代资本主义商业的产生与特点》，《贵州大学学报》1986年第3期。
③ 参见何廉《中国的经济力量在哪里》，《工商学志》1935年第7卷第2期。
④ 同上。
⑤ 参见龚骏《中国都市工业化程度之统计分析》，载张研、孙燕京《民国史料丛刊》第568册，大象出版社2009年版，第27—28页。
⑥ 殷梦霞、李强选编：《民国铁路沿线经济调查报告》第11册，国家图书馆出版社2009年版，第237页。
⑦ 同上书，第9册，第32页。

县工业，较之沿线各县，尤为幼稚。机械工业，除宣威外，余均为手工业"[1]。若陕北地区本来工业原料极为丰富，由于交通不便，与现代文明隔绝，工业也停留在传统手工业阶段，"'现代工业'则更谈不到，所有工业，十之九仍系古老的工业的方法，与旧式的工业生产品而已"[2]。而且，上海已经搭乘国际便车，享受到了第二次工业革命的成果——电力，其工厂已经普遍把电气作为动力，进入"电气时代"。而云南贵州两省，"仅昆明贵阳装设无线电机与省外通消息。至于有线电报，只能由省会发至各县，或县与县间之通传。贵州除遵义安顺铜仁等县有报机外，其他各县，均以活机代报机，且多系政府置用。至于湘滇线之云贵段附近八县，有活机者仅余庆瓮安印江思南四县。有报机者，仅铜仁一县"[3]。1934年民国有关机构曾调查了全国150多个县市，得出结论是："每个县市都有点新工业，但大半仍旧够不上说是工业化。150县市共2700余家工厂，却有1200余厂集中上海。"[4] 抗战前实业部登记了3935家工厂，其工业依地域分布情形见表1-1。

表1-1　　　　　　　　抗战前夕中国工业地域分布图[5]

地域别	工厂数（家）	资本数	地域别	工厂数（家）	资本数
上海	1235	148464463	广东	101	1427738
浙江	783	26183976	天津	44	11755000
江苏	318	39562718	威海卫	43	215645
福建	170	3843370	河北	19	22049700
青岛	148	6051090	其他	937	122316543
山东	137	23308149	总计	3935	377857742（40578392）[6]

---

[1] 殷梦霞、李强选编：《民国铁路沿线经济调查报告》第14册，国家图书馆出版社2009年版，第499页。

[2] 《陕甘调查记》，第118页，载《近代中国西北五省经济史料汇编》第8册，国家图书馆文献缩微复制中心2006年版，第122页。

[3] 殷梦霞、李强选编：《民国铁路沿线经济调查报告》第14册，国家图书馆出版社2009年版，第482—483页。

[4] 《中国的工业化》，《经济统计月志》1935年第2卷第7期。

[5] 参见翁文灏《中国工商经济的回顾与前瞻》，《资源委员会公报》第5卷第2期，转引自《科学与工业化——翁文灏文存》，中华书局2009年版。

[6] 原始材料数据为377857742，当实际相加资本数为40578392。表1-2数据情况类同。

从表1-1中可计算出，沿海地区工厂数已经达到全数的76%，上海、江苏、浙江三地的工厂数又达56%，为工厂集中地带，上海一地又达总数的1/3以上。可见抗战前夕中国城市工业发展的区位不平衡。

除此之外，其产业结构也呈现出明显比例失调的不平衡特征。1933年，包括中外工厂，生产总值为2076322千元，生产资料部门仅有360801千元，占总数不过17%，生产资料的主要部门——机械制造业仅占总值的0.9%。[1] 以上海这座工业中心为例，1928年其工业资本总计293282401元，按生产部门看，纺织工业占了绝大多数，为197443000元，占总资本的67%，机器工业却只有2441450元，所占百分比几乎可以忽略不计，在上海的几个工业门类中所占比例只高于日用品工业。[2] 根据实业部统计1932年至1937年的工厂情形见表1-2。[3]

表1-2　　　　　　　1932—1937年工厂情况

工业类别	工厂数（家）	占工厂总数百分比（%）	资本数（元）	占资本总数百分比（%）	工人数（人）	占工人总数百分比（%）
水电	119	3.02	59807740	15.82	5377	1.17
冶炼	60	1.52	2618550	0.66	4671	1.02
机器	340	8.60	3677394	0.97	10196	2.33
电器	58	1.47	2677850	0.71	4534	0.99
军械	3	0.07	423000	0.11	316	0.07
化学	708	17.99	47997604	12.70	47131	10.31
食用	920	23.38	148373447	12.80	23398	5.12
纺织	833	21.17	135877090	35.96	259686	56.81
其他	844	21.48	76395067	20.24	101834	22.23
总计	3935	100.00	377857742	100.00	457143	100.00

---

[1] 参见陈真、姚洛合编《中国近代工业史资料》第4辑，三联书店1957年版，第8页。
[2] 参见上海特别市社会局编《上海之工业》，中华书局，载《民国时期上海史料文献丛编》第21册，国家图书馆文献缩微复制中心2009年版，第229页。
[3] 参见翁文灏《中国工商经济的回顾与前瞻》，《资源委员会公报》第5卷第2期，转引自《科学与工业化——翁文灏文存》，中华书局2009年版。

从表1-2中可以看出，工业部类里，占最大比例的是以食用、纺织为主的轻工业和日用产业，机器工业、电器工业为代表的重工业、尖端科技部门所占比例甚小，军械工业最少，可说是微乎其微。轻重工业的比例失调，是城市工业结构不平衡的重要特点。

同时，工业发展还具有浓厚的"殖民地"色彩。到抗战以前，中国工业资本共131547千元，只占总资本的28.3%，外国资本占了71.7%。① 1928年上海工业从产业组织形式看，公司资本共197443900元，占总资本的93.53%，合伙资本占5.51%，独资资本仅占0.06%。② 中国工厂数量最多，有1441座，但其资本的百分比只有35.3%。若更进而考察各厂平均资本数，日本有260万元，英国有230万元，法国有90万元，美国有42万元，中国仅有7万元左右。③ 大部分工业仍然在外国资本势力手中。再如现代工业的基础部门就是煤铁工业，"工业主义不待说是煤和铁的产物，造成了工业主义化的这个时代；煤和铁更造成了工业发展和集中的伟大都市工业区"④。而中国大规模的煤铁工业，多半是中外合资，或纯粹外资。若全国最大的煤铁工业——抚顺煤矿就归南满铁道株式会社经营。以1920年为例，中国新式矿业出产额只有3720000吨，占全国总额18%，外资或中外合办矿业却达到了8980000吨，占全国总额46%。⑤ 煤常常来自外国进口，1929年，输入外国煤1911238吨，国产煤输入只有27373吨，只占外国煤的1/7。⑥ 当时的上海、汉口、广州等埠皆是外国煤行销之地。机器也常常依靠外国输入，主要来自美、德、日三国，1924年美国进口机器达海关银187743两，德国达158269两，日本达181503两，在引进机器中，又主要是机器用具及引擎机器。⑦ 再以发电工业为

---

① 参见［日］矢部良策《亚细亚产业篇》，创元社问题讲座1940年2月，第67—70页，转引自陈真、姚洛合编《中国近代工业史资料》第2辑，三联书店1957年版，第953—954页。
② 参见上海特别市社会局编《上海之工业》，载《民国时期上海史料文献丛编》第21册，国家图书馆文献缩微复制中心2009年版，第229页。
③ 参见上海特别市社会局编《上海之工业》，载潘公展《答谢赞助国货诸君》，上海《新闻报》1930年10月10日。
④ 曾铁忱：《中国煤铁工业与煤的贸易》，《社会月刊》1929年第1卷第3、4合期。
⑤ 同上书，第31页。
⑥ 同上书，第60页。
⑦ 参见《我国所用机器之来源》，《广东实业厅公报》1926年第1卷第1期。

例，中国30年代发电容量不过120万匹马力，其中各工厂自备动力约占37%，外国经营占33%，民营工厂占25%，官营占5%。"除工厂自备外，其余供给一般人应用，系营业性质者，外人经营实超过官营总数之上，足见外人在电业上之势力，实驾乎国人之上"①，引发城市化的最重要动力机制——工业并未实现独立自主。

因此，从表象上看，一些大城市的工厂在增加，其基础却是十分脆弱的，再加上这段时期时局大多不稳，更令其常在风雨飘摇之中。如1928—1929年华商纱厂有所增加，似乎形势大好，不料紧接着蒋桂战争爆发，不久就是中原大战。陶希圣曾对1930年做了乐观的估计，结果他预计中的工厂几乎都未开工。沙市纱厂与宜昌纱厂，虽然在1930年的春天实行登报招股，却一直到1931年还未开门。山西两家不仅未开门，且其他现存工厂也关了门，绍兴华昌纱厂也未开门。②在华商纱厂中占第一等地位的上海原生纱厂于1931年以400万元代价，售与了日商公大纱厂，该厂实际总资产额达到1300万元。上海华商纱厂里资本最雄厚的三新纱厂，也在之后出售于中美商人。"上海是中国工业的中心，也是纺织工业的中心；而原生与三新又是执华商纱厂之牛耳者，所以原生与三新的失败，不仅是上海的，而且是全国的纺织工业的衰落的证明。"③ 同时，城市失业问题严重。仅以1934年为例，上海除公共租界和法租界外，全市人口为1669575人，失业人口达31117人；南京失业和无业人口达300306人，占全市人口几乎50%；汉口失业人口达100792人，北平失业人口达230000人，广州失业者达53650人，杭州失业者约100000人。六大城市失业者总数为725865人。④

商业贸易同样存在致命的缺陷。在对外贸易上，从1900年以来，出口确实一直在递增，这反映了城市工业的发展，但却赶不上进口的速度，因此30多年来，年年入超，且总体呈递增态势，这又说明中国的民族工业仍然和国际工业水平存在极大差距。进口在1931年达到最高

---

① 《中国之工业》，载实业部中国经济年鉴编纂委员会《中国经济年鉴（1934—1936）》上册，商务印书馆1934年版，第B135页。
② 参见朱其华《中国经济危机及其前途》，载张研、孙燕京《民国史料丛刊》第323册，大象出版社2009年版，第266页。
③ 同上书，第268页。
④ 参见《京沪杭粤平汉六大城市失业总计》，《劳动季报》1934年第1期，录1934年2月《南京民生报》。

2233376164元。出口直到1929年达到1582440841元，为出口额顶峰，然而自1932年突然出现猛降，由1931年的1416962868元降至717535334元，入超也在当年达至最高点867190964元，1933年后才有所下降，而出口之后也开始呈递减趋势。① 很显然这是由于1929—1933年资本主义世界的"大萧条"，西方资本主义国家收缩了对华进口，并力图向中国转嫁危机而出现的结果。这一切说明，在这个资本主义世界体系中，中国的国际商业贸易实际上并没有多少优势。

1930年中国铁路达到7000里，却有2135里是外国直接投资修建的，2871里属于借款修筑。② 由于中国修筑铁路所需要的资本和技术多由列强提供，甚至有些铁路的修筑就是由列强发起。因此铁路权往往掌握在列强手中，且路线的选择常常是基于列强自身的经济与政治利益上的考虑，而非从中国自身城市化的需求或国防的需要出发。若广九铁路主要就是因为英国希望借此由广州与粤汉沿线及其他华南内陆各省相联络，并确保香港在华南对外商务上的优越地位，才强迫中国签约修建这条铁路的。"大多数铁路乃为应列强的要求而允其借款建筑者，本国每有所图，非受条约的束缚，即为成案所牵掣，其结果则枝节从事，往往不能根据自身政治、经济的需要，以为设施"③。在这种情况下，铁路的修筑不但损害了中国的主权，而且其铁路的整体分布都显示出为列强经济政治利益服务的倾向，呈现出外资铁路多偏重通商口岸、内地之间缺乏联系、铁路分布极其不均等特点。1931年，全国铁路几乎全集中于东经110°以东，即大致从包头南下经潼关、蒲州直下至柳州一线以东地区，此区铁路，占全国总里程94%，东北占44%，长江以北占33%，长江以南占17%，西部地区仅在西南有6%。截至1937年，占全国土地面积60%的西南、西北区，铁路长度仅占全国（东北除外）6%，华北所占比例略低于70%，华南则占24%。④ 这一切充分体现了中国的半殖民地化特点。城市化在中国地理区位上的不平衡特点也是深受这等模式的影响。

---

① 参见《中国国际贸易统计表》，《经济统计月志》（一），1935年12月。
② 参见康迺文《从数字中来观察中美贫富的悬殊》，《青岛社会》1930年第2期，《论述》第5页。
③ 叶恭绰：《交通救国论》，载《遐菴丛稿》中编，第197页。
④ 参见宓汝成《帝国主义与中国铁路（1847—1949）》，上海人民出版社1980年版，第398页。

<<< "城市中国"的探讨

  中国现代航运的发展尽管是比较显著的，但是根据1927年海关统计，商船吨位数最高的却首推英国，为40258049吨，其次是日本，为35745535吨，中国的现代商船只有18218215吨①，而且，在这些水道上的中国商船，"只有国营的招商局在那里勉力的经营。由汉口至重庆，重庆至成都，交通尤感不便，此外除了小轮船，就要靠旧式的木船去运输了"②。1920年，英美法日德中六国里，中国吨位最低，只有142843吨。列强中英国最高，达到20142880吨；德国最低，也有416438吨，都远远超过中国。③ 在1925年，我国沿岸内河里，中国轮船数量上只有外国的45%，吨数仅为外国的35%。④ 1927年，沿岸内河贸易额里，英国占35.32%，日本占24.84%，中国只占32.44%。⑤ 这一切都意味着，中国的航业供给市场有半数以上为外国势力所占有。1927年的上海，日本轮船吨数最多，英国其次，操持全国对外贸易四成以上的上海，所有行海华船，竟不及全市总吨数的16%。⑥ 后来翁文灏先生统计的结果也是如此："在沿海行驶之外国轮船，其总净吨数共为33万吨，其中英船居首，日本次之，美又次之。长江由海洋直贯内地，且为人物繁富之区，轮船总吨位为20万吨，其中英船最多，日本与中国几至相等，美国次之，德、法又次之。英美二国轮船总吨位，皆在1000万吨以上，日本亦达500万吨，而吾国连外国船舶在内，总数亦不过50余万吨，水运能力之不足，诚为显然。"⑦ 这些特点必然也对城市化道路产生了重要影响。

  同时，尽管现代交通事业有所发展，但在实际生活中，在很多地区，其对城市化进程所起作用有限，当地常常继续使用传统交通工具进行贸易。若山西出入于京津地区的货物，"以铁路搬运为不便，故依然赖车之

---

  ① 参见《新国民年鉴·第九编·交通》，第21—22页，载张研、孙燕京《民国史料丛刊》第929册，大象出版社2009年版，第233—234页。
  ② 《中国的工业化》，《经济统计月志》1935年第2卷第7期。
  ③ 参见漆树芬《1920年世界各国航业势力比较表》，载《经济侵略下之中国》，光华书局1931年版，第244页。
  ④ 同上书，第256—257页。
  ⑤ 参见上海特别市社会局编《上海之工业》第2编《各业发展计划》，中华书局，第10—11页。
  ⑥ 同上书，第2页。
  ⑦ 翁文灏：《中国经济建设概论》，载《科学与工业化——翁文灏文存》，中华书局2009年版，第502页。

力，实堪诧异！"① 如平绥铁路沿线的门头沟到齐堂一段，"因资本不敷，仅通至板桥为止，计三三公里，现所运之煤，除清水涧车站，德源煤矿所产者外，其余均由板桥车站，用人力平车运至清水涧装运至门头沟，然后由本路转运他地，并自备有机车车辆"②。对商业贸易产生的实际收益也常常未能达到预期。"沿路所产多量之农产品，僻隅天府无尽藏之矿物，虽有铁路之便，只以运费太贵，不能运至市场，短距离来往之多数旅客，因行车班次太少，也不利用铁路，如此铁路营业，不啻与公众不便，不能达到公用之本旨，国家亦不能得到应收之利"③。在航运方面也是如此，"钱塘江自杭州至桐庐一段，可航轮船，至兰溪可通汽油滑艇，其他各处，悉恃民船排筏等，以资交通。……然内地客货运之主要运输工具，实即在此"④。现代交通方式在这些地区不能够得到充分发展，必然也会影响当地的城市化进程。

农业方面，在农村从属于城市、城乡联系加强的同时，城乡的对立却更成为近代中国城乡关系的主要特征。农民经济的商品化、市场化，并没有带来农村生产力的提高，相反，20世纪初，农村经济呈现一片破败景象。农作物1914年为2826238000石，到1920年时，已减到1092890000石，6年间递减了60%以上，"现在中国本地所生产的粮食，绝对不足以供半数人口的消费"⑤。据学者统计，从1912年到1927年15年间，小麦之输入数由2596担增加到1690155担，增加了650倍以上。米的输入数亦由2700493担增加到21091693担，增加了9倍以上，总计在1927年间，由关外输入的米麦数共计为22781848担。而1929年1—6月间，由香港、安南、印度等地运输到上海的米粮，共计259459担，到1930年同时期，已达到5145835担，一年之内增长率达到20倍以上。⑥ 同时，荒地面积不断增加，据日本东亚同文会出版的《中国年鉴》载，1914年间，

---

① 姜明清：《铁路史料》，台北"国史馆"1992年版，第784页。
② 殷梦霞、李强选编：《民国铁路沿线经济调查报告汇编》第4册，国家图书馆出版社2009年版，第490—491页。
③ 姜明清：《铁路史料》，台北国史馆1992年版，第786页。
④ 殷梦霞、李强选编：《民国铁路沿线经济调查报告汇编》第10册，国家图书馆出版社2009年版，第29页。
⑤ 乔元良：《中国农村经济一般的观察》，载张研、孙燕京《民国史料丛刊》第672册，大象出版社2009年版，第12页。
⑥ 同上书，第14—15页。

中国全国荒地面积只有358236867亩，到1918年已增加到848935784亩了，4年间增加了490698881亩，1922年农商部统计，荒地面积达896216784亩，占全国耕地和园圃面积半数以上了，由于天灾人祸，到1933年，荒地约为10亿亩以上。① 这一切表现着农村经济的破产。

中国都市的膨胀和农村破产形成了鲜明的两极。九一八事变和1933年全国大水后，全国农村更显残破不堪，再加革命、战乱也多集中于乡村地区，因此乡村中稍有资产的人家多迁往都市，于是资金都集中在了大城市，特别是上海。有学者在20年代末统计了几个省市地区灾荒和人员离村情况，发现绥远1926年有220余万人，到1929年全省仅有180万人，妇女出境也达十五六万人；甘肃号称900万人，死于饥饿者200万人，在死亡线上挣扎者不下310余万人；陕西56.4万余方里面积，被灾区域达27万方里以上，全省人口约1000万人，因灾而死或流离失所者达400万人以上。据龚骏统计，至20世纪30年代，各地离村率最多有达到20%。自"九一八"事变后，移居者都不得不以国内都市为唯一尾闾。② 农村的衰败令城市发展得不到农业经济部门有力的产业支持。

近代中国的城市化便是在这样一种极其不平常的状态下展开的，当时以政治精英、文化学者、专业学者为代表的精英知识分子也在这种背景下展开了关于城市化道路的一系列设想、评价和讨论。20世纪初有市政学者认为，中国的市政状况可划分为三个时期，第一个时期为清末设警察立学校时期；第二个时期为从清末设警察立学校至民国成立；第三个时期则是民国成立到当时。有当代学者认为，1840—1900年为中国近代城市化的起步阶段，1900—1937年，为中国城市化的发展阶段，这以后到1949年则由于战争的破坏，城市的发展陷入停滞状态。③ 当代学者所说的"城市发展期"和民国学者所说的"市政发展期"基本上都是20世纪初到抗战前这一时期。本书就旨在考察这一时期中国精英分子对中国的城市和城市化进程的思想认识。

---

① 参见乔元良《中国农村经济一般的观察》，载张研、孙燕京《民国史料丛刊》第672册，大象出版社2009年版，第8页。

② 参见龚骏《中国都市工业化程度之统计分析》，第13页，载张研、孙燕京《民国史料丛刊》第568册，大象出版社2009年版，第235页。

③ 参见何一民《中国近代城市研究的新动向》，载何一民《从农业时代到工业时代：中国城市发展研究》，四川出版集团巴蜀书社2009年版，第619—620页。

第二章 城市之思:近代中国的城市观

第一节 传统"城市"与近代"城市"

近代外国学者曾如是赞叹城市这一事物:"二十世纪人类文明生活之最惊奇伟大的现象,并当敬为人类文明生活之保护者,不惟物质方面如斯,即就智识精神方面而言,城市亦与有重大之关系焉。"[1] 随着中国城市化运动的开展,许多学者,特别是市政学家都开始对城市进行了思考和研究。自然,城市是一个古老的事物,自有人类文明以来便有了城市。在中国的过去,"城"和"市"有着不同含义。"城"原本是指城墙,《墨子·七患》里说:"城者,所以自守也。"后引申为官衙的所在地,即指一种政治的中心;"市"则侧重于经济的含义,指交易的场所,《易经·系辞》里说:"古者日中为市,致天下之民,聚天下之货,交易而退,各得其所。"即在每月的某几天,人们到指定地点进行贸易交换,这些地方便逐渐形成集市,此谓"市"。但是,近现代城市是一种迥异于古代传统城市的新事物,对近现代城市的定位直接关系着学者们对城市功能、本质的界定和对城市起源的认识,但这种认知并非一开始就为人们所察觉。从晚清直到民国初建时,虽然有不少人呼吁改良城市,学习西方,但是没有人从理论的高度去深入剖析"城市"这一事物在近代与古代的本质区别。从20年代开始,随着市政学的兴起,学者们关于"城市"和"市政"知识的理论素养急剧提升,其认识深度与广度都比之晚清不可同日而语,时时有学者将传统城市与近代城市进行比较。学者们多是从城市功能的角度去发现传统城市与近代城市的区别。从政治军事功能去认识传统城市的特点在当时成为共识,有人说:"古代民族,每围绕其酋长王侯之居城或政

---

[1] [美]黎德:《美国市政论》,《京都市政月刊》第23、24合期,《译述》第314页。

厅而群居，群居人民与年俱增时，渐不能行其原始的自给自足方策，于是与他处交易，有无相通，交易日繁。其结果政治中心地，以至兼之成了产业中心地。此等产业之发达，尤以关系于其政治上直接间接所需要方面之产业。"[1] 梁启超也在《中国都市小史》中将城市根据其不同功能分为政治、军事、商业三种类型，在古代都同出一源，而政治型城市是中国古代城市的主要类型。"盖筑为崇墉以保积聚，以御寇盗，而商旅亦于是集焉。其后政务渐扩，即以为行政首长所驻地，为出令之中枢。故最初之都市，盖政治都市也"[2]。

学者们同时认识到，这种以政治功能为主的传统城市有着巨大的缺点，其中之一是发展潜力极其有限，"但若纯以政治中心为主因之都市，其发达不但有限度，若政治中心移于他所时，每有使旧都市凋落仅能存其古迹之虞。例如我国之河南，在历史每称'中州'，谓为全国中心，历史上常有奠都于此之事实，当时固有种种可以号令全国之设备，呈非常殷赈之状况；只因单倚政治为其中心，其结果仅是一政治中心都市，地理上极难认出其经济上之重要位置，所以直到现代，惟日趋于凋落，不过在历史上存其影响而已"[3]。其二是生产功能不发达，城市往往成为一个消费的中心，"古代都市，大都为大帝国之创立者作为政治中心地方……此等政治中心的都市，若从经济上观察之，则大半是纯消费的都市"[4]。传统城市正是由于这样的功能缺陷，无法发挥近代城市那样改变人类文明的巨大作用，也无法像近代城市文明那样一路高歌猛进、蒸蒸日上。而近代城市之所以能够发挥如此巨大作用，便是基于它的生产功能，特别是和工商业文明联系在一起的生产功能。就如易家钺说道："无论何国都是这样，从古就有了都市，从古的都市也都发生问题。无论何国都是这样，古代的都市问题等于狗咬人，平常得很；近代的都市问题则非常重大，等于人咬狗太稀奇！为什么都市问题到近代，越到后来越重要呢？你不要看别的，只看那烟筒；你不要看别的，只看那招牌；你不要看别的，你只看那轮船和铁路。一言蔽之曰：近代都市之特别发达乃由于工商业发达和交通便利等

---

[1] 冯飞：《都市发达之历史的考察》，《东方杂志》1922年第19卷第1号。
[2] 梁启超：《中国都市小史》，《晨报》七周年纪念增刊，1926年。
[3] 冯飞：《都市发达之历史的考察》，《东方杂志》1922年第19卷第1号。
[4] 同上书，第44页。

的缘故"①。作为市政学家的董修甲也指出,宗教、政治、教育皆为"分利事业",其吸引力有限,只有工商业为"生利事业","营商者愈多,生利愈大,做工者愈众,生产愈多。既能无限制的生利,与无限制的生产,故人民日趋之不已,而小城市,因之发达至于大城市,大城市因之发达至于更大矣"②。

进入20世纪30年代后,思考都市文明的走向蔚然成风,学者们进一步阐发城市与工商业文明之间的功能联系。有人更加明确指出,近代城市文明就是一种"商工业——尤其是工业——文明"③。在农业时代,城市可能其功能更多表现在宗教、政治、军事方面,经济方面,不过是"手工业的场所及农夫们的交易场所而已",但是到了工业社会,"都市就开始变为经济都市了"④。如果说,城市是文明的一种空间表现形态,那么,到了工商业社会,城市就是一种工商业资本的空间形态,和传统的政治军事城市有着本质区别。张隆祐说:"洎乎中世纪末叶,土地为唯一资本之观念打破,商业代之而兴,市场开拓日广,而城市之需要重而且亟。……盖现代城市,已进至工业城市,或商业城市,换言之,城市迹近资本化耳。"⑤朱通九说:"都市经济之特性,即该都市的市民,大部分从事工商业;换言之,该市市民生活的维持,全赖商品的制造与商品的贩卖。故都市社会,可称为工商业社会;都市经济,可称为工商业经济。"龚骏说:"都市之性质,有经济及政治两种。经济之都市,自与工业有极大之关系,而政治性质之都市,则不尽然。例如上海、天津、武汉为都市之重着于经济者,故其工业之发达,远非其他地方所能及。而北平、南京等处,其都市形成之要素,系基于政治的而非经济的,此等都市,其工业不甚发达,亦不以其工业之不发达,而不谓之都市也。"⑥这里说的就是工业革命发生后的以工商业功能为主的现代城市与以政治、消费为主要功能的传统城市之间的区别。这表明,学者们已经从城市的功能、性质上区分了现

---

① 易家钺:《中国都市问题》,《民铎杂志》1923年第4卷第5期。
② 董修甲:《市政问题讨论大纲》,载陆丹林《市政全书》第1编,中华全国道路建设协会1928年版,第46页。
③ 李鸣非:《都市人口比例演进观》,《市政评论》1935年第3卷第10期。
④ 同上书,第5页。
⑤ 张隆祐:《城市发展概要》,《武汉特别市市政月刊》1929年第1卷第1号。
⑥ 龚骏:《中国都市工业化程度之统计分析》,第112页,载张研、孙燕京《民国史料丛刊》第568册,大象出版社2009年版,第334页。

代工商业城市与传统政教型城市的不同，他们对"城市"的认知在日益走向成熟。

第二节　引领文明的近代"城市化"

对传统与近代城市功能的认识加深必然联系到一个与其不可分割的问题——"城市化"。城市的发展使得许多近代中国学者开始对城市化这一历史现象发生了兴趣，"都市化"成为经济学家、社会学家、市政学家思考的一个重要问题。"城市化"这种历史现象，和城市一样也是自古就有的。历史上只要出现大批人员集中迁徙某个地区，并在当地定居，该地区就会逐渐发展为城市。历史上因为政治、经济、战争、文教的原因导致城市兴衰的事例不胜枚举，若盘庚迁殷、犬戎入京、晋室南渡等。但是，只有到了近代，人们似乎才开始对"城市化"这一现象发生兴趣，并且展开研究。这是因为近代的"城市化"和传统"城市化"有着根本不同。工商业的巨大发展使得近代城市对于农民的吸引力远远超过了古代社会，从而使得城市的规模膨胀之大、社会生活变化之快也都远远超过了古代社会，它必然引起人们广泛的关注。20世纪20年代初就有学者意识到了近代"城市化"的特点："产业上之原因，此为近代都市发达最重大之原因。如从所知之天津、汉口、上海皆是。此等都市在数十年前，始是无人过问之地，而因工商业关系，遂促成今日之发达，而其他在工商业上不甚重要位置的通都大邑则日渐衰落。"[①]

到了20世纪30年代，学者们对这个问题的思考更加频繁，而且阐述更加详尽。他们不仅考察近代城市兴起的原因，而且也从纵向、横向两个方向来考察古今中外"城市化"的区别。作为市政专家的董修甲在这个问题上多有论述。他说，其实"城市化"并不是近代才有的，"考古今中外城市兴起之重要原因，不外宗教、政治、教育、商业、工业五事，而此五事，所以能使城市兴起者，则因各有吸收人民于城市之势力，因此吸收之势力，人口群集于城市，于是城市兴起矣"[②]。但是，他尤其指出，"十

[①]《都市发达与历史考察》，《东方杂志》1922年第19卷第1号。
[②] 董修甲：《市政问题讨论大纲》，载陆丹林《市政全书》第1编，中华全国道路建设协会1928年版，第43页。

第二章 城市之思：近代中国的城市观

九世纪工业革命后，各城市工商业发达，故人民群起移往城市，而城市亦因之大发达矣"①，并声称："城市之发达，既为十九世纪之现象，又为工商事业之产物也。"② 很显然，董修甲在这里明确点出了近代"城市化"与传统"城市化"的区别——其动力是否来自工商业的发展。另一位市政学者殷体扬也直接道明，现代工商业城市和传统的政治、文化、宗教型城市兴起原因的巨大不同点就在于它奠基于工商业经济之上的生产动力，"城市之发达，则惟工商业之关系，最为密切，宗教政治文化教育能成立城市，而难于发达，其原因即工商业为生产事业，能使人民生利，其吸引力及集中力甚大，至宗教政治文化教育，则多属分利事业，其收集多种能力之能力，至有限制。"③ 赵国华说："往昔之都市，由政治军事宗教之集中而组成，现代之都市，则除此之外，复益以经济为背景，其发展之急速，规模之扩大，又非往昔之都市可比。"并直接指明这种以经济为背景的现代都市是由于工业革命的发生而出现的。④ 作为非市政和经济学者的张君劢，对此也有着比较精当的认识："近代市者，十七世纪以后事也，完全为蒸汽机事业所发动。蒸汽机发达，则工商业繁盛，交通便利。工商业繁盛，交通便利之结果，则人口集中于都市。"⑤ 可见，近代的中国学者已经自觉地把近代"城市化"同传统"城市化"区分开来，他们认识到了近代城市化是和工业化联系在一起的，是工业革命的产物。这种认识上的提升既是当时西方市政学、城市学传入国内以及学者们认真研究城市学说的结果，也是和当时的国内背景分不开的。本文第一章已经介绍过，1927—1937年，由于南京国民政府采取了一些发展工商业的措施，这段时期的工业化水平有所发展，后来被人称为"黄金十年"，因此，学者们此时对于工业化发展带动了城市化发展的历史事实有了更深的切身体会。

正是有了这样一种思想背景，当学者对"都市化"正式进行定义时，就能够明确地把它和古代那种单纯的农民向城市进行的地域迁徙区分开来。著名经济学家吴景超对"都市化"从人口的地理特点和职业分配两

---

① 董修甲：《城市之发达》，载陆丹林《市政全书》第2编，中华全国道路建设协会1928年版，第27页。
② 同上书，第28页。
③ 殷体扬：《市政问题的研究》，《市政评论》1934年第1卷。
④ 赵国华：《都市计划与地方计划概念》，《道路月刊》1933年第41卷第1期。
⑤ 张君劢：《近代市政之由来及其根本识掌》，《道路月刊》1924年第11卷第2—3期。

方面进行了概括。从地理特点上看,"从十九世纪以后,住于乡村中的人口,其百分数有下降的趋势,而住于都市中的,却逐渐加增";从职业分配看,"从十九世纪之后,从事于农业的人,逐渐减少,同时在别种实业中谋生的人,却逐渐加多"①。学者柯象峰也有着相同的看法:"乡间的人口移往城市,小城市的人口移往大城市去谋工作及生活,这种现象就是所谓的'都市化'。这种现象在一方面是地理上的人口集中,稀散的人口趋于丛集;另一方面是生产或职业的转换,由广泛的农业到集约的工商业。"② 这两位学者都不局限于从地域的变动上来理解"都市化",而是更加侧重于从职业的转换上来定义,即从农业人口向非农人口,特别是工商业人口的转变,今天的研究者对"城市化"的定义其实早在民国时期已经由当时的学者较为准确地概括了出来,这和民国学者始终能够区分传统"城市化"与近代"城市化"的差别是直接联系在一起的。

在此基础上,学者们发现城市化标志着两种文明之间的巨大转换,即由乡村文明向城市文明的转型。不仅世界如此,即使在中国,城市社会的到来也已经成为一股不可阻挡的趋势。张慰慈说:"文化史上最重要的一步是从乡村的生活变化到城市的生活。"③ 陈剑如也认为:"建设城市的能力,和文化高下成正比例。故此,某种民族,在某地域内,倘无充分建设城市的能力,即是表现其文化的幼稚……所以我们若要改造中国,非把各处的城市改造,使多数人民,都改变其乡村化而归于城市化不为功。"④ 吴景超指出,中国必须改变当时之一大病——"大多数的人民,皆集中耕种之一业"⑤。以农立国的国情只能说明国家落后,他更希望城市中的市民能够积极学习以现代工商业为核心的先进文明,摆脱农业文明的牵绊,"在市中的国民学校与师范学校,与其附设农场,不如附设工厂。与其教他们种地,不如教他们织布。与其教他们拿耙,不如教他们开火车。与其教他们割麦,不如教他们打电报。与其教他们研究土壤,不如教他们研究都市交通。与其使法官耕田,不如让他利用那些时间,去研究中国的

---

① 吴景超:《近代都市化的背景》,《清华学报》1933年第8卷第2期。
② 柯象峰:《现代人口问题》,正中书局1934年版,第352页。
③ 张慰慈:《市政制度》,亚东图书馆1925年版,第8页。
④ 陈剑如:《民国十三四年广州市市政报告丛刊》,载董修甲《市政问题讨论大纲》,青年协会书局1929年版,第7页。
⑤ 吴景超:《都市社会学》,载《民国丛书》第1编,上海书店1989年版,第45页。

司法制度。与其使医生种地,不如让他利用那些时间,去设法减低中国人的死亡率"[1]。姜春华通过回顾世界先进国家的城市发展史后得出结论:"一个现代国家文化的演进,无一非先都市而后乡村;都市是一国文化的核心,由此核心,扩展而光大,慢慢地提高了国家文化的水准。"[2] 20世纪初的中国学者也确实敏锐地感觉到了,传统乡村社会的机体之上正在慢慢发生某种变化,有时候这种变化还会显得很迅速,张慰慈明确地说道:"历史上永未曾有过一个时期有这样大部分的人民过城市的生活。"[3] 此趋势不仅市政学者觉察到了,就连一些非市政专业的学界名流都感觉到了,胡适就惊叹:"现在中国的情形很像有从乡村生活变到城市生活的趋势了。上海、广州、汉口、天津等处的人口的骤增,多处商埠的渐渐发达,都是朝着这个方向走的。我们这个民族自从有历史以来,不曾有过这样人口繁多、生活复杂的大城市。大城市逼人而来了!"[4] 不可否认,胡适对中国城市化运动的这种描述有所夸大,本书首章已经谈过,当时中国城市化实际情况是比较低的,即使一些先驱城市,其城市内涵也还有待提升。这段文字是胡适为张慰慈《市政制度》一书所作序言中的内容,很显然是胡适为了强调"市政学"的重要性而有意无意对现状进行了一点夸大。但是,"今后的都市,在人类社会中,的确有夺取支配地位的趋势!"[5] 这不仅已经成为相当一部分学者的共识,而且也成为他们的追求。

现代文明最直接表现于城市文明的兴起,可以说,城市文明是现代文明的基本样式,城市文明基本覆盖了现代文明的全部内容,引领了现代文明的发展趋向。对此中国学者也有所察觉,早在1918年,《东方杂志》上就有一位学者向读者介绍了一位日本学者的文字:"通观现代文明最发达之诸国,其最显著之外表特征,为吾人所共观者,莫如人口都市的集中之甚大,即都市数之显然增加,及大都市之发达甚为急速也。今之观国者,但观其国都市数之增加,及大都市发达之形势,即可知其现代的发达

---

[1] 吴景超:《都市教育与乡村教育——对于旭生先生教育方案的商榷》,《独立评论》1933年第2卷第40号。
[2] 姜春华:《都市建设与建设武汉》,《市政评论》1935年第3卷第8期。
[3] 张慰慈:《市政制度》,亚东图书馆1925年版,第22页。
[4] 胡适:《〈市政制度〉序》,载欧阳哲生《胡适文集》第4册,北京大学出版社1998年版,第647页。
[5] 李鸣非:《都市人口比例演进观》,《市政评论》1935年第3卷第10期。

之大小迟速。"① 20世纪20年代初，有人还说道："不知都市文化不足语现代文化。"②

随着外国市政学传入国内，以及一大批留学欧美的先进知识分子研究了西方市政学识并亲眼目睹了欧美城市文明的灿烂玄奇以后，同时也是由于1927—1937年出现了所谓的"黄金十年"，上海、汉口、南京等大城市在工业化的带动下进一步发展，"城市"更加引起了人们热烈的兴趣。许多中国学者也从人类文明史的高度来看待城市发展的意义："在人类活动的过程中，城市占最重要的地位，人类的历史，就说它是城市的历史，亦无过当；欲求国家的进步，谋人类的发展，必先从改良城市入手；城市的发展，是文化发展的原动力。"③ 市政学家张慰慈认为城市生活创造了人类新的生活方式和社会组织："新的经济生活是由城市发生的，新的政治观念、新式的社交形式、新的交换意见方法，也是均由城市提倡的。"④陈序经在与"乡村派"的论战中强调："新的文化的创造，与其说是依赖于乡村，不如说是依赖于都市。……科学这件东西差不多完全是都市的产物。同样，民治的发展也是得力于都市。法国所有的革命，都起自都市，而特别是法国最大的都市——巴黎。法国的革命是这样，别的国家的革命也是这样。……我们不要忘记，他们的现代的民主政治是工业革命以后才发展的，而工业革命的策源地又是都市。"⑤ 翟克指出，城市文明比农村文明要更加丰富、高级得多，出现农民向都市的"移民潮"就证明了城市文明的巨大吸引力，"都市的嘈杂群体，色镜眼的生活及令人炫惑的光彩，实足以引诱饱尝田园的单调孤单之人。都市为智识思想美术文艺及音乐之中心，各时代之有效事业得见于都市之构造、机关、博物馆、会馆及市场之中，时时有世界新闻，有绘画、建筑及艺术之展览，各种之娱乐适合各之阶级。有种种之职业适应各人之性向技能及趣味，这样与各人的现实底满足，焉有不吸引农民呢？"⑥ "直到产业革命以后，所有全世界上凡是形势便利的城市，没有一处不成为社会上的工商业和一切文明的中心地

---

① 君实：《现代文明与都市计划》，《东方杂志》1918年第15卷第12号。
② 冯飞：《都市发达之历史的考察》，《东方杂志》1922年第19卷第1号。
③ 温崇信：《城市的意义》，《市政期刊》1934年第2期。
④ 张慰慈：《市政制度》，亚东图书馆1925年版，第12页。
⑤ 陈序经：《乡村文化与都市文化》，《独立评论》1935年第126号。
⑥ 翟克：《中国农村问题之研究》，国立中山大学出版部1933年版，第36页。

点的，所以城市文明和社会进化有密切的关系，不能不引起人们重大的注意。我们中国自从和世界文化沟通以后，自然也逃不出这个公例"[1]。陈恺廷说："现今之文明，乃城市之文明也，其发生由于城市，其发达亦由于城市，城市健全，则文明亦因之而健全，城市发达，则文明亦因之而发达，其关系之密切也如此，由是以观，则现代之文明，为城市发达之产物。"[2] 董修甲更是发现，整个世界都已经因为城市文明的发展，而逐渐形成为一个整体；"城市"生产着人类的需求，"城市"的意志决定着人类历史的方向，全球各地，无远弗届，皆被纳入到"城市"的体系之中了，世界进入一个"城市"的时代："城市之所欲，举凡世界各国农工商业之生涯，皆因之而有定向，为供给城市之需要。牧羊者，朝夕忙碌于山中，渔夫勤劳于河旁；珠玉匠工，远在印度，亦必终日工作；热带田园，满种果实，美俄各国，无不孜孜于麦产；德法酒商，亦日夜酿制佳酒，即王侯将相、政治家、财政家、实业家、文学家等，莫不为城市而致力也。廿世纪之城市，世界大机器之脑海，宇宙智识之中心点也。"[3] 学者们对城市文明的欢呼，正是"城市"这一庞然巨物蓬勃发展的事实在人们思想中的反映。

在现实中，当时的重要城市确实不仅正在成为全国的经济文化中心，而且在政治上也常能波及全国，发挥飓风效应。比如1925年上海的"五卅运动"原本只是上海公共租界里一个日本纱厂内发生的一场冲突，之后却带动了全国的罢工、罢学、罢市，持续数月之久。因此，当时无论是市政学者，还是其他精英人物，大都明白，城市不稳，就可能影响全国局势，尤其是像上海、汉口这样的现代都会。董修甲提醒："一稍不慎，即生事端；事端一起，小则影响于本市，大则牵动于省国。"[4] 反之，要进行革命或统治全国，也要以这些沿海沿江城市作为基地，才能将政治影响辐射全国。近代中国革命是由广州、上海这些口岸城市酝酿的"城市革命"而引发的，再非荒野大泽荷戟持矛的农民起义，此一事实已经足以说明"城市"在中国现代化运动和社会生活中发挥着越来越重要的作用了。

---

[1]《本会筹备之经过》，《武汉市政公报》1928年第1卷第1期。
[2] 陈恺廷：《我国目前的几个市政问题》，《市政评论》1936年第4卷第3期。
[3] 董修甲：《市政问题讨论大纲》，青年协会书局1929年版，第12页。
[4] 同上书，第4页。

第三节　中国人的市政观

关注了"城市"与"城市化",关注"市政"就成为题中应有之义了。中国自古以来,"重乡治而轻市政"。这是因为,中国自古以农立国,以农为本,乡村才是人民集聚的中心,统治者认为如果人民集中到城市就容易引发社会动乱。顾炎武在《日知录》里就说过:"人聚于乡而治,聚于城而乱。聚于乡,则土地开,田野治,欲民之无恒心,不可得也;聚于城,则徭役繁,狱讼多,欲民之有恒心,不可得也。"进入20世纪后,随着中国现代化运动的发展,人口已经越来越集中到了城市,各种事务应运而生,纷繁复杂,市政建设也就提上日程,人们对"市政"的兴趣与日俱增。

一 "市政"对"国政"的依托

传统的市政观念以《周礼·地官》为代表——"凡会同师役司市帅贾师而从,治其市政。"这里的"市政"不过是指封建官吏改良集市的事务,是一种附属于"国政"下的"官治"。而现代"市政"观念来自西方的"Municipal""Administration"二词,"Municipal"词义为"属于城市地方自治的","Administration"词义为"行政",故市政即指城市地方自治的行政。[1] "如果从严格现代西方'市政学'意义来理解市政,它实际上包括三个内容要素,即相对独立的城市政府体制、发达的市民自治和民主政治体制、以建立市民公共意识为旨趣的市政建设与管理机制等"[2]。城市市政体系的现代性最重要的两个特点就是:市政独立于国政,市民自治而不是官僚治市。民国初建后,北洋政府反思中国历史时,曾认识到,中国古代城市设施也不无发达之处,但"当时未曾把国政市政分开","到了前清晚年,都市才一天糟似一天,把一个极好的都城,糟蹋得不成样子"[3]。当时的政府首先提出了中国需要发展独立于"国政"之外的"市政"的思想。当然,在北洋政府的统治下,"市政"与"国政"分开

---

[1] 参见《路市问题咨询》,《道路月刊》1935年第47卷第1号。
[2] 涂文学:《城市早期现代化的黄金时代——1930年代汉口的市政改革》,中国社会科学出版社2009年版,第9页。
[3] 《改良市政之理由》,《市政通告》1914年第1期第4版。

仅仅是一种提法而已。1921年广州成立市后,西方市政观念在中国得到了广泛传播。市政的观念、市政学及与市政相关的法学、行政学、政治学都纷纷随着留学欧美的知识分子的归国而被介绍到中国。这时候,出现了一大批富有现代城市规划思想的市政学者,如董修甲、张慰慈、张锐、臧启芳、白敦庸、杨哲明、殷体扬等人,以及一大批在城市建设中卓有建树的学者官员,如孙科、石瑛、沈怡、吴铁城、刘文岛、朱启钤等人。研究中国市政问题、介绍欧美先进市政理念成为20世纪二三十年代的一股思想热潮。学者们激情饱满地传播着"市政独立""城市自治"等理念,如臧启芳高度强调市政和市民自治的关系,他认为市政是市自治团体所办的事务。董修甲也认为:"市政发达后,全国都市之民治精神,可以发达。"① 民国的市政学者此时信心百倍,誓要在中国探索出这样一条独立于国政的市政道路。

同时,学者和一部分官员积极地从文化与社会改造的高度来阐发"市政"的意义。孙科说:"近代交通发达,实业繁兴,都市遂成为一国经济、政治、文化之中心,故欧美之赴国是者,恒以市政改良否,为国运隆替之关键,其重要可知矣。"② 并且有人意识到,市政建设关系着文明的进化:"都市为文化发展中心,亦人类进化策源地,所以科学艺术,为人类进化之机,无不由于市城居民所发明……市政管理得法,则市政设备一定完美,市政设备完美,则各种事业,皆可依轨道极力前进。"③ 然而,中国的"市政"思想却逐步由高度阐发自身的重要性而逐渐和国家的政治处于一种互相纠缠的复杂关系之中,特别在1927年南京国民政府成立后越来越带有了政治色彩。

中国的市政学者和城市官员多是从国家本位出发而关心市政、研究市政,这一点和西欧城市市民纯粹从城市本位出发有很大区别。特别是从第一次大革命的展开到南京国民政府成立后,对市政重要性的认识和国民党的训政理念、建国思路联系在了一起。蒋介石说:"吾人革命之目的,在排除障碍,建立新治,俾民众享受真正的幸福……建设之事万端,市政最为先务。诚以都市者,人民之所集中,文化于以胎息,政治效用,切近易

---

① 董修甲:《市政与民治》,大东书局1931年版,第3页。
② 孙科:《民国十二年广州市市政报告汇刊序》,载董修甲《市政问题讨论大纲》,青年协会书局1929年版,第8页。
③ 格诚:《市政管理之我见》,《市政月刊》1928年第5号。

观，民生福利，非此无从筑其基，民权运用，非此无以慎其始也。"① 也就是说，蒋介石是把市政建设纳入了他的训政计划里，市政建设本身成为其实践训政理念，并最终成为其实现以党治国的一种手段。一些忠实于国民党的学者也认为："市政是和人民直接关系的政治，它是改良新社会的思想，提高近代的文化，实现群众福利，于人民以政治调理，养成其运用四权的能力，实现三民主义，走上大同之路的唯一工具。"② 在市政建设和训政之间的关系方面，蒋小秋说得较为详尽，在训政时期，要"从事民众政治上一切建设训练全班民众，都得到四权的实习和熟练"③。这样，人民在市政建设过程中就学会了如何履行自己的政治权利，国家才能真正进入"宪政"阶段。"市政的目的，就可以说，完全是民有、民治、民享。市政上的百端建设，直然是和三民主义完全是相系属的。""只要训政时期中，把'市政'极端开发了，一旦达到了宪政的时期，那种种进步的、完备的、美善的策略，也自然容易做到全部成功了"④。还有人将市政建设、市民自主意识的提高和民族复兴、国家再造联系在了一起，如刘瑞泉："现在训政时期，以唤起民众，开通民智为要务，我国人民妇孺，智识闭塞，不但无国家思想，至于国家之危亡，民生困苦，亦不知由何而来。救国之主义，种种之建设，均所未闻，何况主人翁耶？"⑤ 有的人认为市政建设可以培养市民的团结奋斗精神，而这正是革命所需要的，"因为吾人革命，打倒军阀，打倒帝国主义，是要全民共同努力的。"⑥ 当时的青岛、天津租界在外国人手里经营，市政建设蔚为大观、繁盛一时，国民革命军将其收回后，却日益腐败。这种事实使一部分城市主政者认识到，市政建设甚至还关联着国民革命、收回租界、废除不平等条约等事业的推进。因此，"方今革命尚未成功，建设正在开始；解决社会民生诸问题，首在市制之根本改造；而欲促进收回租界及领事裁判之早日实现，尤不能不孜孜于市政之筹划。是市政之有关于社会事业，及国际地位者，至

---

① 金禹范：《筹备无锡市政的几个要点》，《无锡市政》1929年第1号。
② 同上，第19页。
③ 蒋小秋：《在三民主义下的市政问题》，载陆丹林《市政全书》第1编《论著》，中华全国道路建设协会1928年版，第56页。
④ 同上书，第59—60页。
⑤ 刘瑞泉：《公安局各署宜招集街长作纪念周之我见》，《市政月刊》1928年第1期。
⑥ 薛笃弼：《无锡市政》1929年第1号。

为重大"①。参观了东北的学者也疾呼:"无论哪块地方,在我们自己手里,是人间的地狱;送给了他人,立刻就变成了仙国乐土!中国的前途,太危险了!"② 有鉴于此,市政的建设便被视为能够激发出人民民族自尊、为国献身等崇高的感情,1928年上海市展充满了国耻纪念、革命纪念的展览、标语、口号,"你看这些血和泪的文字,都是些伤心的史料,相信谁看了也要激动爱国的思想、民族的概念"③。时人高呼:"今日的上海太令人不满意了!虽然他有东亚第一大商埠的美名,然而这是我们不足以自豪的啊!因为它是帝国主义者统治的啊!因为它是帝国主义者建设的啊!正足以反映中国人的懦弱无能,正足以表示我们的奇耻大辱,我们要雪这个耻辱,不仅喊出收回租界的口号便算了事,要万众一心的力争,才能达到收回的目的,更要同心同力的努力建设,要自己培养出来的鲜花,才觉得香艳可爱,才显得出我们自己的本领。"④ "市政"在这里已经成为一种进行爱国教育、革命教育的手段,它是为实现建立民族国家理想的一条途径。在民族主义、国家主义盛行的风潮下,出现了漠视个体权利的思想言论,比如胡汉民认为只应该考虑国家民族的权利,而绝不容许党员有个人的权利思想,"我们既要国民革命的成功,便绝对不能有个人的权利思想;我们既是有志去实现三民主义的人,便绝对不能作一毫功利主义的打算"⑤。他还把党员的腐化归结为"权利思想","而权利思想的根源,又实在是一个字'私'而已。所以'私'简直是万恶万腐的一个总渊源"⑥。他主张党员只应该牢记孙中山"天下为公"的宗旨,忘却个人的权利思想,以"牺牲一己,以为民众"的精神去完成革命。尽管胡汉民的这些言论只针对国民党员而发,但这种只讲政治不讲个体权利的观点,则代表了许多政府上层人物的思想倾向,它必将对政府主导下的市政建设产生不小的影响。

九一八事变和华北事变发生后,随着民族矛盾的加深、战争危机的临近,市政建设又逐渐和加强民族凝聚力、为抗战做准备的政治需要联系到

---

① 《郑州市新市区建设计划草案》,《市政月刊》1929年第4期。
② 朱炳海:《九一八以前的东北》,《国风半月刊》1932年第5期。
③ 刘郁樱:《参观上海市展以后的感想》,《道路月刊》1929年第32卷第1号。
④ 同上。
⑤ 胡汉民:《为党服务的人绝不应有权利思想——一月二十一日在中央纪念周对南京特别市党部执监委员宣誓就职典礼训话》,《中央周刊》1929年第5期。
⑥ 同上。

了一起，并逐步被纳入了为国防建设服务的统制思想之中。因为，大城市既然成为全国政治经济中心和人口聚集点，改良市政就关系着国家力量强大与否。1936年，《市政评论》就有文章引用德国斯泰因的话"欲报法仇，必须改良市政"来警惕国人："都市人口众多，一国的文化经济以及政治，都集中于此，市政能进步，国力就可集中强大，以之制胜敌人，才有把握。我们的都市，也应该了解这种任务，尤其是在当前多难的时期。"这篇文章和以前讨论市政建设的文章有很大的区别，该文没有再谈论"自治"等话题，而是提出在当前这样一个非常时期，"平时当局要把散沙一般的市民，组织起来，加以严格的训练。不然，人人各自为谋，都市人口虽多，一旦大难临头，徒然无补于实际。"该文还在市民的教育中第一次提出了"尚武教育"。尤其值得注意的是，该文非常鲜明地提出了要采取统制办法来管理市政，要使各个市民和团体都有"为国牺牲"的心理准备。[①] 这篇文章宣示着政治对市政进行干预的思想走向了新的阶段。

不同身份的人都是通过自己的"文化想象"赋予城市这座空间以意义，城市执政者将城市看成自己进行训政、实践自己政治理想的场所，市政学家将城市视为实现自己现代市政规划理念的场所，学者和作家则或以伦理学，或以社会学，或以美学的眼光观照着这些空间。最后，总是拥有最多社会权力的集团能够最大限度掌握这座空间，塑造出符合自己意志的城市文化。在当时的中国，拥有最多社会权力和社会资源的往往还是掌握政权力量的官方机构，"市政"必然走向对"国政"的依附。但是，形成这种从属于"国政"下的"市政"的最大原因是由于近代中国处于一个内忧外患的特殊历史时代，中国肩负着实现现代化、建立富强文明的民族国家的历史任务，这就是当时最大的政治，不可能有某种思想学说脱离这种政治。市政建设的理想本身就是当时的统治者和市政学者探索动员民众、整合各种资源进行现代化运动、建立现代国家的一种尝试，同时，民治精神的觉醒也需要政府的推动。许多市政学者走上研究市政之路本就是为了"国家"，而不是为了"城市"本身。殷体扬回忆对他影响最深的市政学教授温崇信时说："有一次，当他讲到城市的作用时，他郑重地引用一段史话，使我服膺一生。他是这样说的：普法战争，普鲁士为法国战

[①] 参见《当前的市任务》，《市政评论》1936年第4卷第3期。

第二章　城市之思：近代中国的城市观

败，割地赔款，国力削弱。当时普鲁士的首相斯泰因发出号召：'欲报法仇，必须振兴城市'。竟然把发展城市提高到这样高的地位。这个时候，正当日本侵占东三省，我国失地千里，国难当头，所以温老师这段话深深打入我的心坎，永记不忘。从此我就决心把市政学作为重点课来研究，矢志一生以建设城市为己任，呼吁更多的人去学习市政科学，振兴城市，增强国力，报此奇耻大辱。温老师一席话，给了我无穷无尽的力量。我一生致力市政科学，锲而不舍的精神就是这样得来的。"① 所以，市政学者在宣扬市政独立、城市自治、市民自治等现代理念时，在意识深处又把"城市"和"市政"视为实现国家政治理想的一种手段。如果说，西欧的市政源自城市与国家的对抗，而中国"市政"的发生却恰恰相反，源自人们对"国家"的认同和呼唤。因此，在探索市政建设的诸多理念中，市政学者常常和执政者保持了一致，甚至是自觉地和国家的政治保持了一致，"市政"在近代中国没有真正独立于"国政"，而是依托于"国政"，"市政"从一开始就和国家的政治处于一种剪不断理还乱的复杂关系之中。自上而下的政治化倾向最终压倒自下而上的社会化倾向成为城市化运动的主流，中国的城市化运动成为国家主导型，这种模式一直延续到1949年以后。

二　反资本主义的"平民化"市政

市政理想和革命挂钩，至少从理论上主张市政建设必须为人民大众服务，必须和为大众服务的革命精神相一致。这种理念决定了中国的一批市政学者和城市执政者在积极学习西方市政思想的同时，始终对其内部存在的"城市病"背后折射出来的资本主义自身的弊端抱持着一种比较清醒反思的态度，因而努力找寻一种能够体现中国大同理念特色的市政模式。有人在肯定了自工业革命以来资产阶级在兴建现代城市方面的贡献同时，也直接指明现代城市的实质"与其说是为全体市民谋幸福，毋宁说是为少数资本家图利便"②，因此，克服欧美城市病的根本方法是改变城市的资本主义性质，"十九世纪的都市计划，是资本家的都市计划。……质言

---

① 殷体扬：《殷体扬自传》，载陈翔华、毛华轩等编《中国当代社会科学家传略》第11辑，书目文献出版社1990年版，第301—319页。
② 沈维栋：《现代都市计划的趋势》，《无锡市政》1929年第1号。

之，二十世纪的都市计划，是民众的都市计划，一洗贵族之胭脂与资本家之煤烟，而化为民众熙攘之乐园"①。张又新在30年代考察了苏俄市政后，认为欧美城市的规划由于是为了满足资产阶级的需要，"改良工人区，不过为其余的人的安全打算，扑灭传染病，无非恐其由贫民窟传染到富贵区来罢了。所以巴黎伦敦纽约各市之贫民窟，非住宅之污秽潮湿，缺空气，无日光，不合卫生，有时比吾国未经改良的都市还要坏"②。金慕陶也借批判资本主义国家城市弊端来阐述平民主义思想："吾人所需要之都市建设，其目的在为一般的市民谋福利，而非专为满足资产阶级之需要。巴黎伦敦纽约等各市，诚为现代世界上建设最完美之都市，屋宇高耸，道路整洁，一切生活与享乐设备无不竭尽机巧，日趋革新，昔日帝王犹难获此享受；然返观其贫民区住宅之污秽狭隘，暗无天日，种种悲惨不卫生之情况，虽我国未经改良之都市，亦无如是之甚。一言以蔽之，即彼等都市建设之目的，专为满足资产阶级之需要，而未顾及平民之福利。我国果欲致力于都市建设，则首应引此为戒；而盲目仿效，尤易蹈覆辙。"③学者们在批判资本主义化的市政时，多发现这种市政往往只是带来城市表面的繁荣豪奢，内里却充满种种不合理、不健康的事实，对市民更是缺乏实质的利益，"市政是为大多民众谋利益的，而不是单为资产阶级享舒服的。假如都市不能把它完满解决，就无论你盖上怎样毗连的屋宇，但是里面所存的，多是尘垢烟氛，挤拥不堪，奸盗娼赌等为一切罪犯制造厂，试问这样的都市，能否叫作完美？"④

有人注意到，当时欧美国家已经在开始限制资本的过度发展，以及关心劳工阶级的生活问题了。"室伏高信说：'美国繁荣结果，反映于劳动者的生活，五个人平均有汽车一辆，一家中，如有两个劳动者，便各乘一辆汽车，赴各人的工厂，在美国备具汽车，变作无产阶级生活标准。'美国劳动者的生活，能提高到这样，才是真正的'繁荣'，在中国劳动者的生活，当然不会一下子提高到这样，但必须使他们能解决'需要问

---

① 沈维栋：《现代都市计划的趋势》，《无锡市政》1929 年第 1 号。
② 张又新：《苏俄市政一瞥》，《市政评论》1934 年第 1 卷。
③ 金慕陶：《都市建设发凡》，《都市与农村》1935 年第 3 期。
④ 陈赞祺：《都市的平民住宅问题》，载顾彭年《市行政选集》，商务印书馆1929年版，第189页。

题'"①。根据市政学者们的研究,"田园都市"里的"小都市分散"主义,也有利于克服大都市里的资本剥削。杨哲明盛赞美国兰芝华田园新市"大要均以工人幸福为前提,不像大城市中之大资本家孳孳为利的,以工人做牛马者所能相提并论。失业的人,为数亦极少,也可以说在兰芝华市中,无失业之人,所以没有穷困之家"②。"反资本主义化"的城市理想使得当时的知识精英普遍对私有制、私人资本抱着深深的警惕之心,主张用国家的力量来保障平民的利益。

同时,当时还有一部分市政学者和官员坚决主张扬弃西方世界依靠侵略、掠夺来发展城市文明的城市化道路模式,力图走出一条具有中国自身特点的和平式的城市化道路,如刘永耀说:"吾人发达城市,使国家民族富强,乃遵奉总理遗教,既不受人侵略,亦不侵略他人,扶助弱小民族平等而至世界大同。固不可以比拟前此之德意志耳。"③ 还有一位学者说道:"造些枪炮飞机、战舰、潜水艇,也来糟踏人,亡人之国,灭人之种,岂不是自己也来学恶,也要变成帝国主义?这样当然也是不对的。因此我们若想真个要享受太平的幸福,便要消除世界上的任何战争,实现真正的民主主义,使全世界进到大同,把整个社会制度根本改造一下。"他的理想已经是要在全世界消灭战争和侵略了,而他认为改造全社会的根本方法就是"今日所急应讲求的市政"④。这里面尽管不乏官方通过"三民主义"对民众进行的意识形态教育,但也同时表明,中国近代的城市化思想一面学习西方,另一面仍然有着自己的文化理想和坚持。这种不侵略的和平式城市化理想,既和中国的传统"天下"观念、大同理想、和谐思想一脉相承,又是对当时以侵略掠夺小国弱国来进行资本积聚的欧美列强统治下的不平等世界体系的一种反抗,还是对以西方中心主义、殖民主义为特征的现代主义进行的一种突破,它尝试建构起一种和中国传统大同思想极为相似的东方式现代主义。"由于西方强势文化的压迫,中国人固有的'天下'观念,在近代逐渐被压缩成一个民族国家的概念,由此而成为现代

---

① 崔廷猷:《怎样繁荣天津市》,《社会月刊》1929年第1卷第5、6合期。
② 杨哲明:《现代市政通论》,载《民国时期市政建设史料选编》第2册,国家图书馆文献缩微复制中心2009年版,第177页。
③ 刘永耀:《城市发达之趋势及建设武汉之财政问题》,《汉市市政公报》1929年第1卷第1期。
④ 介人:《市政与教育》,《市政月刊》1929年第5期。

世界体系中的一员。但是就文化层面，就社会价值体系而言，只有以人类的命运为己任，以天下苍生为己任，这个文化才有自我超越的能力，这个文化才能抵御消极个体主义负面影响的侵蚀。由此，在中国自己固有的价值体系中应该适当地恢复中国人固有的'天下'观，不仅要有继绝学的担当，更要有为天地立心，为万世开太平的境界"①。这种"天下"观念也同样体现在学者们对中国城市化道路的探索中，体现在他们反资本主义化的城市道路的探索中。他们在关注本国城市问题时，对当时世界兴起的"明日城市""世界都市"理想饶有兴趣，也与此不无关系。

当时的中国城市是需要防止资本主义还是发展资本主义？这个问题不在本书考察范围之内。但是从政界精英和学界精英的阐述来看，他们反对"资本主义"的城市思想里包含着反对采取为少数富人和资本家服务、只让少数既得利益集团受益的城市化模式，而要求走令大多数人受益的城市化道路的意图，他们所说的"资本主义"主要也是就牺牲大多数人利益而单纯发展经济而言的，与之相联系的城市化理想就是"平民化"城市模式，其实质就是要通过对生产关系的合理安排来促进城市化道路的和谐发展，这无疑是深刻且富有现实意义的。无论城市执政者还是市政专家，在理论上都主张市政建设要走"平民化"道路。学者们固然明白市政是要为普通市民谋福利，如臧启芳说过："凡关于一市市民生命财产的保护、卫生的讲求、教育的设施、道德的维持、贫穷的救济、交通的布置，皆包含在内。换言之，在市政范围内所办的事全是为一般市民生活求安适、求快乐、求进步。"② 政界人物至少从舆论上也宣传这种思路。早在袁世凯时期，政府通告里就宣称巴黎市政："不但表面上壮观，而且实际上于市民生活，有说不尽的好处。"③ 这段文字说明袁世凯政府也承认市政不是表面工程，而是要为市民生活带来实际好处。到了南京国民政府时期，1929年，何应钦参加刘文岛就任武汉市长的就职典礼时也说道："都市建设，要平民化，现在各国的都市，都是向荣华繁盛的方向做去，所以形成都市愈发达，生活程度则愈高，以致一般平民，无不感受经济压迫的

---

① 孙向晨：《论个体主义在现代社会中的两重性》，载中共上海市委宣传部《现代意识与城市研究》，上海人民出版社2006年版，第31页。
② 臧启芳：《市政和促进市政之方法》，载陆丹林《市政全书》第1编《论著》，中华全国道路建设协会1928年版，第29页。
③ 《改良市政之理由》，《市政通告》1914年第1期第4版。

痛苦，结果办市政仅为少数富人们做事，而多数平民，反感受困难。我们的市政，是要为多数人民谋福利的，我们要为多数人民谋福利，我们就要平民化。"① 南京市市长夏道明也宣称："办理市政应积极地为市民谋利益，牢记实现市民的利益，才是办理市政的主旨。"② 这些话至少可以代表当时国民党政府市政建设的宣传导向。他们也明白，为少数富人服务的市政建设必然容易走上追求奢华的表面工程上去，为少数人服务、追求奢华、表面工程三者是联系在一起的事情。市政建设追求表面华丽、盲目崇尚西方城市物质文明本质上都是不顾及大多数市民的客观实际和生活需求，只满足官员、富人奢华消费需求的市政模式。比较能够集中体现学者和官员的这一反资本主义化的平民型市政理想的当属1928年武汉市政委员会成立典礼上的一段讲话：

> 考察他们（注：纽约、巴黎、伦敦、柏林）办理市政的宗旨，如种种的设备，都是为资产阶级着想，多偏重于资产阶级的利益，而于多数劳苦工作的平民，所需要的事物，都不及为资产阶级设备的完善。所以游历欧美各大市，外表虽是庄严华丽，及一观其所谓"贫民窟"，其龌龊浊秽藏垢纳污的状况，殊令人不寒而栗！我们现在办理市政，应本着总理的三民主义实业计划，一一实现出来，使生活于市中的人民，其衣食住行及教育交通娱乐卫生等项，一面照着科学的计划，一面更要注重平民的需要，事事要为平民图便利与安全，这才是合于总理为民众而革命的原则。所以市政建设取法欧美，是取其关于科学的设备，至于精神上，则当换特殊式的为平民式的。③

时光荏苒，灿言如昨，尽管历史已经迈入21世纪，近百年前有识之士为下层人民利益积极谋划市政的言论仍然如黄钟大吕一般回响在都市的天空，提醒着历代的城市执政者和规划者。

---

① 《刘市长宣誓就职典礼》，《武汉特别市市政月刊》1929年第1卷第2号。
② 虞清楠：《市政论集》，京华书局1931年版，第63页。
③ 《本会举行正式成立典礼详纪》，《武汉市政公报》1928年第1卷第1期。

第三章 城市之治：市政构想的蓝图

第一节 城市体制的选择

一 城市制度的选择

中国自古以来其基本行政单位都是乡县级地方区域，这一行政格局到了清末有所改变。1909年，清政府颁布《城镇乡地方自治章程》，规定：城乡行政分设，以府、厅、州、县治城厢为"城"，城厢以外的市、镇、村、庄、屯、集等，人口满5万人以上的为"镇"；人口不满5万人的为"乡"。"该章程对中国的城市建制的设置产生了重要的影响：其一，第一次从行政管理上将城与厢区别开来，在城、镇的设置标准中包含了人口与政治的因素，成为以后市制建立的一个标准；其二，突出了京师的地位，这是中国'市'在行政地位上分为不同等级的源头，该章程颁布标志中国市制建制的开端"[①]。1911年11月，江苏省临时省议会通过的《江苏省暂行市乡制》首次提出了市制的概念。1918年中华民国军政府设立广州市政公所，1920年改名为广州市市厅；1921年，北洋政府颁布了《市自治制》及其施行细则，将"市"分为"特别市"和"普通市"两种。1921年2月，孙科主持颁布了《广州市暂行条例》，广州市成为中国第一个市。1928年，国民政府颁布中国最早的市组织法——《特别市组织法》和《普通市组织法》，以中央的名义正式将城市纳入国家行政序列，中国城市终于有了一个正式的名分，从封建行政体系附庸转变为一种独立的政治经济社会实体，获得了地方自治和民主政治优先发展的权利。

同时，随着中国国门的被打开，欧美国家的城市政治体制和管理制度

---

① 罗玲：《近代南京城市建设研究》，南京大学出版社1999年版，第52页。

也逐渐进入。它们首先在租界内扎根，然后以之为据点向租界外地区传播，为许多地方政府所效仿。在20世纪20年代市政学兴起后，如何对城市进行科学的制度管理，成为时人关心的核心问题。殷体扬认为市政问题主要就是两大类：城市政府和市自治团体组织问题，市政设施问题。市政府和市自治团体组织问题就是城市权力在政府和民间团体的分配问题，它通过城市的管理体制实施，"市自治法当如何行使，才能适合地方的需要，市选民应如何发表他们的意见，才能表示民意，保持民权，市政府应如何组织，才能指使裕如，收效宏大，市政府各机关的权限，应如何分配，才能分工协作，不相轧轹，市政府与省政府或中央政府的关系，应如何的定明，才能保持中央的监督，和不妨害地方自治"。[①] 城市的制度安排，实质就是如何建立一个具有法治、公正、人权的城市社会的问题，就是一个如何处理城市内部市民与政府、市民之间关系的问题。

民国的三种市制，皆仿效欧美市制而来。当时世界主要国家的市政制度约有5种，一是市议会制度，以英国为代表；二是分权市制，以德、法、意为代表，中国1921年7月内务部所颁布的市制也是效仿此制；三是市委员会制，以美国市委员会制为代表，中国广州市暂行市制也是此制；四是市经理制，主要是美国的市经理制；五是市长集权制，也以美国的市长制为代表。当时的学者和政界人士选择几种市政制度的标准有两个：是否能够权责统一，是否能够让具有专业市政知识的人才管理市政。

学者们自然倾向于专家治市。随着城市的发展，不仅学者，包括统治者在理论上也承认，城市需要有专门的市政人才进行规划。市政学是一门随着现代城市文明发达后城市事务日益繁杂而出现的现代科学。由于城市文明在中国很大程度上是由于欧风美雨的外来干扰而出现的，对于历来"重乡治而轻市政"的中国来说，传统知识结构不足以应对这种新型的文明，这样就出现了市政人才缺乏的局面，"行政方面，缺乏市政人才，局长科长，缺乏专门市政学识与经验；科长以下的职员，缺乏市政之补助训练；民众方面，缺乏市政常识，目睹现状以未来的危机"[②]。因此，学者们都极其强调市政人才的专门性，"专门的人才必须有市政专门人才办理

---

① 殷体扬：《市政问题的研究》，载《市政评论》1934年第1卷。
② 陈念中：《关于我国造就人才的方法》，载董修甲《市政问题讨论大纲》，青年协会书局1929年版，第298页。

之,方能事半功倍。"①。在他们眼里,"专家治市"是实现"市民自治"的最佳代表。即使是政府,也在舆论上表示需要专门人才。培养专门市政人才,实现市政事业专门化,也可以有效遏制国营市政事业的腐败行为,"都市的特种行政,如公用事业行政,工务行政,卫生行政之类,必须由专门人才充任,必须由具备法定专门资格之人,经过严重铨选程序者充任。这样一来,徇私舞弊的事实可望减少,行政效率可望提高。"②

但是,尽管如此,学者们又承认城市大局往往必须由政界权威统筹领导,他们对议会制并不看好,认为国人的智识水平还不足以支持这种制度。孙科任广州市长时就认为议会制不适合广州,主要是由于市民无此种智识经验、各部门责任不专等原因,尤其是"市政必须不受地方团体及土豪之掣肘,始足发展。基此种种原因,此本市所以不采用议会制之缘由也"③。董修甲认为市议会制由民选市议员及长老组织行政委员会主持市政,"市议会及长老概无经验,主持行政,未必适宜。……我国各市初创市政,尤不宜无经验者主持行政"④。根据有学者考察,"倘若市民的教育与道德程度都很高尚而有辨别的能力者,以采市民选举制为宜;倘若市议员都是道德高尚没有党派私心以才能为用人的标准者,以采市议会选举制为宜。倘若议会既有党派的偏心,而市民辨别是非的能力又很薄弱,那未必采用由市议会选出,更呈由官厅审核委任一法为宜"⑤。他们同时也认为中国不适合分权市制,因为此制容易造成权责不清,"其执行机关之权责与议决机关互分之,往往因有互相钳制之处,权限颇不清明,至为不善"⑥。"倘若在政治经验幼稚而人民好功避祸的国家采用此制,那么因为分权不清,互相猜忌,而以致发生政潮,市政停顿,于是地方上受了许多损失,而市民生活不能发展了"⑦。市委员会制也不适用中国,其容易

---

① 董修甲:《市政问题讨论大纲》,青年协会书局1929年版,第312页。
② 王世杰讲演,唐性天笔:《民生主义与都市政策》,《安徽建设》1929年第12期。
③ 孙科:《广州市市政纲要》,《道路月刊》1924年第11卷第2、3合期。
④ 董修甲:《市制度》,载陆丹林《市政全书》第2编《各国市政府制度》,第23页。
⑤ 陈登皞:《市政府组织的比较研究》,《南京社会特刊》1931年第1卷第2期。
⑥ 董修甲:《市制度》,载陆丹林《市政全书》第2编《各国市政府制度》,中华全国道路建设协会1928年版,第28页。
⑦ 陈登皞:《市政府组织的比较研究》,《南京社会特刊》1931年第1卷第2期。

第三章 城市之治:市政构想的蓝图

"以民选无行政经验之委员分任行政,与英制之弊同,颇不适宜"①。市委员会制的弊端"一种是它没有把城市行政的职权和责任集中与统一,一种是各行政部门不能延用专家"②。民国初年的政局动荡、军阀混战已经使得学者们心有余悸,人心厌乱,希望有一个稳定的政治局面来发展市政、建设城市,在这种心理下,他们多倾向于市长集权制。"执行机关权责之大小,亦非重要问题,其责任专一,乃至要也"③。

市经理制相较市委员会制更能够克服权责不专的弊端。"市委员制的事权没有彻底的集中,而经理制则否,委员制鉴于过去市政制度把职权分散,故起而补救之,将立法行政两大权集中于一个团体,一方面是杜绝市长专制之弊端,他方面启职权之集中之利益,用意良善。但委员会制……只把职权集中在一个团体,而没有进一步地将事权在委员会集中起来,所以它的流弊所及,便酿成多头政治。……反之市经理制却不但把市权集中了,进一步,以立法权集中于委员会而行政权集中在市经理,委员会有任副市经理之权,市经理对于所管之行政人员亦有权任免,上下衔接,职责专一,一方面没有多头政治之病,更不至于启市长专制之弊"④。"市委员制既难集中市权于一人,而使属员统率于专门学者之下。故添一市司理制以补其缺陷"⑤。市经理制"更有市公民直接民权之运用,使城市政治完全在市民控制下进行。……在市经理制之下,政党的色泽是逐渐的淡微下去了"⑥。在他们看来,市经理制的最大优点是市权的集中,却又不背离分权原则。"在立法方面,采取合议制,可收集思广益之效,在行政方面,采取独裁制,使政令易于实施,故市经理制比其他市政制度确是完善得多"⑦。市经理制"不独为权责专一之市制,并亦为专门人才市政府之市制。此外,关于市民监督市政府之直接民权,亦有明确之规定,是更合

---

① 董修甲:《市政制度》,载陆丹林《市政全书》第 2 编《各国市政府制度》,中华全国道路建设协会 1928 年版,第 23 页。
② 郭体乾:《市委员制与市经理制》,《道路月刊》1929 年第 32 卷第 1 号。
③ 董修甲:《市政制度》,载陆丹林《市政全书》第 2 编《各国市政府制度》,中华全国道路建设协会 1928 年版,第 28 页。
④ 郭体乾:《市委员制与市经理制》,《道路月刊》1929 年第 32 卷第 1 号。
⑤ 潘绍宪:《市政组织法》,载陆丹林《市政全书》第 2 编《各国市政府制度》,中华全国道路建设协会 1928 年版,第 18 页。
⑥ 郭体乾:《市委员制与市经理制》,《道路月刊》1929 年第 32 卷第 1 号。
⑦ 同上。

民治精神也"①。"经理制之成败,系乎经理一身,故经理才能之优劣,即市政兴衰之所系。故选任经理要谨慎从事,决不能受政党之操纵,亦不能受政客之包围"②。"市司理制之佳否,全恃乎市司理之人材如何为定。故其人为全市所依托,不可不谨慎选用。然委员会时有任用私人之事,故现在各市,有合请他处之贤能以为本市司理,实善政也"③。

因此,学者们多不倾向于前三种市制,更属意后两种,主要理由就是前三种制度既不能够保证市政专业人士管理市政,又容易造成权责不明,导致市政建设缺乏统一核心。当时的市政学者和执政者主要就是在经理制和市长制中进行比较、选择。这种选择,实质上也就是为了解决官员治市和专家治市的矛盾,有人提出:"大城市最好用集权市长制,因为大城市事务纷繁,变化迅速,由市长掌握全权,行政独裁,才能遇有紧急应付裕如;另外加以市民与市议会严密之监督,市长自不敢大权独揽,营私谋利。在小城市最好用市经理制,因市经理为市政专家让他主持执行部一切权,市政设施自能振兴。"④而在小城市里,"即使不用市经理制,那么于市长人选,也应任用市政专家,这样中国的小市市政才有兴旺腾达的呢!"⑤董修甲也认为:"集权市长制,亦最适宜之市制,更最适宜于 "⑥市经理制"规定议会甚小,又为不分区选举制,是最适合于小都市"⑦,并说:"各国办法,颇不相同,然则以何法为最善?应之曰,集权市长制,自应由市委员会公选。市经理制,自应由市委员会选举。前制为大市之合宜制度,后者为小市之适当制度。至其他市制,概不甚善"⑧。当然,也有人不同意市经理制只适用于小城市、市长制适于大城市、市委员制适于中等城市的观点,认为市经理制才是最优越的制度,"它具有委员制之优点,却没有委员制的缺点,它能得到专家,因为在市

---

① 董修甲:《市政与民治》,大东书局1931年版,第37页。
② 郭体乾:《市委员制与市经理制》,《道路月刊》1929年第32卷第1号。
③ 潘绍宪:《市政组织法》,载陆丹林《市政全书》第2编《各国市政府制度》,中华全国道路建设协会1928年版。
④ 陈登嵰:《市政府组织的比较研究》,《南京社会特刊》1931年第1卷第2期。
⑤ 同上。
⑥ 董修甲:《市政与民治》,大东书局1931年版,第39页。
⑦ 同上。
⑧ 董修甲:《市政制度》,载陆丹林《市政全书》第2编《各国市政府制度》,中华全国道路建设协会1928年版,第28页。

委员制中，委员由人民选举，而委员又负担着行政上的责任，由人民的选举而欲期专家之获得，是不易做到的。它具有市长制之优点……可没有市长制之弊，因市长制下的议会和市长的职权分得太清，互相倾轧，而经理制则把职权分得易于施行。市长制易流于一人专制，而经理制因任免之权操之于委员会，则流于专制之病可免"①。潘绍宪也称"市司理资格，须具工程学识，人品须高尚，行事须敏捷，以土木工程师为最宜，美国各市用之而收实效。故现代市政组织，以此制为最新最善"②。

当时的市政学者在城市体制方面的探讨，其积极着手解决的是一方面要令城市事权集中，权责统一；另一方面在此前提下如何让专业人士有足够大的空间参与对城市的治理，来防止官员的独裁、颛顸。最终，希望稳定、统一的要求似乎占了上风，特别是随着南京国民政府的成立，国民党中央政治会议于1927年通过《特别市组织法》和《普通市组织法》，以法律的形式确立了建立"一党专政"的现代城市政府机制，当时中国的城市多采用了市长集权制。

二 从分权到集权的内部管理体制

现代城市管理体制的核心理念是三权分立。曾任汉口特别市市长的刘文岛就十分醉心于孟德斯鸠的"三权分立"说："政治学上之分权说，不过如经济学上之分业耳，换言之，不分权则非立宪谬也。不分权则政务迟滞不举，生种种障碍，无以善治是也。"③欧美城市内部通常都由市公约、市议会、市长来维持城市的管理，当时许多市政学者都研究了欧美的城市管理模式。市长制下的城市在形式上有一套自治制度，实际上却是为其一党专政统治服务的。通过《特别市组织法》和《普通市组织法》确立了两个机关：市政会议和市参议会，之后遭到了学者的猛批，一个重要理由就是缺乏自治精神，"北京政府所规定之《市自治制》对于此点实有相当之注意，而惜乎徒托空言，未见实行。此项国民政府市政法规则偏重实际状况。窃意目前实况固应顾及，而远大计划不可忽视。此项法规虽有市参议会之规定而其职权实极狭小，此应有相当之考虑者也。再者市参议会之

---

① 郭体乾：《市委员制与市经理制》，《道路月刊》1929年第32卷第1号。
② 潘绍宪：《市政组织法》，载陆丹林《市政全书》第2编《各国市政府制度》，中华全国道路建设协会1928年版，第20页。
③ 刘文岛：《政党政治论》，商务印书馆1922年版。

例会每年举行二次,效法拉丁国家制度,是否适合国内市情,亦有讨论之必要。"① 1930年,国民政府又重新制定了《市组织法》,到1937年又重新施行《中华民国修正市自治法》,将市机关改为市政会议(市政府)和市议会。这些体制对于保障城市自治、市民自治不能说没有效用,但正如时人所说,城市始终受制于国民党的"党治",成为专制政治的附庸,若刘文岛这样虽热切追求西式民主理念的学者官员,到了这种现实框架中,也不得不服从国民党的"党治"理念。

不仅如此,有部分学者也并不完全赞同西方的"分权"管理思想。较有代表性的人物便是张慰慈。他并不一味地宣扬三权分立、民主自治等主张,他认为普通市公约是利弊参半,其最大的优点就是禁止立法机关随便干涉城市的内部事务,并使立法部不致为讨论城市方面的事务而浪费太多时间。其缺点是使各城市不能试验新的制度,城市不能从积极方面创制新的政治制度和方法。② 而市议会方面,欧洲和美国有着较大的差别。欧洲的市议会是城市政府中最重要的且最高的机关,城市政府中的一切机关须受市议会节制,各城市并无行政和立法职权分立的制度。而美国市议会的权力自美国革命以后就逐步被立法部削夺,一切行政权都已经转移到了市长和其他官吏手中。"美国各市议会的职权近来愈缩愈狭,有许多市议会差不多没有什么重大的职权,只是一个有名无实的立法机关而已"③。也就是说,美国的市议会已经不具备行政职能。

关于市长的权力,欧洲市长是由市议会选举而出,对市议会负责。只有美国与加拿大把市长职位作为城市政府中的独立机关,市长具有选派市委员会、任命行政官吏的权力。当然,张慰慈也承认,美国各城市对于是采取市长制还是采取委员会制或经理制,其实是不甚统一的,但即使委员会制和经理制也都绝对否认分权原则。张慰慈在自己的文章中并没有明确表达他对分权制度的看法,但他在介绍美国城市制度时多次描述了分权的弊端,"严格地把行政和立法事务分立,却很不利于市政的进行。……市长的职权太大,市议会的职权太小。市议会既没有多少立法事务进行执行,市议员就想干涉他们职权范围以外的事务。其结果就使市议会和市长

---

① 张锐:《比较市政府》,华通书局1931年版,第588—589页。
② 参见张慰慈《市政制度》,亚东图书馆1925年版,第150—151页。
③ 同上书,第283—284页。

及其附属的行政官吏时常发生冲突,以致一切市政事务不能进行。城市政府中的分权制度万不能使立法和行政两种机关和衷共济,却是他们互相冲突的原因"①。还多次提到市议会对市政事业的掣肘作用,"凡市议会下所办理的事务总是办得很不好,但市长所办的事往往办得很好。市议会对于各项事务往往迟延不办,并且还不肯负责;市长却把一切事务办得很快,并且公开办理"②。在张氏的著作中,明显地带有对权力集中的偏爱。

　　学者们不是没有意识到权力完全集中于行政机构或市长一人手中的弊端,张慰慈研究了当时世界城市状况,对此如是解释:"政客把持政权的弊病总是要发生的。凡政府组织的实在情形和法律所规定的政府不能符合的时候,城市行政方面的种种事务决不能有良好的效果。这种缺点的发生,大都均因不明白城市的实在情形,采用一种不适用方法,其结果就使执政人员的责任不分明,民治的目的不能达到。"③ 有人则不完全主张集权管理,认为中国几千年来就是一个集权国家,官僚机构极其发达,在此种行政机关统治一切历数千年的习惯下,"予意在原则上我国的中枢对于城市,应采行政机关监督制,但应稍加变通。我们应该立即让市民实行选举,但又选举权者,应以曾受过小学教育或同等教育者为限。应该让其选举市议员,但初行之时应让其只选一半,而其余一半,应由上级官厅指派。应让其选举市长,但应使其选出二人以上,由上级官厅择一任命。待其较有经验,得有运用民治的习惯,然后将选举权推广,将选举市长及市议员之权,使之完全运用。市政府政策之决定,如某事当兴、某事当革,应完全让市长及市议会行之,但中枢对其财政权,如征税、借债等,应用法律明文限制,而对其施政之技术方面,应加指导,对其舞弊违法,应行严厉纠正干涉"④。这种观点虽不同于彻底地将大权集于市长一身,但无疑还是主张集权管理而非分权。

　　这些学者的理念或许主观上并不是为了国民党的政治需要而发,他们的考虑确有其合理成分,他们对欧美城市发展历史和当时状况的研究也是实事求是的,其实即使到了今天,中国的城市也不能完全按照那种理想化的"分权"哲学去实行管理。但是,以张慰慈等人为代表的主张集权管

---

① 参见张慰慈《市政制度》,亚东图书馆1925年版,第301页。
② 同上书,第299页。
③ 同上书,第91页。
④ 田炯锦:《中央与城市之关系(下)》,《时代公论》1935年第155、156合期。

理的思想客观上的确是适应了当时城市采取了市长集权制这一现实的,当时的城市"诸事皆由市长一人独裁,就是所谓市会,也是没有的"。① 同时也适应了国民党统治的需要,并有意无意迎合了"官僚治市"这种模式。这种"官僚治市"的模式在实践中必然会严重破坏学者们的"自治"理念。学者会由于现实需要而在一定程度肯定"官治"的必要性,他们的根本目的还是要以"官治"促"民治"、促"自治"。但是事实上,官员们的素质常常令他们格外失望,陆丹林对当时的市长制和"官僚治市"这种模式进行了深深的质疑:"现在之市长,多数为军人出身,他们对于军事学识,容许有相当的研究和经验,可是对于政治,恐怕还是门外汉。市政是专门的事业,固然不是军人所能懂得,就是懂得政治的人,而不懂得市政的,行政上也感着许多困难。"② 当城市的行政管理大权集中到一人手上,而这个人又缺乏良好的现代城市建设知识结构和道德素质时,"城市自治"和"市民自治"的理想就难以实现。

三 举步维艰的城市自治

梁启超说过:"吾民族只有乡自治之史迹而无市自治之史迹。"③ 在20世纪初,上海租界的繁华给了华界绅商以强烈震撼,他们迫切希望效法西方市制来改变华界的无秩序状态。1905年,上海绅商郁怀珠、李钟珏等向上海道建议,上海应建立地方工程局,"整顿地方,以立自治之基础。"④ 这个建议得到了上海道支持,上海地方自治遂先于全国其他地区发生展开,"仿形各国地方自治之制"的思潮成为中国近代城市自治的先声。1908年,清政府实行"预备立宪",颁布了"地方自治制",自治的基层单位是城镇乡。1909年,清政府颁布《城镇乡地方自治章程》,该章程进一步引起了各省实力派热衷于"地方自治"的热潮。民国建立后,城市自治和市民自治的思潮进一步发展。当时政府的通告里也经常提及"自治"二字,并承认:"自治事业,尤当从都市讲起。"⑤ 1921年,北洋政府颁布了《市自治制》及其施行细则,以法律形式确认市为"自治团

---

① 罗超彦:《现代都市计划》,南华图书局1929年版,第21页。
② 陆丹林:《市政杂谭》,《道路月刊》1930年第31卷第1期。
③ 梁启超:《中国都市小史》,《晨报》七周纪念增刊。
④ 《上海县续志》卷2《建置上、城池》,民国七年版本。
⑤ 《改良市政之理由》,《市政通告》1914年第1期第4版。

体"。林云陔说道:"城市对于国家,虽服从其主权,对于城市自身不啻如一小国家,是在吾人民当知市政为要务,自治权之可爱耳。"[1]

不少学者,甚至留学欧美的学者,都倾向于加强国家的力量。有学者探讨了中央监督和地方自治的关系,认为中央政府和城市自治并不矛盾,而且,中央政府还能够促进城市自治的进步。持此意见的代表当推张慰慈,他通过对欧美城市发展史的研究,认为当时流行的观点"以为城市在中央政府的统治之下往往被中央政府所压制,使中央政府发生专权的行动,并以为城市的民治主义只能从城市本身逐渐发展出来,决不能由中央政府鼓动出来"是不符合史实的。[2]他阐述道,欧美中世纪下半期的城市有了绝对的自治权,但最后却形成了由少数贵族把持政权的寡头政治,大多数平民百姓却没有参与政权的权利。"所谓城市的民治主义确是从城市受了中央政府的统治以后才发现的。"[3] 中央政府可以从两方面给予城市的职权,一是将一切地方事务的职权给予所有城市执政者,二是给予城市某些特别权利。[4]他发现,即便是到了20世纪,当时欧美主要国家的城市,法、德、英、美几乎都是受中央政府节制的,并不存在所谓的"自由城市"。他总结道:"现今的城市自治只是一种有限制的自治,就是在一定的范围以内,处理那种纯粹的城市事务。只有关于那种纯粹城市事务,城市政府才有自治的权力,可以不受中央政府的干涉。但同时城市又是中央政府的行政机关,代理中央政府执行一切和全国有关系的职务。为行政上的统一起见,为显全国人民的利益起见,中央政府实不得不有监督的权力。"[5] 还有人认为,许多事业之所以创办失败,在于缺乏有效的组织,要建立组织,只能靠政府的力量,而这也是得自欧美的经验,"晚近以来,欧美资本主义国家,对于产业上之组织,莫不以最解决之方法,得到最大之收获为前提,即社会主义国之苏俄,亦趋于经济统制之一途,然而所谓经济统制者,殆不外有组织之谓也"[6]。

城市自治实际上是一个关于城市与国家、市民与政府的关系问题。毫

---

[1] 林云陔:《市政与二十世纪之国家》,《建设》1919年第1卷第3号。
[2] 张慰慈:《欧美城市和国家的关系》,《国立北京大学社会科学季刊》1926年第2卷第3期。
[3] 同上。
[4] 同上。
[5] 张慰慈:《市政制度》,亚东图书馆1925年版,第123页。
[6] 伍无畏:《公共汽车公司之组织与管理(一)》,《道路月刊》1933年第42卷第3号。

无疑问，现代城市必须建立于自治基础之上，但自治不等于完全独立，城市本身是国家的一个行政机构和地方单位，尤其是，近代中国还担负着建立现代的统一民族国家的历史任务。自民国建立以后，地方实权派权力的过度膨胀已经造成了社会的动荡不安、国家的分崩离析。"城市乃国家之一部分，如果毫无拘束，则无异一国之境内，产生许多国，则统一之局随之瓦解；同时城市亦代表该区域内民众之利益，若果国家监督太严，则市府官吏将无从发展其自动能力，而一般民众，对于公务亦必因之减少兴趣，如此则城市固直接受损，而整个国家亦间接蒙坏影响矣"[1]。城市一方面需要自治，另一方面也需要接受中央政府的制约。臧启芳将此问题提出："市政府与省政府或中央政府的关系应当怎样定明，才能既保持中央监督，又不妨害地方自主？"[2] 在自治与统制之间的关系若处理不好，就有可能引起国家的分裂或专制集权的复辟，以及形成特权集团的寡头政治。在此种特殊历史条件下，城市选择了集权制度、"官僚治市"的模式自然有其合理性，然而这样就必然导致"城市自治"的理想常常变成一纸空文。

民国时期在市长集权制统辖下的各大城市尽管在形式上也具有了一些民主体制的架构，如临时参议会、市政会议、1930年颁布的《市组织法》、1937年颁布的《市自治法》等，实际上城市的市长集权制是完全为维护国民党的"一党专制"服务的，城市的主导权掌握在官方之手，城市自治权极其有限。当时已经有人尖锐指出，虽然"市制之演变，乃由专制而逐渐民主，由政府统理而逐渐自治"，但是，"我国现行市制，略似美法之集权市长制，不过市长及官吏由上级政府委任而已。就其行政而言，纯为上级政府之代表机关，只对上级政府负责而已，十余年来，市政进步较大，离达自治团体之资格尚远也"[3]。而且，城市主要还是采取上一级政府直接委任当地官员的做法，官员直接对上级负责，而非对市民负责。一旦当政者不懂市政规划，盲目指挥，就必然影响城市建设。这种状况常常引起学者们深深的不满。

---

[1] 田炯锦：《中央与城市之关系》，《时代公论》1934年第112号。
[2] 臧启芳：《市政和促进市政之方法》，载陆丹林《市政全书》第1编《各国市政府制度》，中华全国道路建设协会1928年版，第29页。
[3] 董赓材：《我国现行市制之评论》（未刊手稿本），四川大学图书馆藏，转引自涂文学《城市早期现代化的黄金时代》，中国社会科学出版社2009年版，第102页。

四 "民治"与"官治"的两难

市政学者的理想是建立一个"市民自治"的城市社会,一个具有良好法治、市民的尊严、人格皆能够得到保障的文明社会。南京市政府参事夏光宇认为,个人的事为"事",公众的事为"政",市政是全市市民公众的事,也就是全市市民个人的事,所以全市民众都应该负起责任来办理市政,市政办理得好,则全市民众的衣食住行问题,都可以得到相当的解决。[①] 张君劢认为,市政问题,一言以蔽之,"即研究如何可使市民满足其种种愿望而已",所以市政问题就包括两方面:市民如何选举市议员和市董事,如何进行公共事业的建设。"盖市者,既为市民公同利害之结合团体。市民自当有权要求予以满足其欲望,非仅让有财有产者,以贩卖土地发财而已也"[②]。臧启芳也指出,"市政是市自治团体所办的事务。"[③] 中国数千年来虽也有城市生活和一些城市设施,"所不同者,地方自治丝毫未办。一切城市任务不归中央政府直接办理,即归代表中央政府之下级行政机关办理,并没有归市自治团体自行办理的罢了"[④]。定都南京后,有人提出"推行市自治,逐渐来改善南京市民的生活和习惯,务要养成他们纪律化的生活,职业和娱乐方面的习惯,都要有规则、有秩序,尤其要注意的是卫生和不良的迷信观念"[⑤]。在他们看来,实行城市自治和市民自治,是由训政过渡到宪政的基础。胡适也极力主张市民参政议政,认为这是建立现代城市意识的最好途径,"今日革新市政,第一要务在于造成市民。造成市民的方法不在于高喊打倒封建思想,不在于禁止名片上刻原籍,也不在于禁止大门上钉原籍,而在于逐渐实行市民参政"[⑥]。

当时的国家执政者必然更加倾向于"官治"或有条件的"自治"。他们的主要理由是市民的自治能力尚未达到成熟的阶段,此时需要政府的督促。而且,当时欧美国家由于"城市病"的暴露,也都开始加强政府对

[①] 参见夏光宇《怎样去建设首都市政》,载《市政演讲录》,南京特别市政府小丛书1928年版,第1页。
[②] 张君劢:《近代市政之由来及其根本识掌》,《道路月刊》第11卷第2—3期。
[③] 臧启芳:《市政和促进市政之方法》,载陆丹林《市政全书》第1编,中华全国道路建设协会1928年版,第29页。
[④] 同上书,第42页。
[⑤] 黄曾樾:《发刊辞》,《南京社会特刊》1931年第1卷第1期。
[⑥] 胡适:《序三》,载白敦庸《市政举要》,上海大东书局1931年版,第2页。

城市的干预力度。辛亥革命后的袁世凯政府的通告里声称:"各国政府对于市民自治大都由放任主义更进为干预主义。盖商业盛繁,交通利便,人口增加之率倍畴曩。人口既密,于是弊习恶风祸患灾害相因以起,市民之智识能力有时不能自谋,提倡补助监督保护之方不得不有资于政府。"① 在回应为什么要设立官立督办京都市政公所的疑问时,他们明确对"自治"做了定义:"自治为公共团体受官厅委任所有的政治。"② 并回答:"因为现在民智尚未大开,自治能力尚在薄弱,不如先由官家积极地办去,办有成效,然后交给市民手里,较为事半功倍。"③ 朱启钤也做了相同的解释:"政府现在特派督办办理市政,不过是个引线,等到市政有了基础,诸事就了绪,地方财产也有了,人民的力量也够了,市政厅正式成立,董事会议事会组织完全,一切事务,都由市民执行,政府仅居于监督地位,本督办便可以息肩了。"④ 如果说,这时官方还仅仅认为"官治"是辅助"自治"的一种手段,那么到了二次革命失败后,袁世凯干脆直接声称:"地方自治,所以辅佐官治,振兴公益。东西各国,市政愈昌明者,则其地方亦愈蕃滋。吾国古来乡遂州党之制,啬夫乡老之称,聿启良规,允臻上理,要皆辨等位以进行,决非离官治而独立;为社会谋康宁,决非为私人攘权利。"⑤ 此时"官治"已经仿佛成了最终目的。

不仅是袁世凯政府有此倾向,后来国民党的学者官员也持此认识。孙科在广州执政时明确说:"在目前办市政,一定要采取集权的委员制,委员是由政府任命的,要对政府负责任。"⑥ 并以切身经验说"目前市民的程度,还不能够直接负责办市政,所以不可没有政府的指导"⑦。另一个理由是在选举制下,城市执政者的任期过于短促,使得执政者常常存了五日京兆之心,没有精力也没有热情去实施他们的城市建设蓝图,"美都市之当局,皆出于民选。普通的任期,只一年,较长者亦无过二年,或三年一任者。每经一度之选举,市政职员则更换一次。故当局者纵有极良善之

---

① 《京都市政计划说略》,《市政通告》1914年第1期第3版。
② 《市政问答》,《市政通告》1914年第2期第3版。
③ 同上。
④ 朱启钤:《七月二十五日在织云公所会集北京商会诸君及士绅演说笔述如左》,《市政通告》1914年第11期第2版。
⑤ 《大总统令 中华民国三年二月三日》,《山东公报》1914年。
⑥ 孙科:《市政问题》,《市声周报》1927年第6卷第2、3合期。
⑦ 同上。

改建计划，皆不能亲觑其成功。因之设计，往往不甚远大。而所耗公款，又常溢乎预算之上"①。而美国后来在各城市增设专司主持市政事宜，"此弊乃大减"②。但是，不仅是掌握大权的国家、城市执政者，即使是一些留学过欧美学习了现代市政理论的市政学者，也逐渐开始倾向于"官治"，尽管他们在某些具体问题上会猛烈抨击政府官员的颟顸、腐败，但一旦到了"自治""官治""统制"这种宏观层面的问题上，他们也不再坚持"自治"，这形成了当时市政思想界的一大特点。张慰慈不无困惑地表达了他对"市民自治"的担忧："人民的独立精神和个人主义的观念是很不利于地方制度的发展；人民能脱离城市而达到经济独立目的，他们和城市间的关系就不能如从前的那样密切了。人民能够不依靠执政者的协助而有自由发展的可能，从前城市生活那种活泼的精神也就从此消灭了。"③还有人认为，许多事业之所以创办失败，在于缺乏有效的组织，要建立组织，只能靠政府的力量，而这也是得自欧美的经验，"晚近以来，欧美资本主义国家，对于产业上之组织，莫不以最解决之方法，得到最大之收获为前提，即社会主义国之苏俄，亦趋于经济统制之一途，然而所谓经济统制者，殆不外有组织之谓也"④。

"官治"声音如此之大的最主要原因，乃是由于现实中地方自治的确不尽如人意，学者们从西方学来的"自治"理想往往脱离了现实，这种情形为"官僚治市"这种理念创造了合理性。孙科以切身经验说"目前市民的程度，还不能够直接负责办市政，所以不可没有政府的指导"⑤。天津市20世纪30年代将旧的自治法取消，天津市自治监理处处长刘孟扬指出旧的自治法的最大缺陷："上中流社会的人们对于地方的事多不关心，既没有政治上的兴趣，也不知道政权的贵重，举行公民登记的时候，无论如何宣传敦励，大多数都不肯去登记，结果登记的人数很少，其中真正够资格的也不多。并且已经登记的人，到了举行选举的时候，也多有不肯去投票的，因此反给一般土豪劣绅造了机会。……既当选之后，他们就

---

① 孙科：《市政问题》，《市声周报》1927年第6卷第2、3合期。
② 孙科：《都市规划之进境》，载陆丹林《市政全书》第1编，中华全国道路建设协会1928年版，第215页。
③ 张慰慈：《市政制度》，亚东图书馆1925年版，第110页。
④ 伍无畏：《公共汽车公司之组织与管理（一）》，《道路月刊》1933年第42卷第3号。
⑤ 孙科：《市政问题》，《市声周报》1927年第6卷第2、3合期。

仗着这个自治职员的头衔，在地方上假公济私，为所欲为。……市政府虽然也痛恨这些坏自治职员，无奈他们总算是民选的，市民既不知道依法罢免他，市政府也因为法的限制，不便违法把他撤换，他们于是乎更肆无忌惮。以往自治职员多半是这种情形，请问地方自治如何能好得了？"① 他还直言不讳地说市组织法在现实中行不通，因为无法将每个地区向来不关心政治的公民召集起来，公民大会总是有名无实，"专就这一件事说，就可见立法的时候是专凭理想，没顾到事实。所以在事实上就行不通，行不通可是必得办，就不能不作假"②。他认为社会上对"自治"的认识有误："从前无论是官是民，把自治与官治都认是两件事，把自治机关与官治机关都认为是对立的……如此是把地方上的事分成两半，官办官的，民办民的，彼此不能合作。官治机关总怕民权高涨，侵了官权；自治机关也以为受了官权的拘束监督，民权总不能自由发展，因此官民两方总不免隔阂，遇事往往发生意见上的冲突，在我们中国从前清以来，每次施行自治的时期，就都是这种情形。其实这是官民间对于自治认识的一种错误，真正的自治并不是如此。我近几年在地方上体验出来的，我觉得在地方行政机关所办的事务以外，自治机关并没有甚么可以单独自办的事，就是有可以单独自办的，也不能出乎行政事务的范围。……自治机关所办的事，都不能离开主管机关的监督与指导，他们只能协助地方各主管机关办理地方事务。……因为现在正是训政时期，还没达到完成自治时期，所有各县市的地方行政事务，也就都成为地方自治事务。在没达到完成自治时期以前，还得由地方官厅领导着人民，教他们练习办理地方事务，好教他们渐渐都有了办理地方行政的知识与能力"③。在他看来，改进自治法，强调"官治"的必要性，并不是放弃"自治"，而是为了促进"自治"。

而且，在中国的土地上进行城市化运动还有另外一层矛盾。一方面，现代城市的本质应该是开放的、民主的，"控制城市与城市本性是相悖的。"④ 另一方面，中国在由一个传统农业社会向现代城市社会、"乡土中国"向"都市中国"的转型中，现代市政必然与市民的传统习惯、乡土

---

① 刘孟扬：《天津自治的过去与将来》，《市政评论》1935 年第 3 卷第 1、2 期。
② 同上。
③ 同上。
④ ［加拿大］杰布·布鲁格曼：《城变：城市如何改变世界》，董云峰译，中国人民大学出版社 2011 年版，第 69 页。

习气发生尖锐冲突,如果没有一个具有威权的城市政府主持雷厉风行、大刀阔斧的改革,市政建设就会寸步难行。沈鸿烈昔年主政青岛之时,就是采取以政治力量促成经济建设、教育建设的模式,市政建设颇有值得称道之处,时人称青岛的教育在当时远远超过了国内其他都市,并分析原因:"当外人管理时期,青市几等于没有教育,接收以后,虽教育已受人注意,但以多年的渔村文化,落后太甚,绝非普通的努力可以奏效。及至沈氏执政时,始以猛进的姿态,尽可能的财力与人力,发展各种教育。"[1]并认为沈鸿烈正是借助于政治权力才建立了地方自治的基础。所以,即使是学者们,也常常在"统制"与"自治"间陷入深深的纠结。1924 年,有一位学者尽管对杨森在重庆的建设极为不满,认为其只会大搞破坏性的表面工程,但也认为他对部分商店小贩的打击是合理的,因为,"川中商店,不将秩序,每每喜制长大招牌,横竖门前,或直逼街心,以致全城柜台牌匾,林立若密筍,细布等蛛丝,行人均感不便。杨森勒令一律退让数尺,限期拆毁,违者亦即令工匠往锯,铺面外不准摆摊,违抗即逮捕论罚,街心街侧,更不准设置炉灶售食,悬为厉禁,至今行人便之"[2]。1926 年,武汉署名"立庵"的学者在《市声周报》上刚刚因为武阳夏商埠计划由于市财政不透明、政府缺乏监督失败而撰文大讲市政要由市民监督、城市非市长之私产等道理,马上又在同期另一篇文章里因为拆除武昌城、创办新市的计划引起民间较大的反对声音,就又大谈"民难与虑始,可与乐成"的道理,并鼓励市政府:"欲求成功,必须牺牲,则欲建设新市,终必牺牲旧市。"[3]

学者们基于种种迫不得已的理由,在一定程度上肯定了"统制""官治"和"集权",他们的本意最终目的固然是实现"城市自治""市民自治",但面对官僚治市的这种模式,其必然是失望大于希望。现实中,官僚们的颟顸、专制常常遭到过他们的猛批,如杨森督办重庆时,学者们强烈指责他的无能:"市政之要,莫要于街道市场之彻底整理。此事简单说一句,在重庆就叫办不到的三个字。谓予不信,试历数中国市政,独广东差强人意,然请问中国还有第二个孙科乎?中国还有第二个广州乎?恐未

---

[1] 金慕陶:《青岛的自治基础在哪里》,《都市与农村》1936 年第 19 期。
[2] 《渝埠之市政》,《道路月刊》1924 年第 11 卷第 2、3 合期。
[3] 立庵:《武汉市政杂论·怎样建设汉口市》,《市声周报》1926 年第 5 卷第 45 期。

必然矣，况重庆市政之难收拾，更千百倍艰难于广州乎……自民久迄今，毫无成绩可言，一半由于受战事之影响，一半由于办理市政与不知市政之若何办理也。……杨森为人，思想易冲动，一言以蔽之，多更张而少系统，实系一破坏家，绝对非建设家也。验诸彼在泸州永宁道尹任内，及在重庆督办商埠时期，不是修邓井铁路，就是造江北铁桥，再不然即是建筑渝城后伺坡公园，耗去许多金钱，至今有一件成功事乎？"① 如果说对杨森的批评还仅仅是反映了有的主政者一味冒进不讲科学的盲目建设，有的批评则直接指出当政者是为粉饰市面大作表面工程而不顾及民情，1935年沙市当局为了市面观瞻，在全市大肆驱逐小贩商人，小贩尽被驱入僻街陋巷。一位学者在报刊上为小贩说话："他们一家的生活，完全靠在他们肩头上，处在不景气的局面里，早已有不能维持的现象，一旦再不准他们在大街小巷叫卖，便等于断绝他们的生命，所以他们口虽不说心是怀恨的。倘若他们真个谋生无术，便会铤而走险。处在这天灾之后，还经得起大批的造匪么？所以我们谨代他们向当局请愿，为了减轻剿匪将士的勤劳，宁可牺牲些外表的面子来维护这些可怜人的生命！况且新建设的马路上弄到路断人稀，也太不成样。"② 此外，旧式官场习气在许多执政者身上根深蒂固，也必然影响市政建设。即使是一些颇有作为、声望卓著的城市管理者也因为避免不了一些官场作派而受到时人的诟病。如20世纪30年代的南京市长石瑛，当时前往政府实习的青年学生曾惋惜地评价他"道德文章，均受当世推重，政绩亦颇不恶，惜用人方面未能尽去封建思想之遗毒，而未入以大公无私。盖石氏视事之初，即裁员减政，其后复陆续添置，非同乡不用，今日市府各处吏员，几半数为湖北阳新沔阳二县人，阳新石氏原籍，沔阳则张难先之故乡也（张难先为浙省府主席时，石瑛为建设厅长，二人间关系颇深）。吾人非谓鄂人不可用，古人内举不避亲，且鄂省亦未尝无贤，苟力能胜任愉快者，虽多用乡亲亦何伤。顾一考实际，鄂人之任职市府者，除少数尚能称职外，余均学识经验两皆缺乏之流，淘汰者虽非尽黄钟而引用者实类多瓦釜，斯则将来必为石氏盛名之累也。"③ 在学者们心中，中国城市要建设成为一个真正民主、公正的法

---

① 《渝埠之市政》，《道路月刊》1924年第11卷第2、3合期。
② 浪鸥：《为小贩请命》，《商人生活》1935年第1卷第2期。
③ 刘岫青：《南京市政府实习总报告》，1933年，第68页。

治社会，还有很长的路要走。

第二节 城市的设计

一 城市设计的提出

1921年广州成立市后，西方市政观念在中国得到了广泛传播。要与外国市政相媲美，中国也必须有精良的城市规划。董修甲为城市规划下过定义："城市规划，是建造城市，或改良城市一种设计。其目的乃在研究一市内房屋卫生街道、沟渠、公园、学校、码头、电灯、电车、自来水等之设施与分配，使一市卫生完备，街道清洁，交通便利，外观华美，俾人民居其中者，可以安居乐业，共享太平。"① 孙科认为城市规划"不外利用科学的知识，而臻于完善之境。成为较便利、较康健、较省费而节劳、较庄丽而美观，其范围则包举一切关于都市建设之事项"②。而要让市民在城市里面感觉到安适、便利，首先是空间布置要合理，"凡广大地区内都市之发展，诱导之使成为一最合理而不陷大都市之弊害，凡对于土地利用上之适当分配，及市街空地田舍之布置、交通卫生以及市民生活上之慰藉，及文化之享受等等，能得最大之效果者，始为地方计划之目的"③。"都市计划是含着一切新都市的创设和原有的都市内一切建设事业的设计或改造而言。此种计划，必须为着全市民众的幸福和国家民族的利益而生，对于劳苦的大众，更应有彻底的救护。都市计划之目的，是实施种种设计，使都市的一切事业如交通、住居、文化、公益、工务、财政等等建设工作日渐地进步，俾市民得度着美满的生活，而务达都市成为'人间的乐园'"④。所以，城市规划实质就是对城市各种空间包括物质空间、政治空间、文化空间、社会生活空间都进行合理配置的设计，从而使得资源都能得到最为合理的利用，以方便市民的生活和工商业的发展。中国近代的城市规划设计最早只是于19世纪下半叶在青岛、大连、香港等由外国

---

① 董修甲：《市政规划》，载陆丹林《市政全书》第1编，中华全国道路建设协会1928年版，第220页。

② 孙科：《都市规画之进境》，载陆丹林《市政全书》第1编，中华全国道路建设协会1928年版，第206页。

③ 赵国华：《都市计划与地方计划概念》，《道路月刊》1933年第41卷第1期。

④ 莫朝豪：《摩登都市计划的几个重要问题》，《工程学报》1933年第2期。

殖民者控制的城市里出现。进入20世纪以后,江苏南通、无锡等少数城市也开始对城市发展进行规划设计。到20年代末30年代初,在许多大中城市,市政当局都制定了自己的城市规划蓝图。具有代表性的城市规划设计方案有1928年南京市公务局组织进行的"首都大计划",由国都建设委员会于1929年主持编制著名的《首都计划》,由建筑学家和城市规划专家梁思成与市政专家张锐拟订的《天津特别市物质建设方案》,时任汉口市工务局局长的董修甲制定的《汉口市分区计划》,上海制定了代表近代中国大都市规划设计最高水准的《大上海计划》。

二 美的城市空间

城市的空间能让居住于城市的市民感受到一种空间的舒适感,而空间的舒适感主要来自整体布局的合理设计,"都市须有良好的街路系统与铺装道路。此不但有益于实用,抑且为审美的必要条件"[1]。国画大师徐悲鸿指责中国传统城市的空间布局给人一种封闭窒息之感,"中国市房,结构阴森,又街道狭隘,阳光空气均不足"[2]。这种闭塞阴森的空间不仅缺乏美感,而且会直接影响市民的健康。有人指出:"中国街道甚污,空气亦恶,西人初入中国内地,多屏气不敢息,留学生归国,亦多觉之。惟我辈安之若素,不复察觉耳。……街道太狭,行人摩肩,传染最易。"[3] 空间布局又和居民住宅的设计密切相关,沈怡将中国传统住宅的缺点概括为一点,就是"布置不经济"[4]。他列举了具体的表现,一是传统住宅存在大量被弃置的房间,若大厅堂楼,应用极少,这是对城市空间的极大浪费;二是房屋紧挨,城市空间拥挤狭窄,空气污浊。这样就导致城市居民无法享受必要的光线,遭受较大的噪声干扰,城市里没有公共空间,并产生卫生问题。这一切都反映了城市空间的局促直接影响了市民的身心健康,"住宅一家紧挨一家,既无园林的布置,城市中又连个公园都没有。家中天井也只有那一点大的地方。如此说来,怡旷性情,舒发心志,那简直是不可能呵!每有暇散的时候,无可消遣。这样的情形,身体上、精神

---

[1] 张维翰:《都市美化运动与都市艺术》,载陆丹林《市政全书》第1编,中华全国道路建设协会1928年版,第165页。
[2] 徐悲鸿:《雅趣与俗调》,《南京社会特刊》1931年第1卷第1期。
[3] 胡官明、杭海:《中国城市卫生论(续)》,1918年第3版。
[4] 沈怡:《改革城市观》,《同济杂志》1921年第1卷第3号。

上，当然感受得极不舒畅的，甚或流为不道德的消遣，把精神更加耗损了。"① 传统的城市空间亟待拓展、重构。

重构空间是和拆除旧障碍物联系在一起的，中国城市里首先出现了强大的拆除城墙的声音和运动。晚清时已经有许多有识之士呼吁拆除旧城墙，民国建立后，各城市开始了一场拆城运动。许多城市的城墙被拆毁，成为有市无城的"城市"。董修甲等人深入分析了"城市"的历史，发现在城市之初，西欧与中国都是将"城"与"市"分开的，后来随着科技进步，城墙已失去保护作用，且随着近代工商业的发展，"城"与"市"的区别逐渐消除，往往是满城皆市，近代意义上的"城市"由是诞生。②他们极力支持拆城，他们认为城墙在现代城市社会里已经成了无用之物，不仅阻碍了商业活动，而且容易传播疾病。有人认为，拆除城墙后有利于公共卫生，"但见豁然开朗，上则空气流通，下则污水宣泄。"③"今日之拆城，即谋公共卫生之起点也。"④ 并有论者认为拆城筑路后有六大利：有益卫生、便利交通、节省时间、繁荣经济、振兴市面、交通费可以补助市政建设费用。⑤ 经过拆除城墙运动，城市的主要职能已从体现军事防御功能的"城"转移到体现商业贸易功能的"市"，"市"从城市的边缘变成了城市的中心，继而变成城市的全部。"城"与"市"的关系也在空间层面上发生了颠倒，市突破城墙的束缚，扩展到城之外，且不断地向外延伸，以致"城"被"市"包围。"现在被人们称为'城市化'的过程，就城与市的关系而言，是市的扩大与城的消亡过程，在中国话语里说，这是市（场）化和无城（墙）化或去城化过程。"⑥

当然，由于旧城墙是一个城市文化的重要标志，对其进行拆除必然就伴随着大量的文化破坏，而且拆除旧城墙又意味着对旧城整体布局和城市功能的一种重构，牵涉面甚大，在运动中，必然就会出现激烈的反对声音，尤其是在诸如北平这样历史文化悠久的古城。白敦庸认为拆除筑路纯粹是出于一种商业考虑，没有考虑具体城市的特殊功能，若北平就不是一

---

① 沈怡：《改革城市观》，《同济杂志》1921年第1卷第3号。
② 参见董修甲《城市之发达》，载陆丹林《市政全书》第1编，中华全国道路建设协会1928年版，第9页。
③ 彭慎三：《论拆城与卫生有关系》，《光华卫生报》1919年第5期。
④ 同上。
⑤ 同上。
⑥ 赵德馨：《中国历史上城与市的关系》，《中国经济史研究》2011年第4期。

座商业城市，拆城筑路并不符合北平的实际，"京师沿墙一带，商务素不发达，车马亦不辐辏，实无环城大马路之必要。今若拆城筑路，是糜费也必不可行"①。他认为最合适的办法是利用旧城墙来达到方便市民的作用，因为旧城墙本来就是天然的便民设施，关键在于城市执政者必须懂得利用，"将城墙改善而利用之，则峥峥者非屋顶之花园乎？苍苍者非市上之桃源乎？今若拆城筑路，则此天然之景，一遭毁灭，必另觅地亩以建公众游观之所"②。拆除旧城墙，不仅是对文化传统的破坏，于城市建设上也会增加成本，"有绝妙之天然公园而不用，既已去之，复重费以建之，事倍功半。"他指责发起这种运动的城市执政者"彼方将以通人自诩，我则谓其为未达事理也"③。他认为，拆除旧城墙必然会加剧交通堵塞的问题，"若多辟城门，以利车马行旅，则交通上无丝毫之阻力。墙上游人往来如织，不惊不恐，则平安之设备，自然臻于完善之域。……外国有空中电车、隧道电车之设，所以避行旅而减轻其危险也。今我有天然之空中游道，而不知利用之，而必铲平之，然后再思制作种种之平安设备，吁，是何悖于理之甚也！"④城市的空间重构确实必须考虑到传统空间自身存在的合理性。

随着工商业的发展，城市日益拥挤繁乱，只有对城市进行分区规划才能进一步促进工商业发展、便利城市居民生活，使城市更加和谐有序地发展，并且使居民感受到都市的美，从而身心俱受陶冶，"建筑工程师于城市计划时，切实负责，为之改进，可将同式样之房屋，集合之而为大规模之屋宇……其式样新美者，集合一处，能使居民于此精神爽快，思想高尚"⑤。现代城市的分区理念主要是功能分区，1933年，国际现代建筑协会通过了著名的《雅典宪章》，第一次明确提出了城市具有居住、工作、游息、交通四大功能，城市应该按照居住、工作、游乐进行分区，并且建立一个联系三者的交通网。在此以前，中国的市政学者和市政官员也一直在努力宣扬此种"功能城市"之理念。林云陔认为："市政中之首要者为

---

① 白敦庸：《市政述要》，载《民国时期市政建设史料选编》，全国图书馆文献缩微复制中心2009年版，第120页。
② 同上书，第120页。
③ 同上书，第121页。
④ 同上。
⑤ 卢毓骏译著，顾在埏校阅：《明日之城市及其计划》，《道路月刊》1932年第39卷第1期。

分区计画，盖以定各区地方，易于任用，而顺其天然之利也。如住宅、商场、工厂等，必须分域。商场宜于适中，在方便人之交易也。工厂宜近于车站码头，在求货物之易于运输与烟风不向住宅为贵也。住宅宜于距离商场与工厂稍远，因以避恶浊之尘嚣也。"① 1930年梁思成与张锐合作设计的《天津特别市物质建设方案》里说道，分区是城市设计里的首要问题，"近年来谈市政建设者，均以此为城市设计之首要问题：盖种种设计，多待分区而后可以决定"②。而"所谓分区问题，非如本市现存之警区然，可以随意划分也。分区云者，非无意义的地理上的区分，乃为一种职业上的区分。……如商业、工业、居住等等"③。市政学家多是学习西方，对城市进行功能分区，若北平划分为美术区、商业区、工业区、住宅区。南京划为行政、工商、学校、住宅四区，天津分为公园区、住宅区、商业区、工业区，内中还又分为三个住宅区、两个商业区、两个工业。每个分区都有通盘的考虑，"学校区之位置，必择地点广阔、空气清鲜、而又风景优美、市嚣不侵"④，通过分区，可使居民免受机器噪声和油烟污染之苦，工厂商店都可免除互相掣肘之苦，城市土地也各得其宜。"工商业区所不能免者，喧嚣烟雾耳，此规划不独喧繁无扰于内地，即烟雾亦恒放之于大江，诚有数利而无一害"⑤。

许多执政者在实际建设中，也都在努力实践这种理念，张謇在制订的《吴淞开埠计划》里对城市分区考虑得极其谨慎："公共事业，拟支配于各区中点，凡中点之地，均收归公有，如市政、司法、警察、消防、税务等机关。位于繁盛市区之中点，如学校、医院、图书馆等，则位于住宅区僻静之处。公园，除于各区中央各设一处外，其余就斜直两路交叉之地，所留三角地，及高低不平，既有树木之处，或为公园，或为菜市，分别布置，总使各区居民于十分钟内可以到达。电厂设于蕰淞桥附近，取其水量足而运煤易，自来水设于采淘港口，汲江水而避海潮，益水质江优于海，

---

① 林云陔：《市政与二十世纪之国家》，《建设》1919年第1卷第3号。
② 梁思成、张锐：《天津特别市物质建设方案》，载吴良镛主编《梁思成全集》第1卷，中国建筑工业出版社2001年版，第39页。
③ 同上书，第38—39页。
④ 《首都城市建筑计划》，载陆丹林《市政全书》第4编，中华全国道路建设协会1928年版，第40页。
⑤ 同上，第100页。

宁稍远多费，以期饮料之洁净。"① 民国市政学者多较为推崇德国的城市规划，因为德国的城市规划要早于英美等国，早已发展出了一套完备科学的体系，欧美各国均视德国为楷模。其国"划分都市为若干区，以定规制。凡楼房之高大、距离之远近、建筑之性质等事，皆随区而定，区中住民所营事业，亦有一定之取缔。如住宅区，不得开设工厂，商埠工场皆有相当地点是也。市之中心，必有公园及公共楼房，如市政局、图书馆等，环聚一处，名为市中心。复于各大道之当眼处，或于数街聚合之点，建立伟大之建筑物，如教堂或戏院者，以壮观瞻。……德国都市之规划，亦不仅仅为现在设想，且有预定百年以后之扩张设计者。故德京柏林百年后之扩张至何种程度，街道建筑之设施如何，早已有预定之计划"②。

在城市建设里进行功能分区，是现代工商业经济发展的必然趋势。不过，在九一八事变和"华北事变"发生后，随着民族危机的上升，出现"防空城市"学说，有人对功能分区的理念提出质疑，认为从国防计，"行政机关不可集于一区，而工业建筑也不可将所有各部分集于一处而应分散设立。……现代城市计划的新趋向，均主张散开化，并且主张要废止行政区和金融区。……工业建设更无全部聚集于城市一区的必要，而应在城市外作分散的建设，才可以减少空袭的破坏"③。于是，一方面由于都市膨胀太甚，而过于拥挤；另一方面由于战争危险日益逼近，为适应城市防空的需要，世界上兴起的"小都市分散计划"逐步受到一部分学者的关注。他们不主张"集中主义"而倾向于"分散主义"，尤其对英国人霍华德的"田园都市"理念颇为青睐。这种理想旨在过分膨胀拥挤的都市之外再行开拓新的空间来发展工商业或方便市民的生活，"田园都市之范围为一定，不许在一定范围以外之膨胀，就市内土地之用途，将工业居住商业等位量分配适当，以节省无谓之交通，并留存多数公园与空地，以避去居住过密所起之弊害，而成一健全之小都市"④。同时，其由于市区分散，可以利用田园树林等地带做掩护，能够满足城市防空的需要，董修甲、杨哲明等人都颇为倾向此理念。

---

① 张謇：《吴淞开埠计划》，载陆丹林《市政全书》第 4 编，中华全国道路建设协会 1928 年版，第 67 页。
② 孙科：《都市规画论》，《建设》1919 年第 1 卷第 5 期。
③ 卢毓骏：《各国城市防空建设之趋向》，《科学的中国》1935 年第 5 卷第 10 期。
④ 赵国华：《都市计划与地方计划概念》，《道路月刊》1933 年第 41 卷第 1 期。

三 社会结构的设计

美国学者刘易斯·芒福德说过:"希伯达莫斯的真正革新之处在于,他认识到城市的形式正体现了其社会结构形式这一原则;还在于,欲改造一座城市的形式,必须同时对其社会结构也进行相应的改变。他似乎也认识到,城市规划不应只是一种直接的实用目的,而是一种更大尺度的理想目标。"① 市政本质上是城市功能的具体执行,城市功能的决定性因素除了其自身所处的区位特征外,就是这座城市的社会结构。而城市的社会结构又包括产业结构和阶级结构,一座城市里什么样的产业占据着最大比例,什么阶级占据着优势和劣势,决定着这座城市的市政建设。一切市政设计也都是从这些客观实际出发的。要实现理想中的市政设计,就不能不对这座城市的产业结构和阶级结构进行调整、改变,在芒福德眼里,市政设计并不是修几条马路、设计几条街道那样实用化、表面化,而是改变经济结构和阶级结构的一种"更大尺度的理想目标",即发展城市的现代经济是市政建设的根本目标,也是其基础。因此,市政建设不发达主要的消极后果还不在于那些表面的设施、市容市貌的陈旧落后上,更重要的还在于它导致了人民生活艰难、生计无着,城市经济落后。民国统治者和学者们至少从理论上也承认,发展市政的主要目的不是城市表面的富丽堂皇,而应该是发展经济、调整社会结构。袁世凯政府称当时的中国城市"外面上固然是仍旧的肮脏,内里头更加以生计艰难,贫民日众。……正因为生计太艰难,商业太凋敝,才想到发达市政,以为救命金丹"②。朱启钤认识到,只有创办良好的市政,才能促进北京工商业的发展,"自从改革以后,北京的富商巨绅,多有寄身租界去的,购地置房,视租界为安乐土。夫租界的好处,亦不过他们市政办的好,我们总要想法子,把京都市政办的完善,使人人乐居于此,不但北京住民不肯离开北京,就是那本非北京住民的,也都想在北京置产业,都想在北京投资营业,争先恐后地来作北京住民。"③ 与传统城市体现政治统治的空间布局不同,现代城市在

---

① [美] 刘易斯·芒福德:《城市发展史:起源、演变和前景》,宋俊岭等译,中国建筑工业出版社 2004 年版,第 184 页。
② 《改良市政之理由》,《市政通告》1914 年第 1 期第 4 版。
③ 朱启钤:《七月二十五日在织云公所会集北京商会诸君及士绅演说笔述如左》,《市政通告》1914 年第 11 期第 2—3 版。

功能空间上以有利于工商业活动为目的。"单是城市的自身努力，很不易使城市发达……必须其为工商交通或政治的中心，乃能使城市发达，房屋街道乃系应工商之需要，工商却并不应街道之需要……惟有工商业才能决定城市的兴衰。由此可见整顿市政最应着眼处，是设法扶植工商业"①。

在发展工商业、改造城市社会结构的探索中，以市政学者对改造北平的建议最具代表性。北平乃传统古都，工商业不甚发达，生之者寡、食之者众的现象十分严重。30 年代，北平产业工人不到 7000 人，商店亦仅占总户数 1/8，市民中 95% 都只能消费而不能生产，导致赤贫者达 18 万人以上，张又新提出要竭力设法保护并奖励各种小工商业，政府贷款于市民，帮助市民发展生产，则可减少北平的失业人数和犯罪事件。② 并有人力图改变北平的经济结构，将其改为工业区，"香港威海卫等地，数十年前，不过一荒村耳，今俱成为商业辐辏之区，岂有建筑伟大，市民云集之平市，反不能改为工业区者哉？"③ 这些学者对北平提出的改造方案，就是力图通过改造北平的传统经济结构将其由一个消费型传统城市变为一个具有现代工商业基础的生产城市。

人们更是认识到，市政建设本身就是社会改造，"改造社会的根本办法，就在整理旧规和建设新猷的市政入手"④。市政的进步与发达，就是当地的进步与发达，如果各个地方都有市政的进步与发达，就成为全社会的进步与发达。因此，市政建设就是社会改造的实验与先行，"我们不掌地方——市——来作根据地，社会改造就永远是不会成功的。因此，我们应把市政改良和社会改造当作一件事看"⑤。城市作为全国经济文化中心，其生活方式常能影响全国，所以，改良城市问题，实际上就不仅仅是城市居民自己的事情，而是全社会的事情。

四 优雅的城市文化追求

城市不仅是一个能够包容各种文化的物理容器，更主要还是一个能够令各种文化在其中进行化合反应产生新文化的化合器。现代城市本质上是

---

① 张又新：《苏俄市政一瞥》，《市政评论》1934 年第 1 卷。
② 参见张又新《北平市之缺点及其救济》，《市政评论》1934 年第 1 卷。
③ 黄子先：《繁荣平市之我见》，《市政评论》1934 年第 1 卷。
④ 介人：《市政与教育》，《市政月刊》1929 年第 5 期。
⑤ 同上。

现代人生存方式的空间展示，城市文化的核心问题其实还是人的问题。"都市文化仍然是都市人格的具体表现，是人格化的主题空间，它映射着特定时代人格的辉光，同时也是哲学的、宗教的、道德的和审美的等等文化形式的集中表现"①。城市文化实质是城市人的生活方式。因此，发挥城市空间的文化功能，其目的在于使城市空间成为城市人得以生活悠游其中、生命的内涵得以拓展延续的场所，只有在具有此种文化意义之上的空间中，城市人才会具有对城市的一致认同感，才会对自己生活于其中的场所产生深深的家园感、归宿感和主人翁意识。

城市的空间要求街道、建筑、公园、公共场所等直观的物质景观具有一种都市的美。居住于城市的市民感受到了精神的愉悦，继而便可增进其精神文明的发展。若建筑，"以建筑方式而论，如断折摇动，不规则与夫建筑上不和谐之线文，以及过于尖锐或削立之轮廓，吾人一见之下，感觉上必然发生不快之感，而其纷乱惨酷，缺乏和善之状态，令人精神上极感沉闷而悲观。……反之，如其建筑之线或轮廓为连续而有规则，其形式圆满，而无破绽，秩然有序，便于管理者，吾人一见之下，不觉心旷神怡，烦闷顿清，建筑上'优胜者'之称号，立现脑海，吾人之光明与幸福，至此始能达到"②。建筑设计的不合理直接影响着空间的美感，"一建筑物之丑陋，小则有害于邻接建筑物之体裁，大则损伤都市美观"③。建筑物的修建必须考虑到和它周围空间的搭配，"美丽建筑物比丑陋建筑物，没有更要多些建筑费的道理。其要点在乎有无适当的助言。建筑物的环境和建筑物自身，是同样的重要，即其周围，要有广阔的布置。但是周围过于广阔，把建筑物形容小了也不好。建筑物之大和高与其周围之广，其中自不能无一定的比例"④。

都市文化同时呼唤优雅高尚的城市文化，可使市民时刻涵养陶冶其中，潜移默化之间提升自身的精神修养和文化品位。"市民在公退之暇，户外消遣，既视为必要，并因其富源之增进，装饰城市，使城市成为美的

---

① 包亚明：《现代性与都市文化理论》，上海社会科学院出版社2008年版，第193—194页。
② 卢毓骏译著，顾在埏校阅：《明日之城市及其计划》，《道路月刊》1932年第39卷第1期。
③ 张维翰：《都市美化运动与都市艺术》，载陆丹林《市政全书》第1编《论著》，中华全国道路建设协会1928年版，第164页。
④ 罗超彦：《现代都市计划》，南华图书局1929年版，第45—46页。

城市。这差不多在经营市政者已成为一种爱美的风尚"①。国民政府定都南京完成北伐后,有人在为南京市的发展出谋划策时主张一面要建设工业化的南京,另一面"新市的繁荣,要于工商业进展之中,还存留着一部分乡村的美,这于无形中,可以预防南京社会流于现代城市的过量奢靡"②。将"乡村"因素引入城市,来克服城市文化的种种弊端,使得都市乡村化,是当时塑造优雅、高尚的城市文化的重要理念。在此种需求下,人们首先对当时世界风行一时的"田园都市"理想寄予了特别关注。

近代城市发展由于人口集中,常因城市内人烟稠密、空气污浊,引发一系列环境问题,令市民在城市中感觉不到生活之美,欧美各城市兴起了"重返自然"的呼声,霍华德"田园都市"理想兴起的直接原因就在于此,"人们的视线都感都市太机械化了,没有一点生气的自然的景物为那枯闷劳苦的生活相调剂,即是如何能使原有的都市得到自然美化的生活,或另创一种新式的理想的都市呢?这是田园市运动的主要背景了"③。这种理想力图在膨胀的都市里划出一片乡村区域供市民生活。罗超彦说:"带状或楔形生产的农业地域,在将来的都市,将和公园运动场一样,是必要不可缺的。现代大产业的都市因膨胀所发生的颓废和分裂,不能不加意防止。……都市住民对于天然物、空地等的欲求,比对于不生产的游乐地的欲求更大。此所以含有农业地带的田园都市,不得不计划起来了。"④其理念一经提出,便得到了世界各国主要大都市的呼应。民国学者谓"田园都市"理想"舍都市之短,取田园之长,兼收并蓄,划出田舍六千英亩中,以一千英亩创设市街以容纳人口三万人之居住,周围五千英亩永久作耕地,以防都市之膨胀,并以自给自足,独成一农工商区之小都市"⑤。此种城市理想,正是要"使人民既得城市种种之便利,复享田野幽雅之幸福"⑥。这种理想在当时的中国又首先体现在"花园城市""都市公园化"等理念上。

---

① 杨哲明:《现代市政通论》,载《民国时期市政史料选编》第2卷,国家图书馆文献缩微复制中心2009年版,第2页。
② 黄曾樾:《发刊辞》,《南京社会特刊》1931年第1卷第1期。
③ 莫朝豪:《摩登都市计划的几个重要问题》,《工程学报》1933年第2期。
④ 罗超彦:《现代都市计划》,南华图书局1929年版,第58—59页。
⑤ 赵国华:《都市计划与地方计划概念》,《道路月刊》1933年第41卷。
⑥ 董修甲:《田园新市与我国市政》,载陆丹林《市政全书》第1编《论著》,中华全国道路建设协会1928年版,第173页。

第三章 城市之治：市政构想的蓝图

朱启钤早于1914年在北京筹办公园时就宣称公园可以"荡涤俗情，怡养心性，小之足以裨益卫生，大之足以转移风俗"①。"公园为群众息游之所，足以改善市民之性情增进市民之健康，以其水绿山青鸟语花香，风景爱人，空气鲜明故也"②。随着公园在都市的不断出现，越来越多的人认识到了公园之于都市的重要性："公园之于都市，犹空气之于人生，人苟无空气，即不能生存；都市苟无公园，则市民即缺乏恢复健康之场所。"③

并且，当市民行走在街道上，也需要感受到周围环境的美，在道路边植树可以增加城市的美感，使市民在繁忙的工作之余身心放松、情志愉悦，于城市中却能感受到乡村自然之美，"倘能市政改良，提高娱乐，于道之旁，遍植参天树木，枝叶繁茂，一种洒脱气象，令人感爱！吾人职务之暇，散步其中，自得一种乐趣。"④"近世道路之使用者，对于道路简近整直之要求颇属稀微，而对于轻快爽适之要求乃大增进，犹以都市地域之闲游散步者，更以爽心悦目之道路为不可缺少之物资"⑤。徐志摩称赞英国康桥道路上的田园美："任你上一条通道，顺着这带草味的和风，放轮远去，保管你这半天的逍遥是你性灵的补剂。这道上有的是清荫与美草，随地都可以供你休憩。你如爱花，这里多的是锦绣似的草原；你如爱鸟，这里多的是巧啭的鸣禽。"⑥ 于是，来自欧美的都市公园化理念风行一时。"欧美都市之马路夹道种树以荫行人，绿荫葱浓一望无际，不仅美观，于卫生亦多裨益。"⑦ "吾人理想之都市即都市公园化也，易言之，利用植物天然之美，广事点缀，化都市为风景优雅之地，气象畅美之所。使居市者无异置身公园游乐林间，增加无穷之美感，发生无穷之乐趣"⑧。郑州市在建设新区时计划"利用未有建筑之新区域，而具有乡村逸趣天然景物，不须多费人工之雕琢，即可由自然的变化，而顿成市区之近郊公园矣。又在各园林及公园之间，修筑园林大道，以为有条理之联络。……盖园林大

---

① 朱启钤：《中央公园记》，载《蠖园文存》，文海出版社1968年版，第8页。
② 《整理北京市计划书》，《京都市政月刊》第23、24合期。
③ 李善勤：《建筑洪桥公园之计划》，《南昌市政半月刊》1935年第1卷第9、10合期。
④ 陈兼善：《行道树之利益及其选择之注意》，《道路月刊》1924年第11卷第2、3合期。
⑤ 野村兼太郎：《道路改良之必要》，漆琪生译，《道路月刊》1933年第42卷第3号。
⑥ 徐志摩：《我所知道的康桥》，载徐俊西主编《海上文学百家文库·徐志摩卷》，上海文艺出版社2010年版，第33页。
⑦ 《巴黎市之一瞥——道路》，《京都市政月刊》1926年第7期。
⑧ 《整理北京市计划书》，《京都市政月刊》第23、24合期。

道在农村化之新市区中，亦深具天然之美，与公园同其价值，而其效用，则较公园为优胜，因园林大道纵横贯穿于各区街道间巷间，能使行人沿途顾盼美景，忘其劳倦，而行行之间，不自觉渐入园林佳境，是园林大道与各园林相联络，实含有引人入胜之意味也，否则园林自园林，居民自居民，孰能于八小时劳工之余，更有奔波远道以受园林之兴致乎？"[1] 当时有人称城市里的公园、树林为"都会中的乡村""以田园之雅趣移植于热闹之街衢，其有益于都市美明矣"[2]。

城市乡村化的理念实际上就是在城市里保存一部分乡村文化，使得城市文明在高速发展的同时，给自然保留一份空间；为自然保留空间，就是为城市居民自己保留一份空间。生活在城市里的人可以在这个空间里洗涤身心的疲惫，使自己的灵魂不致完全被工业文明的嘈杂、喧闹所占据。不过，官方开展的植树造林运动往往还具有另外的意义。

1930年南京在植树节举行造林运动，从东方文化与世界文化关系的高度阐述了植树造林的意义："世之论东方文化者，辄推我国及印度，盖皆为和平中正之文化，而俱得力于森林。……故森林一项，实为东方文化之要素，欲发扬东方固有文化，亦有注意造林之必要。况美化都市，点缀河山，更赖森林增益生趣，其所以利人类生存者，尤复不少。"[3] 同时，当局又将城市里的植树造林运动和纪念孙中山联系了起来，宣称："总理逝世五周纪念，举行植树式，自应力矫昔日植树节之积弊，一秉总理林业政策，焕发新猷。""首都系世界之观瞻，尤当尽力提倡，模范全国，使此项植树运动，成为革命化、科学化、民众化。"[4] 植树造林运动被打上了深刻的政治烙印。

第三节　城市治理

一　传统城市管理的弊病

城市的政治体制涉及殷体扬所说的市政问题第一大类：城市政府和市

---

[1]《郑州市新市建设计划草案》，《市政月刊》1929年第5期。
[2] 张维翰：《都市美化运动与都市艺术》，载陆丹林《市政全书》第1编《论著》，中华全国道路建设协会1928年版，第168页。
[3]《植树节之造林运动》，《中央周刊》1930年第93期。
[4] 同上。

自治团体组织问题。那么,第二大类问题——市政设施问题实际上就是一个城市的管理问题。在中国,自开埠以来,西方侵略者在租界内建立起了一整套行政管理体系,极大地震撼了国人。在这种情况下,市政建设必然逐步成为先进知识分子的关注焦点之一。1867 年,王韬游历欧洲,在他的文章里表达了对西方先进的市政设施的艳羡之情:"街中或铺木柱,以便车毂往来,无辚辚隆隆之喧。每日清晨,有水车洒扫沙尘,纤垢不留,杂污务尽。地中亦设长渠,以消污水。……晚游阛阓,几如不夜之天,长明之国。……市中必留隙地,以助相隔,约宽百亩,辟为园囿,围以回栏,环植树木。"① 西方城市以其清洁整齐的街道、宏伟壮丽的建筑、先进的排水系统、优雅的园林,尤其是科学的城市规划,深深吸引了以王韬为代表的一批知识分子。

　　进入 20 世纪后,随着中国现代化运动的发展,人口纷纷向城市集中,各种事务应运而生,纷繁复杂,中国城市设施和管理的落后问题进一步暴露,城市问题日益凸显。学者们明白,市政建设不能没有城市的管理,城市有了各种市政硬件以后,良好的管理就是重中之重;如果缺乏科学的管理,仅有表面的物质硬件,城市还不能算作一个现代化城市。城市管理关系着文明的进化:"如果市政处理完善,市民得到良好的教育,智识因之发达,有完备的道路,和卫生行政,人民身体自然强健,有良好警察,地方治安可以永保,消防办理得益,火灾日渐缺少,市公用事业发达,人民衣食住问题解决,劳资可以调和,无论物质方面精神方面,都可以有圆满的解决,一切罪恶自然可以去除,全国的文化是然可以演进……创办市政是最重要的一件事。"② "都市为文化发展中心,亦人类进化策源地,所以科学艺术,为人类进化之机,无不由于市城居民所发明……市政管理得法,则市政设备一定完美,市政设备完美,则各种事业,皆可依轨道极力前进。"③ 近代外国学者左莽德说过:"我们必当以改良城市为我们现在要做的事,改良城市的人,就是改良世界的人,虽然说我们是改良城市,结果城市可以改良我们,我们国家的文野,社会道德的升降,宗教的利害,子孙的贤不肖,皆随着城市而定,城市现象,实在是改革家、慈善家、经

---

① 王韬:《漫游随录》,陈尚凡、任光亮校点,岳麓书社 1985 年版,第 83 页。
② 金禹范:《市政浅议》,《无锡市政》1930 年第 4 号。
③ 格诚:《市政管理之我见》,《市政月刊》1928 年第 5 号。

济家与政治家所当研究的一个大社会文库。"① 民国的学者也同样如此认识。

知识分子们看到,中国的城市管理多停留于前现代状态,许多城市不仅市民思想深处缺乏科学意识,城市的建设和管理也缺乏科学,甚至不作为。1919年,长沙天降大雪,数名市民触电而死,当时还是一名青年知识分子的毛泽东在《湘江评论》里批评这是城市规划、管理不科学和迷信的结果,"城里街渠污秽,电气独多,应建高塔,设避雷针数处。老树电多,不宜在它的下面筑屋。……长沙城里的警察,长沙城里三十余万的住民,没一人有闲工夫注意它。有些还说是五百蛮雷,上天降罚"②。1926年,有记者发现汉口作为模范区,居然野狗横行,有儿童被咬伤,而当地警察熟视无睹,遂对此现象进行了抨击,提醒当局:"该区与租界毗连,体面所关,即宜自省,勿落他人之后,可保全我华人办事能力之名誉。"③

如开封被人形容有"三不"和"三多"。"三不"是指电灯不明、电话不灵、马路不平,"三多"是指风沙多、本地人没外地人多、好人没有坏人多。电灯、电话、马路、风沙的问题反映出现代城市物质设施的落后,风沙多还反映了市民乱扔垃圾的不良习惯,好人没有坏人多是指开封严重的娼妓问题,这些问题实际上都反映出当地政府在城市管理上的失职。

还有许多城市管理缺乏统一构思和健全的组织,导致城市建设限于混乱状态,如武汉三镇,除汉口沿袭旧规,从事扩充,逐步进行建设外,武昌及汉阳"至今日尚无整个的计划,少许的建设工作,似均不免有支离散漫之病!如一都市中最重要之街道系统,沟渠系统及水电事业等,在今日之省会,统表现出无办法及无计划的状态,此等根本问题,若不事先妥定计划,只是今日修一段路,改日造一道沟,不独无益,且或影响将来之发展,为整个建设工作之妨害,我们希望政府当道注意及此,从速设一个负设计之责的健全机关"④。

这些问题不但和城市人民的生活息息相关,也影响着国家的前途和命

---

① 殷体扬:《市政问题的研究》,《市政评论》1934年第1卷。
② 毛泽东:《湘江杂评·不信科学便死》,《湘江评论》1919年第3号。
③ 徐志禹:《犬与市政》,《市声周报》1926年第5卷第27期。
④ 姜春华:《都市建设与建设武汉》,《市政评论》1935年第3卷第8期。

运。要解决这些问题，必须创办良好的市政管理，孙科说："近代交通发达，实业繁兴，都市遂成为一国经济、政治、文化之中心，故欧美之赴国是者，恒以市政改良否，为国运隆替之关键，其重要可知矣。"① 由于管理不得法，许多已经成为行政市的城市又重新沦为县级城市或降格，如20世纪30年代后，汉口失去了特别市地位，成为隶省城市，宁波、安庆、芜湖、苏州、九江等市都被取消，归并到县政府辖内。

市政管理的问题伴随着人们对"都市美"的呼唤而越来越引起关注，"'都市之美观'，为近代谈都市政策者所认为最切要之问题。在这都市之'美化'与'艺术化'的呼声高唱入云的时代，都市之美观政策，不得不加以相当的讨论。真正完美的都市，不但使各种事业之发达，如卫生之设备，街道之修理，工务之计划与实施，公安事业之完善，公用事业之提倡，以及其他都市之社会问题等等，就可以说是尽了都市政策的责任了。"② 因此，都市美并非仅仅是外观修饰的美感，更要以市民生活的健康、安全、舒适为前提。都市的警政、经济、卫生、教育、公安、救济、娱乐等各种设施乃至对风俗古迹的市政管理，都与都市美有很大关系。

二　财政管理

"各种市建设事业，能否实现，咸视财政是否充裕，财务行政，所以至为重要也。"③ 近代以来，中国市政建设落后的直接原因便是财政支绌，市政专家和城市执政者巧妇难为无米之炊，许多城市蓝图都难以变为现实。是以如何保证市政建设能够得到充足的资金，必须有一套科学合理的财政体系、预算制度。

由于当时中国城市对于国家的隶属地位，国家财政往往"对市财政施行不当之压迫；国家之成立，先于市，故国家财政往往对于收入财源有独占之倾向，使市财政无所尽应行之发展；国家财政之范围，通常较市财政为广大，故往往可依大资本压迫小资本之原理，故经济上对财政发生自然之压迫"④。因此学者们认为首先要保证独立的城市财政，使城市财政

---

① 孙科：《民国十二年广州市市政报告汇刊序》，载董修甲《市政问题讨论大纲》，青年协会书局1929年版，第8页。
② 杨哲明：《都市政策ABC》，世界书局1922年版，第64—66页。
③ 董修甲：《京沪杭汉四大都市之市政》，大东书局1931年版，第131页。
④ 杨希南：《市财政略说》，《无锡市政》1929年第1号。

与国家财政之间有一个明晰的范围,"地方经济与国家经济,不能不有其应有独立发展之范围,及其应有相互维系之关系"①。

在扩展城市财政来源的具体规划方面,学者们反观欧美城市,发现"大凡都市收入可别为二种:一为市区财产或市有事业(即市区独占之商业)所生之利益,一为征收市民之租税。属于前者如德国各都市,……属于后者如法国都市中所行者是矣"②。据此,学者们认为要扩充财源,主要依靠城市税收和市民集资。

税收分为动产税和不动产税,绝大多数市政学者都认为以征收房屋和土地为代表的不动产税为主相对来说公平合理一些。"外国城市之收入,以房屋土地税为大宗。……其课税,一以被税者之能力为本,故收入多而民无怨怼。我国税法粗略,素乏公平正直之规模,考核上亦无严密精确之系统,故兴一税,则大率病平民,征一税,则强半为中饱,故税目虽多,而收入未必即丰。"③"兴立房屋税与土地税,俾能者多税,不能者少税,以昭平允。盖房屋土地,恒为贫富之代表,而又有形有质,课之易,征之便,无可逃避也"④。而且征收地税也和孙中山的"平均地权"思想一脉相承,马寅初认为地主本来就是市政建设的主要受益者,因此也就应该成为市税的主要承担者:"建设完备,必见地价增加,结果地主最受其益……故市财政之负担大部分当在地主。"⑤"地主因市政兴盛,地价增高,得益甚厚,故地税税率不妨较高。住户因市政兴盛,生活起居,虽均觉利便,然于财产并无增益,故房捐税率不妨稍低。"⑥ 不过,也有思想特别激进的学者反对增收地税和土地增值税,因为那将意味着肯定土地私有的合法化。如社会学家邱致中认为肯定土地私有即肯定了不劳而获,增收地税并不能解决问题。"不要讲土地为自然物根本不承认私有为合理,即退若干步承认地主第一次得到土地时是劳力的代价,而以后逐年地价增加,任何人也不会否认这是社会全体的力量造成,是不劳而获的东西,地主乃坐享其成的人。用生命去劫夺别人劳力的结果,社会尚认

---

① 杨希南:《市财政略说》,《无锡市政》1929年第1号。
② 《应用市政论》,《京都市政月刊》1926年第8期。
③ 白敦庸:《市政述要》,载《民国时期市政建设资料选编》第8册,国家图书馆文献缩微复制中心2009年版,第130页。
④ 同上书,第134页。
⑤ 马寅初:《市财政》,载顾彭年《市行政选集》1929年版,第70页。
⑥ 同上书,第72页。

为不法，而不用丝毫劳力去劫夺全社会大众劳力的结果，未必就叫正常吗？征土地增价税和仅征地税是同样的错误。"①

市民集资的方法主要是征收道路、公园等特别税和发行公债。征收特别税的目的在于保障公平。因为由于市政建设的展开，附近地带地价有所升高，一部分人借此牟利，"苟建筑费用完全由全市市民担负而市中某一部分居民反可借此谋利，于理允有未当。且建设费用浩繁，苟全数由全市市民担负，事实上亦有种种困难，必有碍于建设工作之进展。"②"所谓特值税者，即将建设所需费用酌量使直接受益市民分担之一种方法。既非穷征，亦非苛敛，实一最合乎情理之财源也"③。在城市政府财政困难的情况下，发行公债也是开展市政建设的必由之路，但由于政治体制的不健全，官员行为缺乏监督，市民的集资常常被挪作他用，导致许多城市市民一闻发行公债，就有谈虎色变之状。因此城市设计者常常用规定公债最高价格、严格发行资格、限制偿还公债日期、严格规定公债用途等方法来杜绝弊端。"公债之发行，必须用之于生产事业，如创设电灯厂自来水厂工场码头等"④。而尤其要加强对市政府的监督，1926年，有武汉学者在总结了武阳夏商埠计划失败原因后提出："兴办市政，第一，当使市财政独立，取之于市民者仍用之于市民，而后可以谈市之建设；第二，市非市长之私产也，故市财政当不厌公开，监督之责宜付之市民，而后市之财政收入乃不致虚投。"⑤ 因此，市政要顺利展开，还必须有科学的管理体制和行政体系，即使是财政制度，也同样需要政治制度的保障。

三 住房管理与设计

学者们明白，若要建立一个合理的城市格局，不能不解决下层平民的居住问题，就如他们所呼吁的："任你在都市的建设如何良善，如果大众的市民的住居问题得不到解决，则都市的缺憾只有增无止吧。"⑥ 学者们

---

① 邱致中：《都市社会问题》，有志书屋1936年版，第192—193页。
② 梁思成、张锐：《天津特别市物质建设方案》，载吴良镛主编《梁思成全集》第1卷，中国建筑工业出版社2001年版，第53页。
③ 同上书，第53页。
④ 胡庆荣：《都市财政》，《市政季刊》1933年第2期，第3页。
⑤ 立庵：《武汉市政杂论·武阳夏商埠计划何以失败》，《市声周报》1926年第5卷第45期。
⑥ 莫朝豪：《摩登都市计划的几个重要问题》，《工程学报》1933年第2期。

也为下层平民拓展生存空间进行了种种理论和实践上的探索。他们多呼吁政府介入，动用行政权威为平民修建房屋、创办平民学校、打击地产商、扼制私人资本势力等。

不少学者主张政府修建平民住宅，"欲实现大规模之平民住宅区，则舍政府资助巨款，或发行公债，从事建筑，殊难立观厥成"。[①]或鼓励商人投资建房，"苟能利用市内之空地荒塘，设法招徕资本家广建各式大厦，则住之问题，定可迎刃而解矣"[②]。董修甲针对汉口市政府财政困难的现状主张采用招商集股的办法："可对于商人集股承建此种平民住宅者，予以免税若干年之权利，则商人对于此种平民住宅之建筑，必愿投资矣。"[③]他们还主张打击土地投机商。"有是地者，意欲俟日后地价增高，坐享厚利，而置社会公益于不顾。此种情况，应设法限制之。凡市内空地，责令于若干年内，兴建房屋。所有市内荒塘，于公共卫生大有妨碍，尤宜速为填平，以便建屋。年限既满而不遵行者，政府有照价收买，或招商买卖之权。对于原有房租，亦应由政府暂行划分种类及等级，详为规定每间房租之最高额。一切苛例，严行取消。如此，庶可少免地主房主垄断苛索之弊"[④]。蒋介石也曾表示过，国家要建设大规模的房子供给人民居住。[⑤]不过，平民住宅解决的并非穷苦大众的居住问题，它所针对的还是一般小市民，董修甲专门强调："所谓平民者，非贫民也，乃指一市普通市民而言。"[⑥]

"平民村"计划才是面对广大贫民的，其目的在于"使得贫民多能安居乐业，不负担过巨大之租额"[⑦]。上海、武汉等地实行了"平民新村"计划。"平民新村住宅，每栋面积45平方公尺，内有寝室2间，储藏室1间，及天井面积4平方公尺，约可容五六人。每24栋为1小组，成口字形，内设公共食堂及厨房一大栋，每12小组为一大组，成口字形，内有4栋厕所，一个公园，面积9216平方公尺；以住宅五大组，及公众之小

---

① 吴文波：《救济京市屋荒刍议》，《南京社会特刊》1931年第1卷第2期。
② 楼桐孙：《京市社会问题概论》，《南京社会特刊》1931年第1卷第1期。
③ 董修甲：《京沪杭汉四大都市之市政》，大东书局1931年版，第83页。
④ 楼桐孙：《京市社会问题概论》，《南京社会特刊》1931年第1卷第1期。
⑤ 蒋介石：《三民主义纲要——十八年七月在北平陆军大学讲演词》，《中央周刊》1929年第63期。
⑥ 董修甲：《京沪杭汉四大都市之市政》，大东书局1931年版，第83页。
⑦ 唐应晨：《国内市地问题之检讨》，《市政评论》1936年第4卷第4期。

学校、俱乐部、合作社及商店、菜场等，一大组，为新村之组合，共计住宅1420栋，约容6千人，60栋食堂，20栋厕所，5个公园，住宅面积为基地面积45%，光线与空气较好，公共食堂为住宅24栋内之民众食堂，内附设小贩卖店"①。有人主张借鉴欧美的"花园都市"理想，这种理想设计中，每一个小家庭必须有一间房子，每一间房子应该有一个花园。②上海市平民福利事业管理委员会在中山路、其美路、普善路、大木桥路建立了四处平民新村，尽管仅仅只能容纳极有限的少数平民，有些评论者仍然从中看到了市政建设面向劳苦大众的希望，遂称赞："在到处夸耀着装饰品化的建设的今日，上海市政府能够注意到平民福利事业，建设起平民新村，终究是值得我们赞扬的事，我们深切的期望着，这种为劳工谋福利的建设，在不久的将来，能够有更广大的普遍的开展。"③研究了苏联市政建设的人发现，由政府每年投资13万卢布的居屋建筑合作社是对抗"居屋饥荒"斗争的主力，"全体城市和工厂附近的城市移住区已经在随时注意广大工人群众利益的居屋合作社。劳动者创造的发端，在合作社运动这种形式中得到一个难得的活动地盘"④。

在城市的郊区另辟空间为平民修建房屋，也是一个重要的思路。"我们要解决都市劳动者们的住宅问题，顶好是由公家为他们建筑不拿房租或房租顶轻的公共住宅。再不然，则惟有第一，仿照比利时都市办法；把他们迁住都市附近乡间……此种办法，其利有二：（一）乡间房价极贱，不会增加他们底负担；（二）他们家属在附近的田园中，还可以种蔬菜，养鸡鸭羊豚一类的动植物，这样既合卫生，又可以在经济上得到一些利益"⑤。楼桐孙主张："市内空地，责令于若干年内，兴建房屋。所有市内荒塘，于公共卫生大有妨碍，尤宜速为填平，以便建屋。"⑥董修甲认为"田园都市"理想旨在喧闹拥挤的城市郊区开辟出新的空间，"可为多数人家造成有卫生有美观的家宅，可证明郊外之境，亦可使之美雅可爱，并

---

① 《新建平民新村设计概要》，《武汉特别市市政月刊》1929年第1卷第1号。
② 参见王世杰《民生主义与都市政策——在汉口市学术演讲会演讲辞》，《市政月刊》1930年第3卷第2号。
③ 一诒：《沪市平民村》，《市政评论》1936年第4卷第3期。
④ 周隆基：《苏俄的市政制度与城市计划》，《市政期刊》1934年第2期。
⑤ 邱致中：《都市社会问题》，有志书屋1936年版。
⑥ 楼桐孙：《京市社会问题概论》，《南京社会特刊》1931年第1卷第1期。

可以此实验，为他处之模范，可以鼓励人民，以极省费之法，开辟土地"①。因此，中国城市也"何妨在各市之郊外境，试办田园新市。盖郊境土地贱，经费省，加之郊外房屋稀少，建筑时不须拆毁旧物，省费甚大也"②。当然，也可以鼓励私人在空地投资建房，孙科指出，英国田园都市运动实质上是私人企业在都市外为自己开辟出的一块发展空间，"新式都市之建设，多由大公司或慈善家为之。其目的在于大都会之外，建立新式村市，以为大工厂之附属，使工人得享康健的、美术的环境"③。当时兴起了新村运动，胡适在此基础上提出了"非工人主义的新生活"，他对英美的"贫民区域居留地"运动十分感兴趣，据他介绍，这种运动是"一班青年的男女，大都是大学的毕业生，在本城拣定一块极龌龊，极不堪的贫民区域，买一块地，造一所房屋。这一班人便终日在这里面做事。这屋里，凡是物质文明所赐的生活需要品——电灯，电话，热气，浴室，游水池，钢琴，话匣，等等，无一不有。他们把附近的小孩子，垢面的孩子，顽皮的孩子，都招拢来，教他们游水，教他们读书，教他们打球，教他们演说辩论，组成音乐队，组成演剧团，教他们演戏奏艺。还有女医生和看护妇，天天出去访问贫家，替他们医病，帮他们接生和看护产妇。病重的，由'居留地'的人送入公家医院。因为天下贫民都是最安本分的，他们眼见那高楼大屋的大医院，心里以为这定是为有钱人家造的，决不是替贫民诊病的；所以必须有人打破他们这种见解，教他们知道医院不是专为富贵人家的"④。

四 治安与慈善

学者们感到，近代城市，科学昌明、技术进步使人们生活日益便利，可是生活的危险因素也与日俱增。其中治安问题就是直接和市民平日生活相关的大问题，"市政内交通的管理、消防的设备、卫生事业的推行，都是谋城市安全的方法，不过我们城市目前最感不安全的，还是治安问

---

① 董修甲：《田园新市与我国市政》，载陆丹林《市政全书》第1编《论著》，中华全国道路建设协会1928年版，第196页。
② 同上书，第192页。
③ 孙科：《都市规画论》，《建设》1919年第1卷第5期。
④ 胡适：《非个人主义的新生活》，载欧阳哲生编《胡适文集》第2卷，北京大学出版社1998年版，第571页。

题"①。城市执政者和市政学者为改善城市治安制订的措施一般包括组织警车队、增加骑车队、办理冬夏防、装设防匪专线电话、完成联户警报电铃、添设更夫、设立市境盘查所、办理户籍特别登记、奖励市民报案、收容所、感化所等。若北平市在20世纪30年代制定的公安事项:"属于提高警察知识,并整饬训练者,为扩充警士教练所,并办理巡官讲习班。统一新警教育,研究特工技术,整顿消防教育,筹设模范分驻所。属于充实警力,及整顿交通者,为扩充保安队。清查武器,及筹设道路标志,整理步道交通等。属于司法者,为厉行禁毒禁烟。扩充指纹设施。其他如试办警察年功加俸,筹设警察公墓等共二十余项。"②

但是,在实践中,中国城市的治安并不尽如人意。张又新统计了民国建立以来广州、南昌、上海、武汉几个城市的预算支出,发现一多半都用在了警费开支上,这与欧美大城市形成了鲜明对比。中国警员人数也远远超过欧美,可是中国城市治安状况仍然远不及欧美,"中国市政方面最感困难的,就是维持治安的问题,这也是办市政最初步的问题"③。

在分析城市治安落后的原因时,学者们多认为直接原因是警察缺少训练,但这往往又和经费不足以及政治腐败联系在一起。"现时也有些城市的警察表面上已较前减少,但类似警察性质之商团驻兵有时且较警察更多,警察多而市内秩序尚不见佳,这自然是市民太穷,太无知识,时局太不安定,警察亦少训练使然。至于警察费多而其效率小的原因,可以说半由于市政经费根本就不足,故只能以其大部来作必不可少之事,维持治安,另外的原因,可以说是由于警政素来腐败,长官中饱之所致"④。因此,很多人都极其强调提高警务人员的专业素质,改善公安事业组织结构,尤其强调专家对公安事业的领导。因为,即使有了十分详尽、完备的规章制度,仍然不能取代人的作用,在他们看来,只有相关专业人士,才是最理想的执行者。对于普通警员而言,固然如此,"一事之进行,纵使规章如何明定其进行上动作及姿势,恒足以影响于事务之本身,是以眼力、智力及手段上活的运用,乃真与事务之成败利钝发生最直接关系……

---

① 孟威:《城市的安全谈》,《市政评论》1934年第1卷。
② 《袁市长谈平市本年度预定行政计划》,《市政评论》1935年第3卷第15期。
③ 张又新:《中国都市之特色》,《市政评论》1934年第1卷。
④ 同上。

此非有学术之素养不为功"①。对于警务长官,更需要良好的专业知识进行领导,"一般社会之控制,自须依于学术之素养,以求尽其手段之能事,开明之世警察组织中之巡官长,已形成为低级干部,要不能仍处于被动地位仅具承转之姿式,此在设备上需给上学术上所亟应为彻底之讲求,要不能仅凭经验而能胜任者,特今日警政尚憾其未能注意及之也!"②

甚至有人看到了更深一层,城市聚集了如此之多的容易引发社会不安的贫民,根本原因还在于农村的破产。"因为全国农村社会经济组织的崩溃,城市中渐渐充满了无衣无食的人,处处都可看见惨恻的情形,有钱的阔人,既不能充分保护财产的安全,无钱的穷人,更无法以维持生命的安全。"③"事业的成败,和创办的早迟,都要看市政府取如何的态度,计议如何去监督,设法如何去协助,这是值得我们注意的。不过在这世界整个经济恐慌的当中,失业的人数日渐增加,而农村经济的破产,乡村的农民都集中到城市内来,因为找不到相当的工作去做,所以才卖苦力、拉洋车。……本来二十世纪是电气的世界,这十九世纪所遗留的人力车,早应该被淘汰了,可是中国人还操这个不人道的职业,假使公共汽车真的实现,可怜这五万余的洋车夫(北平),难免不受影响,他们都是无产阶级的贫民,政府不根本设法补救,对于社会治安很有联带的关系"④。

因此,治安和慈善救济事业又是相互联系在一起的。因为治安的根源在于社会阶层的冲突,而这又和城市的劳资冲突、下层贫困等社会问题联系在一起。慈善救济事业就是一种力图通过对社会资源进行再分配,使社会贫富相对均平,以缓解矛盾,从而使城市社会能在稳定有序中发展。"平之之道,莫急于扶老幼,恤孤寡,防疾疲,济急难。欧美各国,无不本互助之精神,谋公共之福利,捐拨巨款,以事于此。故救助亦近代国家应有之要务也。"⑤ "救济事业,就是维护社会平衡发展最低限度的方法……是以防止整个社会的崩溃,而才去救济的"⑥。

学者们构思的救弱之策,包括创办育婴堂、孤儿院、养济院、红十字

---

① 鲁钝:《平市警政之变迁与今后改进之商榷》,《市政评论》1935年第3卷第17期。
② 同上。
③ 孟威:《城市的安全谈》,《市政评论》1934年第1卷。
④ 唐应晨:《平市创设公共汽车刍议》,《道路月刊》1935年第3卷第8期。
⑤ 楼桐孙:《所贵乎有国家者》,《东方杂志》1926年第23卷第6号。
⑥ 殷体扬:《平市社会病态及救济》,《市政评论》1934年第1卷。

第三章　城市之治:市政构想的蓝图

会、佛教道教的慈善救济会等。但是,许多学者也深深意识到,用慈善赈济之道去安抚贫民和维护社会稳定,毕竟不是根本的办法,社会冲突源于社会阶级的不平等,只有解决大多数人的生计问题才能消弭社会冲突,而这需要现代产业的发展。1934年,孟威肯定了北平市警局的冬防行动,也肯定了热心公益人士在冬天于四郊开设粥厂、改建暖房及市内其他慈善团体救济贫民的冬赈举动,但也认为这些举动只是"杯水车薪,何补于事"。他提到,欧美大城市从未有冬防冬赈活动,"因其市民,各安生业,则辱身丧生之末路,谁愿赴之?"所以,北平市的赈济之道,根本应在于"手工业之提倡,资金之供给,自由市场之创设,模范农场或模范田庄之兴办,除少数残废老弱者设法收养外,其强健有力者,使各食其力,虽遇严冬,仍可煦和度日,穷民既减,生产日众,盗风自除"①。有人指出市当局及慈善界的那些赈济措施"是似鸦片治病,麻醉一时"②,且易养滋长懒惰风习,"夫以施粥施米来救济,实足养成一般游惰之性……其不愿吃苦耐劳者,皆一般懒怠之徒,及吸毒之辈;此等败类,愈救愈养成其游堕习惯,不思从事生产,自谋生计"③。这就更加剧了游民太多、生产者少的城市问题。

因此更多的人认识到,治安有治本与治标两种,救济仅仅是治标之道,"治本最重要的是安定城市居民的生活,在积极方面,提倡创办各种实业,使失业的市民,都有参加工作、自食其力的机会,大家都可安于生计,铤而走险的事,自可望减小,在消极方面,就是厉行救济政策,如救济失业工人,安顿散兵游勇,收容乞丐,教养残废,由多数人身上拿出钱,去维持少数人的生活,目的在使不以少数不良分子,而影响全社会的安宁"④。在市政学者看来,改善治安的根本途径当然是用积极的方法,即发展现代产业,"化消费为生产",持此观点的代表当属殷体扬,他提出:"利用积极生产救济为原则,从事切实整顿社会事业设备及组织,加以科学方法管理,使乞丐肃清,平民生计有着,农工商业各能自存,协助繁荣平市工作。"⑤许多人对殷体扬的观点深表赞同:"我们知道现代各国

---

① 孟威:《冬防与冬赈》,《市政评论》1934年第1卷。
② 游海雄:《救济事业在平市之得失》,《市政评论》1935年第3卷第6期。
③ 同上。
④ 孟威:《城市的安全谈》,《市政评论》1934年第1卷。
⑤ 殷体扬:《改进北平市社会事业意见书》,《市政评论》1935年第3卷第13期。

的各种社会事业，全是向积极方面发展，例如法律被人认为是最富消极性之制裁工具，而今日已转变方向，走入积极预防犯罪，与提倡正良行为之途径；再如医学常视为病后治疗之技术，而今日已转重于预防疾病之发生，杜绝疾病之来源；那么关系地方基础的社会事业，更应着重积极，努力改进，如此方有前途。可是目前中国各市区的社会局科，其所处理之事务，多为消极性质，例如取缔娼妓、逐放乞丐、禁绝售毒等等，皆不外监视、取缔、检查诸要义，若正确说来，此做法之效力是很小的。我并非说此事不应作，而是说还有更重要的工作，急需注意实行。例如，统制全市工商业，使有整个发展；指导商人投资，以适应社会需要；设职业介绍机关，使供给与需要得有均衡进行；矫正商业道德，使大家分工合作，不致倾轧，则事业各有进展，自可减少市面凋落之现象。……如果由救济机关设立各种较大机关之工厂，则一面可救济无数失业的市民，同时另一面又制止本市金融之外溢，一举两得，平市社会，自有相当发展，市民各有正当职业，则流离、售毒、抢盗欺诈一类的人，自然随之减少。所以与其注意消极地制止坏事，不如积极地提倡好事。"[1] 还有人极力宣称："欲救弱先救贫，欲救贫，则须先发达产业。"[2] "不如以捐来施粥施衣米之金钱，设立工厂，容纳失业及贫困之辈，以图长治久安之策。"[3] "化消费为生产"的做法，也可以改变城市的奢侈享乐、不事生产之风，有利于城市文化的健康发展。这些理念和孙中山的"民生主义"一脉相承，实质就是要一面由国家发展生产，一面避免国民失业，重蹈欧美城市社会流弊。

五 道路交通

道路影响着人们对一个城市的直接印象。东汉刘熙所著《释名》一书说道："道，蹈也；路，露也，人所以践蹈而露见也。"就是说人们是在道路的行进过程中获得对城市的直观印象。凯文·林奇说过："观测者习惯地、偶然地或潜在地沿着它移动。它可以是大街、步行道、公路、铁路、运河。大多数人印象中占控制地位的因素。沿着这些渠道，他们观察

---

[1] 殷体扬：《答关心平市社会事业诸君》，《市政评论》1935年第3卷第14期。
[2] 戴季陶：《资力集合论》，载唐文权、桑兵《戴季陶文集（1909—1920）》，华中师范大学出版社1990年版，第393页。
[3] 同上。

第三章 城市之治：市政构想的蓝图

了城市。其它环境构成要素沿着它布置并与它相联系。"① 城市道路的畅通程度、沿途景观、布局、卫生状况直接影响着外来者对这座城市的印象。简·雅各布形容："当你想到一个城市时，你脑中出现的是什么？是街道。如果一个城市的街道看上去很有意思，那这个城市也会显得很有意思，如果一个城市的街道看上去很单调乏味，那么这个城市也会非常乏味单调。"② 民国时期，出国考察了外国市政建设的市政学者和游览了外国胜景的文化人，也常常对当地的道路记忆犹新："巴黎繁盛甲天下，游其地者，莫不目迷而神眩，最足以动游人之注意者，首推道路之修治。所谓其直如矢、其平如砥者，尚未卒以尽之。至于崇楼杰阁，高矗云汉；巍巍铁塔，俯瞰全城。与历史社会有关者，亦复所在皆是矣。"③ 徐志摩对英国康桥的热爱也包含着他对当地道路的欣赏："可爱的路政，这里不比中国，哪一处不是坦荡荡的大道？"④

不少学者认为中国市政落后的主要原因在于道路不通，上海租界之所以兴盛，"则以有马路交通之故"，而华界"仅城厢南市一隅，马路仅只两条，中间复有城垣间隔，车马既不能通行，行旅苦不方便"⑤。市政学者大多认为，中国的城市问题归根结底都可归纳为一个路政问题。这一点章若渊有着透彻的论述，他说："街道在城市里面仿佛是一个人身上的大动脉，它底健全与否简直可以决定，至少也能影响商业底兴旺和衰落。就形式而论：街道底表面，有步迹，有各种车辆，有电车，并且有电杆、树木、市钟、腾水管以其他和市民交通、市民生活有关系的东西安置着；它底下面，又有地道、水管、水沟、汽管等等的东西，而它底顶上还有架空车轨和各种电线。……市民底光线空气、康健和街道底宽广、清洁与否也有极大的关系。就都市行政而论，市民底警察部、消防部，跟街道部底关系也非常密切；街道部办理底好坏，都能给别部实际的影响。总之城市一切事务，可说和街部都有直接或间接的关系。……管理街道，实无异管理

---

① ［美］凯文·林奇：《城市的印象》，项秉仁译，中国建筑工业出版社1990年版，第41—42页。
② ［加拿大］简·雅各布：《美国大城市的死与生》，金衡山译，译林出版社2005年版，第29页。
③ 《巴黎市之一瞥——道路》，《京都市政月刊》1926年第7期。
④ 徐志摩：《我所知道的康桥》，载徐俊西主编《海上文学百家文库·徐志摩卷》，上海文艺出版社2010年版，第33页。
⑤ 《上海县续志》卷2，民国七年刻本。

全市。"① "街道问题,简直是全市的问题。"② 杨哲明也说:"都市之设计,最重要者道路问题是也。道路为都市之神经系统,犹人身之血脉。"③ 张又新同样认为,行的问题,是决定中国都市生死存废的问题。④ 同时,修缮道路,并可有利于工商业发展,"欲谋市面发展,先求利行商贾,是商战优劣,视路政为转移。"⑤ "商业之盛衰,首系于交通之便否,交通之便否,则视其公路之有无。市政建设,此其基础"⑥。一些城市的执政者和市政学者还认识到,路政是否良善,还和市民的自治程度有莫大关系。改良路政和提高市民自治水平,是一个互相促进的关系。王正廷说:"于以观路政之良,可以瞻国势之盛衰。与夫人民自治之能力,学术文明之进化,尤息息相关也。"⑦ 因此,他们主张市政建设要从路政抓起:"腐败之路政,常为市政革新之动机。诚以路政不佳,则交通不便;交通不便,则不但警政无以整顿,即其他公共事业,无建设之望。"⑧ 孙中山一直十分重视道路建设与文明进步的关系,他直言道:"道路者,文明之母也,财富之脉也。试观世界今日最文明之国,即道路最多之国,此其明证也。中国最繁盛之区,即交通最便利之地,此又一证也。故我人欲由地方自治,以图文明进步,实业发达,非大修道路不为功。"⑨ 在民国的市政建设中,路政一直处于极其重要的地位。特别是南京国民政府成立后,为履行孙中山1916年提出的"建设以修治道路为第一要着"的口号,各大主要城市在展开市政建设时多将道路建设放在首位,如广东省政府就宣称:"建设需要之四大端内,以修治道路,以利民行之一端,为今最急之务。"⑩

---

① 章若渊:《街道与市政》,泰东图书局1929年版,第3页。
② 同上书,第4页。
③ 《大上海建设方案》,载陆丹林《市政全书》第4编,中华全国道路建设协会1928年版,第56页。
④ 参见张又新《改良中国城市的要点》,《市政评论》1934年第1卷合订本。
⑤ 赵守钰:《郑州市市政府布告:禁止重载大车在马路上通行由》,《市政月刊》1928年第1期。
⑥ 《龚思曾谭南昌德胜路工程之经过》,《道路月刊》1929年第32卷第1期。
⑦ 王正廷:《序》,载陈树棠《道路建筑学》,中华全国道路建设协会1934年版。
⑧ 杨哲明:《现代市政通论》,载《民国时期市政史料选编》,国家图书馆文献缩微复制中心2009年版,第277页。
⑨ 孙中山:《地方自治实行法》(1920年3月1日),载中山大学历史系孙中山研究室、广东省社会科学院历史研究所等《孙中山全集》第5卷,中华书局1985年版,第222—223页。
⑩ 《省政府代表刘委员栽甫训词》,《广东建设厅公报》1928年第2卷第7期,第1—2页。

第三章 城市之治：市政构想的蓝图

1929年的天津市长崔廷猷说："修筑道路等事，为天津繁荣的主要原因。"[1]

修治道路还需要用现代的科学理念进行设计。"现代的都市，除了新近创设的之外，多数的城市，每有交通混乱，住居与商店等间杂之弊。其最主要的原因：为无一定的道路系统和市区的划分"[2]。针对城市的道路系统，市政学者提出了种种设计。"盖规划之目的在利便、美观与省费"[3]。道路系统设计有棋盘式或长方式、直角交叉式、蛛网式或放射式、扇面式。以棋盘式和蛛网式两种较普遍，通常旧式城市为棋盘式，美国城市多用此式，新式城市采用了蛛网式，孙科认为此式利便与美观兼而有之。[4] 章若渊对这两种街道模式的分析较为透彻，他认为棋盘式具有街道整齐简单、增加城市美观、不易迷路、交通方便、分区方便等优点，但是形式呆板，不能适应天然优势导致改造旧城时若遇到有文化价值的古建筑无法绕开只有拆毁，而它最大的弊端在于无对角斜道，增加了市民交通的时间和经济成本。与此相比，蛛网式也是利弊分明。利在于其街道可因势变通，保存有价值之古建筑，还有可以用斜行道贯连重要交通中心、缩短对角交通路程、减少拥挤堵塞、有利零售商业、阳光充足、空气流通等好处，弊端在于街道错乱，容易迷路，多占地面。[5] 既然两种街路模式各有利弊，就不可偏重某一种，"应当参用这两种制度，取长补短，藉臻完美"[6]。孙科看法与之相近，也认为"二式街道，皆不能选一二遗其他，最善之规画，惟视二式并取之得其中耳"[7]。当时各城市的街道规划，也确实有调和这两种模式的趋向。不过包括章若渊在内的大多数市政学家，都更倾向于蛛网式。因为在商业发展集中于都市的形势下，蛛网式结构更加有利于交通运输，可以缩小贸易成本。吴景超也认为："假如各项商业都分在市镇中举行，那么铁路、汽车路、运河等等交通的组织，一定要采取棋盘式。反是，假如集中于都市，交通的组织，便可采取蛛网式。从工

---

[1] 崔廷猷：《怎样繁荣天津市》，《社会月刊》1929年第1卷第5、6合期。
[2] 莫朝豪：《摩登都市计划的几个重要问题》，《工程学报》1933年第1卷第2期。
[3] 孙科：《都市规画论》，《建设》1919年第1卷第5期。
[4] 同上。
[5] 参见章若渊《街道与市政》，泰东图书局1929年版，第12—16页。
[6] 同上书，第11页。
[7] 孙科：《都市规画论》，《建设》1919年第1卷第5期。

程一方面看来，自然是蛛网式较为经济。"① 蛛网式道路的流行，乃是由现代工商业城市的经济性质决定的。

第四节　城市市民文化建设

20世纪二三十年代的市政学者认识道："城市为文化之母，文化为城市之花，凡一国无建设城市之能力者，其文化必难十分发达，无文化之国家不能生存于今日竞争时代也，欧美各国十九世纪以还，即重视市政，缘文化之表现，在城市也。"② 因此，学者们对城市规划的理解不仅在物质方面，而且将内涵延伸到了精神方面，舒伯炎指出："照普通解释占之，以都市设计为一幅都市地图，绘有都市四周边界与已成街道之统系，及将来街道进展之预划等事，惟此多系根据测量以谋改良，难免不偏重物质，尚不足谓为设计之津梁也盖都市设计者，贵在物质与精神双方并重；非仅斤斤于市内土木工程而已。市民所在之环境，宜有德、智、体三育为之辅助，使市中风俗高尚，习惯良价，有公共卫生，清洁街道，及一切交通设施之便利；物质建筑，富于艺术，人民居其中者，可以安居乐业，思想纯正，而为市中之健全公民。"③

一　公共空间的营造

亚里士多德在《政治学》里认为，城市的本质不在其有无城墙，而在于公民的共同利益、共同目标。现代城市更是必须存在一定的公共空间供市民交流、休憩、传达思想言论，公共空间是开放的，它凸显着现代城市的民主性和公众性。帝国主义在中国开设的租界里创办了一大批公园、歌舞厅、剧院、报馆等公共设施，从而把"公共空间"的理念也传播到了中国知识分子心中。这些理念自然也会体现在一批市政学者和城市执政者的思想言论与实践里。在朱启钤改造旧北京期间，将皇家园林、坛庙开放为公园，拆除旧城墙，开通道路，创立国立博物馆，很大程度上打破了封闭型的北京旧皇权专制色彩，体现了开放的新型都市理念。后来的城市

---

① 吴景超：《近代都市化的背景》，《清华学报》1933年第8卷第2期。
② 王晋伯：《举办市政之根本策略》，《市政评论》1934年第2卷第11期。
③ 舒伯炎：《新旧都市之设计》，《市政评论》1936年第4卷第7期。

执政者更加明确地阐述了这种理念:"园林之建造,则不自新市制创立而始有,古代帝王不惜穷奢极华,以经营园囿,为供一己与贵族宴游娱乐之所,迨专制推倒,始得与民共之,此种封建式所遗留之广大园林,在各国大城市中,亦不少概见,然其制度与结构,皆偏于一姓独享之私,若纳之于科学化民众化之新市建设中,则不免有形同凿枘之感觉。"① 即使不是专门研究市政的精英学者,这时也同样关注着城市空间的开放。若蔡元培描述:"巴黎一市,揽森河左右,纬以长桥,界为驰道,间以广场,文以崇闳之建筑,疏以广大之园林,积渐布置,蔚成大观;而驰道之旁,荫以列树,芬以花滕;广场及公园之中,古木杂花,喷泉造象,分合错综,悉具意匠。是皆所以餍公众之美感,而非一人一家之所得而私也。"②并比较了现代城市与传统城市设施的区别:"往者园亭之胜、花鸟之娱,有力者自营之二自赏之也。今则有公园以供普通之游散;有植物动物等园,以为鉴赏及研究之资。往者宏博之图书,优美之造象与绘画、历史之纪念品、远方之珍异,有力者得收藏之而不轻以示人也。今则有藏书楼,以供公众之阅览,有各种博物院,以兴美感而助智育。且也,公园之中、大道之旁,植列树以为庇荫,陈坐具以供休憩,间亦注引清水以资饮料。是等公共之建置,皆吾人共享之利益也。吾人既有此共同享受之利益,则即有共同爱护之义务。"③ 他们都清醒地认识到,市民的共同目标、公共意识是在开放的公共空间中形成的。

市政学家都认识到,城市里设置图书馆、博物馆、剧场、影院、游乐场、运动场等娱乐场所,有利于提升市民的文化层次,"都市规画中关于住民娱乐之设备,不外多预留空地,开辟大小公园及游戏场……以备市民于日中余暇,得以听音乐观名剧,或集众演说,开会跳舞,以娱乐身心,享人生应有之福"④。园林、游乐场等公共场所同时也有利于城市的健康和治安,"实与市民以最大利益两项,一曰减少病人,一曰减少罪犯。盖园林与游戏场,不独增进人之健康,且足陶养人之心性"⑤。因为,健康

---

① 《郑州市新市建设计划草案》,《市政月刊》1929年第5期。
② 蔡元培:《智育十篇》,载《蔡元培讲教育》,新华出版社2005年版,第126页。
③ 同上书,第97页。
④ 孙科:《都市规划之进境》,载陆丹林《市政全书》第1编,中华全国道路建设协会1928年版,第220页。
⑤ 《郑州市新市建设计划草案》,《市政月刊》1929年第5期。

不仅是身体的健康,还有精神的健康,精神的健康又影响着身体的健康,这表明市政学者对于健康认识的提高。他们明白公共空间可以塑造健康的国民精神,从而造就一批健康的国民,"吾国之民所以萎靡不振者,因精神缺乏也。欧美各城市,皆注意人民愉快事业,故其国民皆有活泼精神与强健身体"①。

同时,城市里的某些有识之士意识到,必须让城市的市民阶层中的最下层也能够享受到市政建设的成果,只有让市民们都能够充分享受到城市文明的润泽,他们才会主动参与到文明的建设中来。上海曾首创了人力车夫互助会,在该会主持下,建立了车夫子弟学校、车夫日夜学校、寄宿舍、诊疗所、雨淋澡等设施,他们宣称自己的目的在于"近更感于一般劳苦车夫有调剂精神之必要,特装置活动之有声电影机,规定每星期一二次。还映关于各种教育及卫生电影,使观众感觉兴趣外,同时得到有益之借镜"②。

二 市民的教育和文化

建设繁荣的城市文化的根本还在于积极健康的市民文化的支持。殷体扬说:"有了贤能的市长,还要有开达的市民,而后才有良好的市政产生。"③中国传统城市的种种缺陷,中国的市民自身要负有极大责任,那就是市政意识和市政知识的薄弱。中国传统社会并无市政观念,亦无市政自觉,当近代市政初兴时,必然和中国人的传统习惯发生矛盾。1911年,有人指责北京人毫无卫生习惯:"京人最污秽不堪。无论何家,无不患蝇。故门前常垂帘,不至天暝不悬起也。厕所无一家不污秽狼藉,不堪驻足。……夏日粪夫恒倾粪途中,民部稍干涉之,遂以罢市要挟,其殆将长此为秽乡矣。"④到了民国时期,有识者指出:"举市政二字,以叩诸国民,其不知作何解者,占十之八九,而稍明其意义者,亦淡漠视之,以为市政乃绝不关一己痛痒之事。"⑤市政学家指出,市民无必要的市政知识必然

---

① 董修甲:《市政规划》,载陆丹林《市政全书》第1编,中华全国道路建设协会1928年版,第226页。
② 《沪市人力车夫之生活》,《市政评论》1935年第3卷第6期。
③ 殷体扬:《为何要谈市政》,《市政评论》1935年第3卷第12期。
④ 陆费达:《京津两月记》,《小说月报·文苑》1911年第8期。
⑤ 陈良士:《国民市政常识之培植》,载陆丹林《市政全书》第1编,中华全国道路建设协会1928年版,第68页。

会影响市政建设,"倘或一城的市民毫无市政常识,必发生两种现象。一则市内应与兴革的事项他们毫不知道,不但不能自己起来改革它,往往不知道要求政府替他们改革;二则他们对于市政府的法令,不会自动的遵行,往往给市政府很多困难"①。这一点又是和市政教育的落后、市民无主动参与到市政建设里的主人翁意识联系在一起的,"一般市民因为没受教育,全处在那不识不知顺帝之则的生活里,并不晓得他们所处的境遇有改革的希望,也不晓得近世高尚、优美、清洁的城市生活是怎么样,所以不会要求起来改革"②。张锐认为:"历观各国市政改革市政革新之先例,盖莫不以市民对于市政兴趣之鼓励提倡。"③ 因此,市政的良善与否必以市民为主动,要有理想的城市,必先有理想的市民。顾彭年鉴于市民的因循苟且、利己主义的传统心理往往阻碍了市政建设的开展,认为培植市民的市政常识,是训政时期市政府最重要的任务之一,也是刷新市民心理的根本方法,"治本之法,在培植他们的市政常识。因为市民若有了市政常识,便变成开明的市民,对于市内应行兴革事宜,……非但不如以前再持异议,或抱反对的态度,阻止建设事业的进行,且将兴高采烈乐与市政府合作"④。

市民无市政意识又和城市自治程度不够有莫大干系,而市民现代市政教育和公民教育的缺乏,也反过来成为城市的民治政治真正建立的障碍。无论是何种先进的制度,都要由人来推动、实践,政治的问题最终实际上就是人的问题。"城市自治和市民的政权果然是很重要的,良好的政治制度也是很重要的。但是如果人民没有什么智识,对于市政方面的一切问题什么都不懂,那末,城市无论怎样的自治,市民的政权无论怎样大,政治制度无论怎样良好,决不能发生什么效果,决不能使市政进步"⑤。因此,在不少学者看来,城市的问题最终也就是一个市民的教育问题。30年代南昌市的学者在为南昌市政规划出谋划策时说道:"既富矣,又何加焉?曰:教之。首先当推行新生活,务求市民能实行,以恢复吾民固有之道

---

① 臧启芳:《市政和促进市政之方法》,载陆丹林《市政全书》第1编,中华全国道路建设协会1928年版,第31页。
② 同上书,第47页。
③ 张锐:《促进市政的基本方案》,《中国建设》1931年第2卷。
④ 顾彭年:《市行政人员与市民的市政训练》,载顾彭年《市行政选集》1929年版,第55页。
⑤ 张慰慈:《市政制度》,亚东图书馆1925年版,第189页。

德，矫正现代的薄俗。次当注意于社会教育事业，如博物馆、图书馆……均当扩大其内部，充实其设备。盖其于诱发市民之知识，转变市民之习尚，颇有显著的成效。"① 政府的官员也同样从理论上意识到这一点，陈立夫在马超俊就任南京市长的典礼上曾说道："霓虹灯光射满都市建设，非吾人所需要，训练人民，使成现代都市实质化之市民，乃为吾人真正需要之都市建设。"②

要进行科学的市政建设，需要广大市民群策群力，积极配合政府。而这也需要市民有必要的市政意识和市政知识。因此，许多学者指出了加强市政教育的重要性。"市民教育的重要，实为市政的基础。"③ "欲举办市政，根本问题，在乎教育市民以市政学识"④。市政学家一般主张在学校里增设市政学科，并设立专门的市政学校，以向国民普及市政知识并培养专门市政人才。除此之外，还可以设市政函授学校、市政职员讲习所、市政研究会等。"养成公民实为改良市政之根本解决法也"⑤。各城市也采取了措施提高市民的公共意识。20世纪30年代济南市政府就下令各商店经理和住户家长"要切实嘱咐打扫门口的人，千万不要把门内的土扫到门外，不要把人行道的土扫到立沿石下，就不管了。须知这种……'扫出门前土，扬在大街上'的办法，最足以表现'只知有私不知有公'的心理，这是最卑鄙，最不负责任的表现"⑥。而尤其要进行普及教育，"最彻底之治本办法，自为普及教育，提高市民智能，俾明瞭其公民之义务与权利"⑦。有人声称，"改造社会的根本方法，就在整理旧规和建设新猷的市政入手。欲达到欧美的市政与社会，又非教育不为功；市民教育的重要，实为市政的基础。……普及教育为改良市政的终南捷径，而改良市政，又为改造社会的唯一方法"⑧。这样，许多人都倾向于用政治宣传、政治教育的方法来向市民灌输市政意识和市政知识，1928年"双十节"上海青

---

① 楚狂：《南昌市之回顾与展望（一）》，《南昌市政半月刊》1934年第1卷第7期。
② 《马超俊就京市长职谈施政意见》，《市政评论》1935年第3卷第9期。
③ 介人：《市政与教育》，《市政月刊》1929年第5期。
④ 陈良士：《国民市政常识之培植》，载陆丹林《市政全书》第1编，中华全国道路建设协会1928年版，第69页。
⑤ 天翼：《改良城市之理想》，《进步》1913年第3卷第5期。
⑥ 《济南市市政府市政月刊·公牍·各局函令》，1936年12月15日。
⑦ 陈援：《北平市车捐问题》，《市政评论》1935年第3卷第3期。
⑧ 介人：《市政与教育》，《市政月刊》1929年第5期。

第三章 城市之治：市政构想的蓝图

年会举行扩大纪念会，目的就在于向公民灌输市政常识，大会发布的传单上说："人民是国家的根本，国的强弱，全以国民健全与否为标准。我国地大物博，生殖繁衍，且有五千年的历史，就不说比别人家强盛些，也应该和列强并驾齐驱，怎么弄到现在民穷财尽，国是日非呢？推原其故，都是由于做人民的不知道负责的关系。革命以来，少数的知识分子才觉悟，然而一般人民还是懵懵懂懂的，所以革命了十几年，国民虽有主人之名，却无主人之实，甚至于当地的市政还不知道呢，以这样的国民，做国家的根本，国家怎么能够稳固？"[①] 市政的政治化、工具化倾向越来越浓厚。

除市政教育外，还强调加强道德教育。"夫物质的文明，虽随精神的文明而进步，但精神的文明，有时或为物质的文明所压倒，其救济之策，则不可不赖诸教育"[②]。此外，许多学者都提到要重视职业教育，黄炎培认为，提倡职业教育，是发展实业的一个根本问题。因为城市实业不振的一个重要原因在于人人都只知贪图享乐，职业教育则可以医治此弊，"职业教育者，使无业者有业，则增进生活之目的达矣；使有业者乐业，则抑制欲望之效果收矣"[③]。还有人意识到，为了满足现代城市对专业知识人才的要求，应该发展职业教育，"渐渐地改良以代替现在的徒弟制度，以去墨守成规的老法子，经过相当教育，就适用人才，以为专门人才之助"[④]。

在教育形式上，学者们又主张实行学校教育和社会教育。比如，董修甲说："增设中小学校及幼稚园，实行强迫教育，促进职业教育，筹办市民大学，筹设特殊学校，改善或取缔私塾。社会教育包括设立图书馆、筹办艺术馆、建设公共讲演所、建设动植物园及博物馆、建设儿童游戏场、设立通俗讲演所、筹设市立公共体育场、改良筹设娱乐机关、设立平民感化院等。"[⑤] 通过学校及各种社会团体对城市市民进行精神文化教育，提升他们的道德、审美意识和知识文化素质。这种教育"系在谋大多数市民的幸福，决不是造成几个特殊的人才，其范围均逐渐趋于扩大，倾向于

---

① 刘郁樱：《参观上海市展以后的感想》，《道路月刊》1929年第32卷第1号。
② 徐沧水：《合作事业与教育》，《平民》1921年第34期。
③ 黄炎培：《实业上的一个根本问题》，《工商新闻百期汇刊》1925年第1期。
④ 方获生：《市政与广州市》，《道路月刊》1933年第41卷第2号。
⑤ 董修甲：《市政问题讨论大纲》，青年协会书局1929年版，第243页。

个服务精神的培养。我们如果不能矫正社会的心理,大家只知为个人利害打算盘,而不知为整个的社会谋福利,那末,任你把社会的组织和制度怎样变更,这个社会依然是免不了要受封建势力支配而日趋堕落的。"① 必须指出,不管是加强市民的教育还是培养合作精神,其根本目的都在于培养市民具备工业社会所要求的生产精神和奋斗精神,改变中国传统城市的重消费轻生产的功能以适应工业文明的需要,"今日的教育,重要使命在养成廿世纪的国民的德性及其生产能力……既已从手工业进化到机械工厂,则人亦必须由个性的进化到团体的。人们若没有合作的习惯及废私重公的德性,则不能集合才力与资本,生产也是空谈"②。

中国进入城市化运动以后,其城市社会的一大问题,就是盲目追求享受的奢靡之风弥漫,损耗了国家的财富,摧残了市民的精神,使城市社会呈畸形发展。尤其在民族危机上升的情况下,这种形势显然不利于振作国民精神、从事国家建设和未来的抗日战争。因此,国民政府更加倾向于用政府的组织力量来进行移风易俗、改造国民精神的运动,其典型表现就是新生活运动。在新生活运动中,市政建设、市民的生活更是直接和政治、军事联系起来,其口号是"生活艺术化、生活生产化、生活军事化",甚至个人日常生活中的琐屑举止都和国家自强、洗刷国耻等民族大义挂上了钩。蒋介石常常强调:"要养成这种随时可以与敌人拼命的,为国牺牲的国民,就要使全国国民生活军事化;所谓军事化,就是要整齐、清洁、简单、朴素,也必须如此,才能合乎礼义廉耻。"③ "我们要复兴民族,报仇雪耻,不必讲什么枪炮,就先讲洗冷水脸,如果这一件最小的事也不能胜过日本人,其他的还讲什么?"④ 何应钦说都市建设要做到平民化、艺术化和革命化,革命化是"因为大都市的市民,易流为腐化或恶化……要防止腐化与恶化,就要将本党的主义,切实的宣传出去,使所有的市民,都明瞭本党的主义,都不致流为腐化恶化,都在三民主义的路上去努力,都来行使民有的四权。"⑤ 吴嵩庆也高呼:"建设现代化的城市,是今日新

---

① 南京市政府社会局:《南京社会特刊》发刊辞,《南京社会特刊》1931年第1期。
② 杨振声:《也谈谈教育问题》,《独立评论》1932年第26号。
③ 曾弓:《公务员新生活》,《新生活导报》1935年第2期。
④ 《新生活运动特刊》,《中华实业商报》1934年第2期。
⑤ 《刘市长宣誓就职典礼》,《武汉特别市市政月刊》1929年第1卷第2号。

生活运动的试金石！"① 还有人说："真正爱国不只是说一个人到了救国的时候肯把他最大的牺牲拿出来就算完了。而且说这个人应当常常对于虽不显著却很重要的责任肯牺牲他的光阴和才能才是，他所应办的是维持公共秩序，保护私人财产，更要驱除藏匿在卑陋民居中、不洁食物中及一切伤害市民的恶浊市政中的危险，以保存他那同胞的生命。"② 这样，在塑造现代城市的具有高度自主意识的市民文化的口号下，政府的力量极大地介入了市民的文化生活，市民的日常生活实际上走向了政治化。

20世纪初中国政界精英和学界精英提出这些对城市的构想瞻望、对城市和市政问题的讨论、市政规划，其首先表现出中国知识分子城市意识的发展、成熟。这种意识的发展和近代半殖民地半封建社会危机加深的条件下先进知识分子为向西方先进文明学习寻求国家现代化之路是一致的。其具有浓厚的理想性色彩。章若渊说过："我们建设都市，在设计的时候，不能单注意目前的需要，尤其应当顾及将来发展的趋向。"③ 他们不仅仅为了解决一时的城市脏乱差问题，而是包含着百年后的长远考虑，力图建设出一种可与欧美城市相媲美的理想城市。1932年有人对上海提出希望："今之所谓市政，乃举一切精神文明与物质文明，无不包涵在内，择公共生活之各方面，皆为市政之所应过问管理，而又必须有百年五十年之计划，然后乃不至行之今日而称便利者，不旋踵而又因时移势迁，窒碍丛生。若对于此筚路蓝缕山林初启之上海市，尤必具有远大之眼光，通盘之筹划，然后成效乃得收于后来耳。语有之，始作也简，将毕也巨，吾人谨以造成未来之巨大都市之工作，望之于今日始作之市参议会诸君。"④ 并且，中国学者一开始就具有高度自觉的人类文化终极关怀，在对资本主义城市文明进行反思的同时，力图创造一种既超越中国农业文明又不同于欧美城市文明的新型城市文明，或者说奠基于中国文化特色之上的中国城市化道路。

在这些具有现代市政知识和报国情怀的学者与官员的辛勤努力下，中国的市政运动在20世纪初取得了不小的成绩。首先当属孙科主政的广州

---

① 吴嵩庆：《我们要求一个市设计法》，《市政评论》1935年第3卷第3期。
② 臧启芳：《市政和促进市政之方法》，载陆丹林：《市政全书》第1编，中华全国道路建设协会1928年版，《论著》第31页。
③ 章若渊：《街道与市政》，泰东图书局1929年版，第131页。
④ 时新：《上海市参议会》，《道路月刊》1932年第39卷第1期。

市,"办理数年,成绩斐然,一时推为全国的模范市,实为吾国举办市政以来第一次的成功"①,其颁布的《广州市暂行条例》促进了广州向现代城市的转变。上海、北京、天津、汉口等大城市也都成绩卓著。30年代有学者评价:"近七八年来,国内各大都市的市政建设,不能说没有进步的。拿外国的市政,当然比不上,不过较之从前是进步多了。"② 1931年到1933年,中国几个主要大都市出生率都呈上升趋势,死亡率呈下降趋势,可以反映出当时主要城市建设的成就。

但是,当市政学者力图探索一条具有中国特色的城市化道路之时,由于其对中国复杂现实缺少必要的认识,也由于城市化运动在中国还是一件前所未有的大事,他们的市政理想仍然存在照搬西方城市文明而忽略中国实际的缺点,这种认识上的缺陷在实践中产生了不少负面影响。而且,评价中国的市政思想和市政成就更应该放在全国城市与乡村的整体关系中考察,在近代中国的城乡关系中,城市与乡村是处于一种不对等的关系中,尤其是沿海城市与内地乡村,资源多集中于城市,而城市很少反哺乡村。从根本上说,中国仍然还停留在一个贫穷落后的农业大国阶段,少数地区的城市化运动的工业基础又极其薄弱,生产能力不发达。在这种情况下,少数大城市既是全国最文明最现代的中心,又是剥削全国其他地区的中心,市政建设无论如何优秀,也主要是为少数大城市的消费生活服务的,市政建设成了一种纯粹满足少数城市市民需要的消费活动,相对于全国其他地区就是一件奢侈的事情,城市相对于广大内陆地区特别是乡村世界就意味着剥削压迫,仅仅通过市政建设来实现国家富强文明的愿望是难以达成的。当时的中国,更需要以一种强力来重新整合城市内部的社会关系以及城市与乡村之间的关系,只有调整了社会关系和社会结构,城市建设才能在一种积极健康并且真正有益于国家社会的轨道上进行。

---

① 顾敦鍒:《中国市制概观》,《东方杂志》1929年第26卷第17期。
② 唐应晨:《国内市地问题之检讨》,《市政评论》1936年第4卷第4期。

第四章 城市之痛：社会精英对中国"城市病"的思考

第一节 知识精英对于欧美"城市病"的认知

所谓"城市病"是指人口过于向大城市集中而引起的一系列社会问题。社会问题，是社会进化历程中的必然产物。一个国家从农业社会向城市社会转型，各种社会问题也会滋生蔓延，这些社会问题都和城市的发展密切相连，又常常集中在城市中爆发出来，表现为各种"城市病"。"大都市的数目增加无已，实在是现代的重要问题。都市增加，使人民的生活情形，为之一变，所以社会上一切的问题，大加繁多"①。中国近代学者在认真研究西方城市文明的同时，也发现了其繁华背后的阴暗，许多曾为西方城市文明欢呼的中国知识精英和政界领袖，逐渐意识到了城市的两面性。"从好的一方面讲，城市古今来总归是文化、政治、财富及工商业的中心；从坏的一方面讲，城市也是贫穷冲突、罪恶以及各种不道德的事件的渊薮"②。

梁启超是最早发现欧美"城市病"的中国学者。他在1902年就叹息："天下最繁盛者宜莫如纽约，天下最黑暗者殆亦莫如纽约。"③ 后来，有人将欧美城市病概括为健康、贫民、住宅、火灾、传染病等几类问题。如环境的污染，特别是煤烟的污染。"按近代大都市中，有的是高矗云霄的大厦，如图书馆、市政厅、纪念塔等，都不免要慢慢地被煤灰消融。煤

---

① 《社会问题、都市问题及其解决途径》，载朱亦松、宋希痒《社会问题》，出版地、时间不详，第5页。
② 温崇信：《城市的意义》，《市政期刊》1934年第2期。
③ 梁启超：《新大陆游记》，载张品兴主编《梁启超全集》第2卷，北京出版社1999年版，第1144页。

灰积在物上的黑黑的一层膜,直是人类的大敌。"① "都市之煤烟充满于天空,都市中清洁之空气完全被煤烟卷去。不但是煤烟厌人,其他如污染的流水,黄黑的屋壁,在使人感觉到不快,使人置身于都市之中,丝毫不发生美感"②。还有对噪声污染的揭露,张维翰描述:"纽约都市改良会对于市民会设一问曰:'都会最觉烦恼之物为何物乎?'市民同声一致答曰:'骚声'。可见骚声为市民共通的苦患。"③ 这些污染严重影响了城市居民的身心健康。戴季陶就揭露了都市文明对生命的戕害:"人类之寿,都市之人,恒多早夭。而疾病疠疫,亦以都市为最……即传染疫中之霍乱、痢疾等,亦以都市为流行地。"④ 还有人看到了欧美城市里社会风气日益腐化,投机主义、利己主义盛行,"土地投机,人口过剩,有金迷纸醉的诱惑,无自然风景的陶冶;生活程度日高,死亡率日大,道德水准日低,因此而引起种种罪恶,不胜枚举"⑤。

无论是环境问题,或是卫生健康问题,或是道德败坏问题,其实都和人口过分集中到都市有着莫大的关系。"都市人口增加过快,所有房屋,不敷分配,每一小屋,常有十数人居住其间……屋内空气混浊,有碍身体……都市人口,工人占其大半,彼等来自各方,以求温饱……饮食所需,多取给于包饭作,此等食物是否合于卫生?诚属疑问。况都市人品复杂,不良嗜好与不正当之娱乐,随在皆是,偶不慎往往受其诱惑,沉湎其间,而不自觉,结果身体失去健康,人格因之堕落"⑥。

城市化进程的最直接表现就是人口日益集中到城市,而城市的土地有限,再加上市政的进步,必然造成地价昂贵、住房紧张、土地投机、居住条件恶劣等问题。在人口稠密的大都市里,住的问题尤其严重。在有限的社会空间和社会资源条件下,最终只能是无权无势的贫民、劳工沦为无地方可住或住房狭小、条件极其艰苦的境遇。因此,都市里下层平民的居住

---

① 哲生:《都市与煤烟》,《东方杂志》1931年第28卷第22号。
② 杨哲明:《现代市政通论》,载《民国时期市政建设史料选编》第2册,全国图书馆文献缩微复制中心2009年版,第216页。
③ 张维翰:《都市美化运动与都市艺术》,载陆丹林《市政全书》第1编《论著》,中华全国道路建设协会1928年版,第171页。
④ 戴季陶:《都市罪恶论》,载唐文权、桑兵《戴季陶文集(1909—1920)》,华中师范大学出版社1990年版,第418页。
⑤ 吴嵩庆:《我们要求一个市设计法》,《市政评论》1935年第3卷第3期。
⑥ 陆琢之:《近代都市之畸形发展》,《广州市市政公报》1931年第385期。

空间萎缩成为都市的主要问题之一。民国的学者开始关注城市的居住问题，他们环顾欧美，发现其城市居民的生活并非如天堂一般，"在伦敦，也还很多一间房住五六个人的。总之住宅问题，是世界各都市的最大问题，亦就是最难解决的问题"①。贫民集中在一地艰难生活，这就是欧美城市里的"贫民窟"现象，它是资本主义发展到一定阶段而生出的毒瘤，是贫富急剧分化、阶级尖锐对立的必然结果。"难看的、肮脏的贫民窟像疾病一样，滋长在世界很多美丽城市的身上"②。有学者注意到，居住的问题和城市资产阶级对劳工阶级的剥削是联系在一起的。陈赞祺说道："一般收入微少，受雇于人家的赁屋面居的一般劳动阶级，处在这样地权未有相当的平衡社会之中，地皮商或大地主，在都市中拥着很广大的地皮，他们可以任意地敲取剥夺赁居于都市中一般平民的利益，使得他们不能得到人生所应得的居住舒服的权利。这种情形，在今日各都市中劳工阶级所群集的区域中，尤为显著。"③ 在十月革命之后的苏俄，虽然没有"贫民窟"这种社会毒瘤，但也出现了工人居住空间狭小的棘手问题。据民国学者介绍，在苏联国民经济建设五年计划期间，城市工人所占房屋面积平均在6平方米以下，其他经济城域和工人集团每人所占房屋不过3平方米，④ 出现了"居住的饥荒"。这种现象是城市文明内部阶级贫富极端不平等的结果，它又会直接引发各种尖锐的社会矛盾，使得城市社会不能正常有序发展。"试思一个工人，于工罢之后回到家中，见妻室儿女生活上所必要之条件，尚不能周全，而邻人一筵所费之资足维持十家人的生活于一年而有余，他心中怎能过得下去？这种的不平，实为无政府主义以及一切暴动的出产地。时至今日，伟大城市已为罪恶的渊薮了"⑤。

由此可见，"城市病"尽管有种种表征，但归根结底就是一个城市畸形膨胀问题。畸形的膨胀导致城市空间日益萎缩，生活在这个空间中的人无论在物质上还是精神上都感受不到便利，从而丧失对城市的归属感。而

---

① 王世杰：《民生主义与都市政策——在汉口市学术演讲会演讲辞》，《市政月刊》1930年第3卷第2号。
② [美] 埃弗里特·M. 罗吉斯、拉伯尔·J. 伯德格：《乡村社会变迁》，王晓毅、王地宁译，浙江人民出版社1988年版，第310页。
③ 陈赞祺：《都市的平民住宅问题》，载顾彭年《市行政选集》，商务印书馆1929年版，第188页。
④ 参见周隆基《苏俄的市政制度与城市计划》，《市政期刊》1934年第2期。
⑤ 汉如编译《美国近代教会的工作·近代城市的问题》，《兴华》1927年第24卷第45期。

这种畸形的膨胀实质上反映着社会生产关系的不合理，即资本主义生产关系自身无法解决的矛盾。

资本主义不仅仅只是一种意识形态，还是一种经济模式。这种意识形态的最高信仰就是利润，作为城市统治者的资产阶级其根本目的在于无限追求资本积累。为了利润可以不择手段，牺牲一切。这样一种意识形态、经济模式和城市市民要求社会和谐、环境健康的公共利益是存在尖锐的矛盾的。而且，随着19世纪末20世纪初工业化进程的扩大，资产阶级的统治力量日益扩张，这种矛盾也日益凸显出来。当代学者刘易斯·芒福德说过："就资本主义对城市的关系来说，它从一开始就是反历史的；随着资本主义力量在过去4个世纪内日趋巩固，它的破坏力也大大增加。人类在资本主义体系中没有一个位子，或者毋宁说，资本主义承认的只有贪婪、贪心、骄傲以及对金钱和权力的迷恋。"[1]"为了发展，资本主义准备破坏最完善的社会平衡。……新的经营思想也要摧毁一切阻碍城市发展的老的建筑物，拆掉游戏场地、菜园子、果园和村庄，不论这些地方是怎样有用，对城市本身的生存又是如何有益，它们都得为快速交通或经济利益而牺牲。"[2] 因此，资本主义统治下的一系列社会弊端在城市里就直接表现为诸多"城市病"。在近代中国，对城市文明的反思一直和对资本主义的反思和批判联系在一起，对城市病的救治方案也一直和对资本主义的防范联系在一起。民国已经有学者将这两个问题联系在了一起："都市社会，才是纯粹无杂分的资本主义社会，因而都市社会问题，就是从资本家商品经济引起的社会问题。"[3]"这与其说是都市人口集中的病态，毋宁说是整个资本主义制度的病态。"[4]

20世纪初，在中国文化精英的笔下，出现了大量的对于中国式"城市病"的揭露和反思，它涵盖在政治专著、报刊评论、文艺作品、政府通告等各种类型的文字中。但是，20世纪初的中国，与已经发展高度发达的工业文明国家有着本质区别，其"城市病"与欧美"城市病"也有着深刻的区别，许多欧美"城市病"在中国的那些学者的著作中并没有

---

[1] [美] 刘易斯·芒福德：《城市发展史：起源、演变和前景》，宋俊岭等译，中国建筑工业出版社2004年版，第430页。
[2] 同上书，第430页。
[3] 邱致中：《都市社会问题》，有志书屋1936年版，第5页。
[4] 同上书，第68页。

第四章 城市之痛:社会精英对中国"城市病"的思考

留下太多关注,最为典型的莫过于环境污染的问题。尽管有不少作家在诗意般的文字里留下了对田园风光逐步被那高耸入云的烟囱、嘈杂刺耳的机器声所破坏的无比惆怅,但是在那些严谨的市政学者和社会学家的著作里,却很少把环境污染当成一个主要问题来研究,这是因为当时的中国根本还没有真正进入一个以工业文明为基础的城市社会,环境污染在中国并不是一个主要的"城市病"。而有一些"城市病",尽管其表征与西方相同,其实它们在内涵上也有着根本区别。本章就透过时人的文字来看看他们对于中国特色的"城市病"的研究。

第二节　缺乏城市内涵的物质空间

　　从晚清到民国时期,市政建设在中国取得了不小的进步,特别是上海、北京、广州、天津、汉口等大城市。但是城市的发展在中国呈现不平衡状态,东南沿海的口岸城市明显要比北方和内地城市进步。"上海开辟商埠,只八十年,一切设施,多可为东方商埠之模范,较之内地苏州、南京、西安、开封、成都等都市,数千年来,仍如旧观,屋宇之狭隘、道路之崎岖,市政之不备,真有天渊之隔"①。宋介在《市政原理与方法》的译序里说:"号称中国首善的中国首都,却被世界称为粪窟,若就华盛顿等大城市之市政建设说,简直无法比较。把同样人类当作牛马来拉的胶皮车,在北京是塞满街巷,暗沟亦未设置,公私厕所即在地面,臭满街巷。"②南京的状况堪为内地大多数城市脏乱差等问题依旧严重之代表。1936年,有学者仍旧感叹:"我国各城市,街道狭窄,交通不便,屋宇卑劣,并乏窗牖,积垢满街,而不扫除,厕所纵横,尿粪狼藉,当天气溽热之时,污气蒸熏,疾病因之流行,其蔓延之速,如火燎原,势不能禁,市民死亡,不可胜数。因路政之不讲,当天雨之际,积潦遍地,寸步难行,及至黑夜,又无路灯之设,行人之不便,可胜言哉。"③即使是上海,"所谓繁盛之区者,不过租界地耳。一入华界,虽与租界接壤处,稍改旧观,而较远之区,犹不脱昔时农村社会之状态。此种畸形之发展,实为上海市

---

① 陆丹林:《上海开埠八十周年之感言》,载陆丹林《市政全书》第1编《论著》,中华全国道路建设协会1928年版,第130页。
② [美]孟洛:《市政原理与方法》,宋介译,商务印书馆1935年版。
③ 陈恺廷:《我国目前的几个市政问题》,《市政评论》1936年第4卷第3期。

最大之病象"①。

因此,在一些市政学者看来,许多城市只是徒具现代工商业城市之形,而无其内涵。如苏州"除阊门一带筑有马路,稍备新都市之雏形外,其城内,则街道之湫隘,率两车不能并执,建筑之形式,率都古代之遗留,且以河道纵横、拱桥满布,驴车人车,崎岖难行,行人尤感不便。苟期观古代都市文明者,一临苏州,当可得其大概"②,刘郁樱指出:"目前国内的大小市政,在表面观之,未始不足以壮观瞻,而耸人听闻。但细心观察,便马上可以看出它很多缺点,如像市区域之杂乱无章,建筑物之参差不齐,交通无规定,卫生无管理,以至于秩序毫无,紊乱不堪,喧嚣终日,腥臊遍地,此无他,无精神之改革,乏严密之管理。别的不说,单拿上海市来说罢,只要走到南市北市,其气象便和租界大不相同(其实租界内的管理也不能算满意),所最令人触目的,便是马路上的渣滓,遍地堆积,路旁的浊水,到处奔流,人行道上,小摊林立,店铺前面,桌椅横陈,商店的商招,遮天蔽日,广告标语,贴满街衢,甚至死猫死鼠,随弃街心,大便小便,满布街巷,真有举步难行,掩鼻而过之苦!全国著名的上海市是这样,我曾到过的南京、汉口、宜昌、北平、天津、杭州、厦门、成都、重庆等市,也是这样,安知全国其他的市政,又未尝不是这样?"③ 大多数中国城市,仍然像刘郁樱形容的重庆一样,"披上了资本主义的外衣,俨然成了一个新兴的都市,其实下细窥探,它只是虚有其表,好像讨口子穿着绸衣,脱不掉一个可怜的样子"④。通过中国与西方城市的对比,学者们不胜唏嘘:"我国各城市,对于市政稍加注意,举凡通商大埠,如上海、广州、天津、汉口等处,均有市政机关之创设,以谋市民之幸福,然究其实,亦只较胜于乡镇而已,若视诸欧美各城市,犹百不逮一也。"⑤ 怀抱种种城市规划理想的市政学者在现实中常常具有巨大的挫折感。

这些学者的不满其实反映出,中国城市由于对外国城市文明的片面模仿和过于注重马路表面的修饰工程,城市的排水、卫生、交通等关系民生

---

① 《上海市建设与复兴之计划》,载实业部中国经济年鉴编纂委员会《中国经济年鉴(1934—1936)》上册,商务印书馆1934年版,第A171页。
② 王一凡:《观西湖博览会暨考察苏杭甬市政报告》,《社会月刊》1929年第1卷第1期。
③ 刘郁樱:《谈市政管理》,《道路月刊》1930年第32卷第1期。
④ 刘郁樱:《在重庆城里》,《道路月刊》1932年第39卷第1期。
⑤ 陈恺廷:《我国目前的几个市政问题》,《市政评论》1936年第4卷第3期。

的实质问题并未得到解决,市政建设只停留在表面。在民国的精英看来,这主要是因为在市政建设的实践中,许多进步的理念都在不同程度上走样变形,最具代表性的是路政建设理念,常常发展为只重视修饰马路及其建筑物的形象工程,而忽视对人民生活更加具有实际意义的市政设施,由是而离市政建设的根本宗旨越来越远,导致民国建立后许多城市基础市政设施完全是虚有其表。杨哲明在20世纪20年代就批评民国的市政比之晚清居然倒退了:"北京已铺的道路,竟然有刀山马路的称呼。这是表明已铺的道路,还不如不铺的道路平坦可行。"[1]"吾人若欲以新态度和新眼光去观察北京的市政,那末是极不满意的,空设一个'门虽设而常关'的市政公所。他们对于城市计划不是莫名其妙,就是漠不关心,四城的马路,没有施用真正善良的筑路方法,仅仅敷成了一条马路罢了,他们又不讲究养路的法子,要看见破一处才去补一处,像这样不但交通上碍滞,就是观瞻上也不漂亮。……在他们总是拿着'事实上办不到'的一句官腔来搪塞人民的口吻。难道人民每年贡献政府这么多的钱,政府每年又要借钱千万万的外债。现在只要整顿几条马路,买几个润洒马路的喷水机,在马路上多点几盏电灯,这点小小花费就算办不到吗?"[2] 广州路政在30年代形式上日益发达,"然马路虽多,若求其路面宽阔整齐,而又非车辆冲繁地点,可供市民散步者,殊不多觏,实为美中不足"[3]。武汉"除了几条宽大马路高大房屋以外,其余尽是狭窄道路,低小房屋,不通空气,难受阳光,行人随地便溺,垃圾随地委弃,浮尸露馆,随处皆是,秽水横流,臭气四播,以致蚊子蝇孑,随处丛集"[4]。城市基础设施的落后,必然使得市民的生命财产饱受威胁。

第三节 两极分化的城市社会

"都市是两重世界:有的人,神经过分的麻醉;有的人,肉体过分的

---

[1] 杨哲明:《现代市政通论》,载《民国时期市政建设资料选编》第2册,国家图书馆文献缩微复制中心2009年版,第48页。
[2] 唐家伟:《北京城市观察记》,《道路月刊》1923年第6卷第2期。
[3] 《广州路政日臻美化》,《道路月刊》1933年第41卷。
[4] 《卫生局业务报告》,《武汉特别市市政月刊》1929年第1卷第2号。

疲劳"①。在马路、餐厅、跑马场、舞厅竞相出现在城市的街道上成为官员的政绩之时，城市内部却是令人触目惊心的两极分化。殷体扬揭示道："路上有惨声行乞的人，也有高坐汽车的人，有高楼大厦，也有贫民窟，有的人三餐都是山珍海味，有的人竟终日不得一饱，一个社会，俨然成为两种境界。"② 还有人更加尖锐地抨击道："几个畸形发展的大都市里，灯红酒绿，纸醉金迷，许多金钱可以浪费于片刻。但是一般民众，除少数荒唐的胆大妄为以外，大多数都不敢问津，不过以血汗之所得勉强寄生于繁华角落里罢了。真正恣情纵欲，奢侈享乐的是些财主、官僚、军阀、买办等，以及他们的家属。华美的服装、珍馐的食品、洋房、汽车，以及一切声色犬马的快乐，皆他们所享受。"③ 他已经非常鲜明地指出城市文明沦为只满足少数权贵阶层无穷贪婪欲望的畸形文明。对这个严重的社会现象的批判在思想家和文学家的著作中都得到了不同程度的反映。有作家描写道："在都市的背阳面，那是另外一个世界。在水泥钢骨的工厂里，大炮似的烟囱，一年四季吐着滚龙一般的黑烟，巨人似的机械，日夜作狮吼，永无止境的转动……一般机器间的劳动工人，春来也好，春去也好，他们只有出力，只有流汗……他们接受不了丝毫春的恩惠。"④ 刘呐鸥在《都市风景线》里也沉思："这些做着苦马的棕色的人们，和这辉煌的大商店里的商品成山的堆积，是表示着什么呢？这些车马的潮流，这些人头的泛滥？这个都市不是有了这些肮脏的棕色的人们才活着的吗？是的，他们是这都市的血液，他们驱使着全身使机械活动，使人们吃着东西，穿着东西，使这都市有寿命，有活力。这都市的一切都是出于他们的手里的，谁说这都市的全财产不是他们的呢。但是他们却不时都像牛马似的被人驱使。"⑤ 不仅若上海这样的现代化程度较高的都市如此，就是一些传统色彩较为浓厚的城市也呈现出惊人的两极分化，如30年代有一位实习生抱着崇敬的心态前往苏州进行社会调查，结果大失所望，他描述："朱门酒肉臭，路有冻死骨，余于苏州亲见之！因其富厚，交通王侯，力过吏势，以利相倾，余于苏州亲见之！画栋飞云，珠帘卷雨，富丽拟于王宫，余于

---

① 寒徽：《春来春去》，《平汉新生活》1934年第2期。
② 殷体扬：《城市中之救济事业》，《市政评论》1935年第3卷第13期。
③ 《令人哭笑不得的节约运动》，《都市与农村》1937年第23期。
④ 寒徽：《春来春去》，《平汉新生活》1934年第2期。
⑤ 刘呐鸥：《风景风景》，载《都市风景线》，中国文联出版社2004年版。

第四章 城市之痛：社会精英对中国"城市病"的思考

苏州亲见之！"[1]

两极分化的问题中，居住问题是学者们关注较多的一个焦点。近代中国工业生产尚不发达，城市文明也只在初步发展之中，原本不应该出现欧美城市那样的"贫民窟"问题。但是，学者们通过观察、调查，发现中国的城市也同样出现了贫民生活空间被严重挤占的问题。广州市建立后，海外侨胞多回国投资地产业，导致地价大涨，房租倍增，"广州市的市民，差不多房租的出支，还要合总收入五分之一，乃至三分之一的也有。房屋的建筑，还是不良，还是好几家合住，东山的住宅较好，到底非平民所得而住，多数人还是杂居密集极热闹的市区"[2]。20年代末，社会学家陶孟和通过对北平的社会调查发现："北平本无贫民窟，尚不见现代城市贫富区域对峙之显著现象，但近年以来，贫民在经济压迫之下，已逐渐移居于城厢及城内街道偏僻房屋破坏之区域矣。……内城贫民，介于富户住区与城墙之间，如富户区域，继续扩张，则彼等必被迫而迁居于城厢也。"[3] 而由于人口向城市的聚集，房地产商也趁着房屋拥挤、房租日增的机会进一步挤压下层劳工的生活空间，"资本家之操纵卖买，原地主之观望居奇，亦为造成屋荒原因之一"[4]。比如南京定都后，其房租最高达到10倍于建都前，平均水平也是以前的六七倍。[5] "稍穷住户，多不得不移住郊外，或城内破烂不堪之房屋。因此，企业家遂乘机在城内空旷污秽之区，建造长列之房屋，以为劳工阶级之住所。是种房屋，当然体裁狭小，构造脆弱，然若全部出租，实足以饱房主之私囊。"[6] "都市人口增加过快，所有房屋，不敷分配，每一小屋，常有十数人居住其间，彼此轮流值宿，日夜几不脱人，屋内空气混浊，有碍身体，且因人口过多，土地有限，建筑房屋，乃不得不向上发展，以减少地价之负担；更因屋内小室之辟分，阳光不易射入，乃不得不借用电炬，以减室内之黑暗"[7]。无独有偶，1920年时的蒋介石也曾饱受房东的压迫欺诈，当时的蒋介石，充满了对资本家的厌恶和对马克思主义的兴趣，是年12月9日，他在日记中

---

[1] 李若虚：《江苏省常熟县、湖北省大冶县实习调查日记》，1937年版，第62页。
[2] 方荻生：《市政与广州市》，《道路月刊》1933年第41卷第2号。
[3] 陶孟和：《北平生活费之分析》，商务印书馆2011年版，第24页。
[4] 吴文波：《救济京市屋荒刍议》，《南京社会特刊》1931年第1卷第2期。
[5] 参见楼桐孙《京市社会问题概论》，《南京社会特刊》1931年第1卷第1期。
[6] 陶孟和：《北平生活费之分析》，商务印书馆2011年版。
[7] 陆琢之：《近代都市之畸形发展》，《市政公报》1931年第385号。

写道:"晚,为房东朱子谦作恶不仁,心甚愤激,资本家之害人焉大矣哉!"22日又写道:"为富不仁,复欲害人,居心毒极!沪上商人行为卑陋至此者,见不一见。"①

根据陶孟和在20年代的调查,北平、上海工人住房平均每间要住三四人甚至更多,反而北平近郊乡民房屋最为宽敞,每间屋住不到1人。②可见,在城市里劳工阶级的生存空间确实过于狭窄,"在乡村里,即使房屋同样的壅塞,害处还不大,因为农夫们终年在田野中工作着,时常过着露天的生活。在城市里工人们时常被迫着拥挤于窄小的房里,却还要出很高的租金。"③"居住的过挤实在是中国的一个重大问题,而在类于上海的大都市尤为显著。上海的地价逐步飞涨,人口日见激增,劳工阶级很难得着适当的住处……一间房内住两家甚或两家以上并不罕见。这些人家往往七八口老少男女全都堆塞在120方英尺的小屋里。然而这还并不是工人住房的最劣等呢。许多低工资的劳工只能住在茅草竹竿所造的小棚里,住处既狭隘得不便转动,周围的环境复恶劣不堪"④。还有学者揭示了住房问题上存在的巨大不平等:"都市的精致的楼房,摩天的高阁非资产阶级不能享受,他们的住居可说是不会发生问题的,他们行必汽车,家有花园,草木,生活确无缺憾的。然而占都市十之八九的劳工阶级,他们以收入微薄之故,不能不在狭陋街巷内的破屋居住,面积细小,人口众多,日光空气之不足,真有晴不能蔽日,雨不能御风之境!"⑤狭窄的居住空间其条件必然十分恶劣,影响着居住者的健康,在这种环境下更无法产生高层次的精神文明。"他们住宅多半是湫隘污秽,不蔽风雨,不合卫生,而四邻喧嚣杂乱,简直寝食难安,这样的情形岂能说是人的生活吗?倘同欧美的劳工住宅比较,真是天堂地狱。试想他们的生活哪里有一点人的生趣,哪里有些微人的快乐?至于高尚的享受、精神的安慰,差不多自生到死都不曾领略过"⑥。

---

① 杨天石:《找寻真实的蒋介石——蒋介石日记解读》,山西出版集团、山西人民出版社2009年版,第20页。
② 参见陶孟和《中国劳工生活程度》,载陶孟和《北平生活费之分析》,商务印书馆2011年版,第160页。
③ 同上书,第159—160页。
④ 同上书,第161—162页。
⑤ 莫朝豪:《摩登都市计划的几个重要问题》,《工程学报》1933年第2期。
⑥ 《朱懋澄讲演改善中国劳工生活》,《山东工商公报》1929年第3期。

第四节　乡村化与工业化城市病的并存

近代的知识精英们在极力宣扬现代都市文化的同时,却发现,一方面,内地大多数城市中城市精神文化发展严重不足,城市被传统的乡村气息所笼罩;另一方面,有部分大城市却出现了工业文明发展到一定阶段时出现的机器对人的异化现象,他们对此产生了深深的忧虑之情和严肃的思考。

一　都市里的村庄

在许多知识分子看来,中国城市只是徒有城市外衣,而无城市内涵。之所以有这种认识,不仅是由于他们对城市基础设施落后的感觉,更是由于他们对现代城市的精神文化极其落后的察觉。城市文明作为一种现代文明,对于有着两千余年文化传统的老大中国,是一种崭新的文明。有着强大生命力和容纳力的旧传统在近代仍然主宰着整个社会,包括城市社会。城市的新风尚、新文明仅仅只是冰山露出海面的一角,旧传统才是海面下的整座冰山。胡适1918年回到上海,感叹"七年没见面的中国还是七年前的老相识"[1]。他形象地抒发了自己的感慨:"这个大舞台真正是中国的一个绝妙的缩本模型。你看这大舞台三个字岂不很新?外面的房屋岂不是洋房?里面的座位和戏台上的布景装潢又岂不是西洋新式?但是做戏的人都不过是赵如泉、沈韵秋、万盏灯、何家声、何金寿这些人。没有一个不是二十年前的旧古董。"[2] 他将中国城市比喻成一个旧村,痛切诘问:"村上的鸦片烟灯还有多少?村上的吗啡针害死了多少人?村上缠脚的女子还有多少?村上的学堂成个什么样子?村上的绅士今年卖选票得了多少钱?村上的神庙香火还是怎么兴旺?村上的医生断送了几百条人命?村上的煤矿工人每日只拿到五个铜子,你知道吗?村上多少女工被贫穷逼去卖淫,你知道吗?村上的工厂没有避火的铁梯,昨天火起,烧死了一百多人,你知道吗?村上的童养媳被婆婆打断了一条腿,村上的绅士逼他的女儿饿

---

[1]　胡适:《归国杂感》,载欧阳哲生《胡适文集》第2卷,北京大学出版社1998年版,第469页。

[2]　同上书,第469页。

死做烈女,你知道吗?"① 如果说,1918年还是市政运动尚未正式展开的时代,胡适有此感觉不足为奇。那么,到了20世纪30年代,还有学者看到了旧式陈规陋习仍然主宰着人们的生活,"家族制度和婚姻形式,依了时代地方的不同而异其共同之点,尤其在我们中国几千年以来根深蒂固的野蛮式买卖式的婚姻为其特色,虽经现代青年人的觉悟,起来反抗,可于普通人的一般心理,仍是墨守成章的,麻痹在这野蛮式的婚姻制度之下,已成了不可动摇的状态了。……不特如此,每次结婚费用,动辄数千,日趋奢侈,……此种不特于个人经济发生影响,而于社会经济情形亦有莫大关系"②。青岛市民"逢婚丧等事,犹用肃静回避之牌、龙凤五色之旗,以及种种专制政治下之色彩。使观者迷目腐心,非革新时代应有之现象"③。有人发现,中国城市的生产事业长期不发达的致命伤也和当时社会组织的基础——大家族制和遗产制密切相关。沈怡就认为:"我国旧有的家庭制度,是以合家聚居为一件最有美德的事。……一班家居的子弟,荒惰了,不事生产了,养成他那百分之百的依赖性"④。城市里生之者寡、食之者众现象的形成,更可以说明当时的中国城市大多没有真正成为集工商文教于一身的现代城市。

和牢不可破的旧文化习俗相对应的就是不少城市市民仍然保持着农业社会生活习惯,由此也影响到城市景观仍然存留着较大的农村气息,甚至包括像南京这样的大城市,也是长期如此:"只就南京城厢以内而言,尤其是城北一带,在首都南迁以前,与其说它叫都市,毋宁叫它做农村。我们只就十年以前的事实来说吧,不仅在此特殊社会之中的居民很多以市民的资格而实际经营农业,过农民的生活,不自知其有市民;就是各处公立私立农业试验场,也绝未想到南京是个都市而无虑地在南京城内设立。"⑤有人如是形容:"初到南京的人,看看城内青山绿水、阡陌纵横,从稻、麦、棉、豆,以至果树园疏等特用或普通作物,没有一样不有,大家也诧异到偌大一个古都,何以竟是农村气象,从而'故宫禾黍'的观感,时

---

① 胡适:《非个人主义的新生活》,载欧阳哲生《胡适文集》第2卷,北京大学出版社1998年版,第572页。
② 王晋伯:《上海市举办集团结婚之商榷》,《市政评论》1935年第3卷第8期。
③ 《青岛特别市社会局十八年度第一期行政计划纲要》,《青岛社会》1929年第1期。
④ 沈怡:《改革城市观》,《同济杂志》1921年第1卷第3号。
⑤ 梁克西:《从农村社会谈到京市农业问题》,《南京社会特刊》1931年第1卷第2期。

在骚人词客的笔头上表现出来。"①

有识者意识到，这种生活习惯对城市的发展是有着明显阻碍作用的，最直接的负面影响就是城市人长期都难以在思想深处建立起"城市"和"市民"的观念。苏州市政府于1929年1月成立时，市政计划非常详细而实行者少，当时的代秘书长分析原因："市民对市府，有两种心理，其稍明市制者，以为'市政府成立以后，将苏州加以整理，成为近代的都市，各种税捐，随之增加，市民负担，日益加重，且因都市文明发达之结果，生活程度亦日增高，影响于人民生计，尤为重大，故对于苏州设市，颇怀反对之意。'其下焉者，则以'生长于富庶之苏州，在自给自足现状之下，已感满足，本不知有近代都市建设，因而不知市政府为何物，指为骈指机关，不加信任。'"② 城市尚且如此，郊区农民更是难以具备现代城市意识和市民意识，最终导致他们连现代的国家观念都难以形成，这就更让企图以市政建设实现建立现代民族国家政治目标的学者难以忍受。有人曾自述经历："我前天率领一部分学生到苏州娄门城外附廓地方去讲演和化装表演，听众大多是乡民，讲演的人说的筋疲力尽，而听众仍是不懂。你和他讲'中国'、'日本'、'沈阳'、'万宝山'，他们脑子里一些影像也没有。他们只知道我们的村庄，他们的父母兄弟姊妹亲戚不知什么叫'国'，也不知什么叫'中国'，更不知道什么是'日本'了。我曾经问一个妇人道：'你是哪里人？'她道：'我是娄门人。'我再问：'你晓得你是苏州人吗？'她摇头说：'不晓得。'你想她连自己是苏州人都不知道，哪里会知道她是中国人呢。"③ 陆丹林游览了苏州后也对市民们的拖沓沉闷气象发出感叹："民族的精神和社会的秩序，在公共处所最容易表现的，车中乘客们，无论男的女的，老的少的，江北的土老，长衫的商人，旗袍的妇女，西装的青年，戎装的武士，多是暮气沉沉，奄奄欲睡，打盹呵气，和吸烟吃物，精神没有一点紧张气象，这样的国民，又怎能怪外人说我们是'东亚病夫'呢？"④ 针对类似种种事实，有人严肃说道："现在训政时期，以唤起民众，开通民智为要务，我国人民妇孺，智识闭塞，不但无国家思想，至于国家之危亡，民生困苦，亦不知由何而来。救国之

---

① 梁克西：《从农村社会谈到京市农业问题》，《南京社会特刊》1931年第1卷第2期。
② 王一凡：《观西湖博览会暨考察苏杭甬市政报告》，《社会月刊》1929年第1卷第1期。
③ 黄敬思：《救国的成人教育征学制》，《民声周报》1931年第6期。
④ 刘郁樱、蒋蓉：《吴门秋展》，《道路月刊》1929年第32卷第1号。

主义，种种之建设，均所未闻，何况主人翁耶？"①

市民意识缺乏，便对自己生活的这座城市难以产生责任感，这最直接表现在一个市民的社会公德心上。1928年，南京工务局长陈扬杰形容南京市道路狭窄崎岖，房屋参差，空气污浊，秦淮河被严重污染，有如沟渠。他指出市民要负很大的责任。道路狭窄，是因为"居民任意侵占，官厅既不加限制，市民自己亦不检点"。卫生方面，"各家但求垃圾放在门前，堆积日多，久久阴沟自然闭塞"②。20世纪30年代的长沙常有市民和清道夫将煤灰垃圾随意倾倒在人行道上，不仅影响了市容整洁，而且极大有害市民健康，"以环城马路一带积屑，随地皆是。数月以来，经派汽车转运，人行道上略见肃清，乃竟有无知市民等，随地倾倒，实属不顾公益"③。开封市在20世纪30年代路政虽有明显进步，但"尘土并未减少，且两旁的摊贩，尚随意摆设。他如较小的街巷，还未脱'三不'——电灯不明，电话不灵，马路不平——的旧态，浊水遍地，垃圾满街，炎夏之交，臭气熏人。而本市的一般商民及住户，每届夏季，辄赤身裸体，露宿于街头便道上，杂乱无章，莫此为甚！且各种车辆及行人，盲人瞎马般的在马路上直冲乱闯，或在路旁停置观望，因之常发生人命事件"④。市民素质的高低直接关系着一个国家和民族的形象。董修甲面对中国市政不振的现状，曾不无担忧地说："查我国各省城市之不合卫生，乡间之诸不方便，竟使我国成为欧洲中世纪之野蛮国家，又何怪乎外人之轻视我乎？上海租界各公园，前禁华人入游，未始非以我仍为古人，不思享今世之快乐也。"⑤ 创建于美国的长城画片公司1924年迁回上海时声称："每见外人将我国民劣事恶习，在银幕上仿就，影遍全球，贻羞万古，至外人以堂堂文化最高最古之中华，目为未开化野蛮人之巢穴，耻孰甚焉？"⑥ 20世纪30年代有作家尖锐地批评上海："有些外国人原是同情于中国的，但他们每天在电车里，公共汽车里、街道上，以及其他一切公共场所，看见那些中国人上下车亡命地争夺，动不动随地吐痰，有时还要抢掉人家让与老年

---

① 刘瑞泉：《公安局各署宜招集街长作纪念周之我见》，《市政月刊》1928年第1期。
② 陈扬杰演讲：《建设首都市政的我见》，《市政公报》1928年第12期。
③ 《半月来市政纪要·工务事项》，《长沙市政半月刊》1933年第24期。
④ 爱棠：《开封市公共卫生鸟瞰》，《市政评论》1935年第3卷第7期。
⑤ 董修甲：《田园新市与我国市政》，载陆丹林《市政全书》第1编《论著》，中华全国道路建设协会1928年版，第196页。
⑥ 《长城画片公司来函》，《道路月刊》1924年第11卷第2、3合期。

人或妇女的座位,逢到高兴,还要擅取或损坏公共所有的物品。这些恶劣的现象,他们看到之后,怎会不引起厌恶之心呢?他们对于中国民族所抱的同情心,更有谁能保证他们不因此而改变呢?"① 许多学者力图唤醒市民的自主意识,如臧启芳提醒市民:"改进社会之责,非政府所专任,乃某一社会,即某一社会人民之责任,人民须与政府合作,则方有良善社会实现之可能。"②

这种落后的道德素质自然也阻碍了许多市政事业的进行。有人回忆道:"民十四我在武昌,那里电灯的昏暗,殆有甚于今日老朽的北平。问其原因是电灯公司卖两千盏灯的电,而偷电的倒有四千盏之多,所以大家只好住在黑暗的世界里!据说那电灯公司还是日本人办的,若是中国人根本就办不起来。"③"前几年大家组织自来水公司,款子招集的差不多了,而主办的人挟款而逃。从此就没有人肯投资了。所以大家命定的得吃假江水,浅井水,甚至泥塘的水!你看,这种民族的德性,可是创造新国家的要素?"④

市民公德心的缺乏反映出,尽管城市文明正在孕育发展,许多人已经生活在了城市之中,成为城市人,却毫无现代文明的公民意识和习惯,一种生活方式的改变往往需要几十年甚至几百年的时间,不是短期内可以看见成效的。当时的学者对此也不无深刻洞见:"我国因系农业国家,国人的生活思想,便侧重在保守的家庭的方面。自己的家中知道整理得清楚好看,大门外的一切却就不管了。这种生活状态在农业时代自然可以勉强过去。都是近代产业的发达,将农产变为了都市时,保守的家庭的思想生活便不得不跟改变而注意到整个的都市的一切。"⑤ 胡适对中国的市政深感失望,他明确指出中国市政的失败就是因为农村生活习惯的力量太大,使得城市文明虚有其表。"我们的大城市的大政上的失败有一个根本的原因,就是我们虽住在城市里,至今还不曾脱离农村生活的习惯。……我们若不能放弃乡间生活的习惯,就不配住城市,就不配做城市的市民,更不

---

① 瘦鸥:《家庭教育和公德心》,《永安月刊》1939年第4期。
② 臧启芳:《复刊辞》,《社会月刊》1931年复刊号。
③ 杨振声:《也谈谈教育问题》,《独立评论》1932年第26号。
④ 同上。
⑤ 徐蔚南:《〈现代市政通论〉序》,载《现代市政通论》,第1页。

配办市政。"①

当然，很多学者也同样意识到，市民文化素质的低下不可完全归咎于市民自己，很大程度上要归咎于城市规划者和执政者对下层市民的忽视，"只就社会文化费而论，上海工人家庭每年平均教育费，只七角七分，平均娱乐费只一元，所以，上海工人的杂费只足以维持必需消费，社会文化需用实在过于不足"②。他们极力呼吁城市的执政者也要较多地关注下层市民的文化生活，"工人整日工作，身体既极疲劳，精神亦复烦闷。若无休养的时间与场所，以资舒展，必至日就颓废，况处此恶劣环境，工人应享受的人生乐趣，既被剥夺，而赌博冶游，又在在足以伤身败德。救济之策，唯有娱乐教育，唯有娱乐设备"③。

城市化的核心，是人口的城市化，而人口城市化除了人口从农村向城市的空间转移以外，更重要的是人的身份的整体转变。"人口城市化是农民向市民身份的转换过程，是农村人口在经济、社会、价值观和行为等各方面从传统农业社会向现代城市社会过渡和转换的过程。只有当农村人口迁入城市后，达到较高的知识水平、技术水平、财富水平、能力水平和观念水平，拥有了固定工作、收入及稳定的社会地位，在就业、教育、医疗、住房和社保等方面与城市市民享受相同的福利待遇，实现了从较低生存水平向较高生活水平和文明程度的根本转化，人口城市化才达到了'质'的目标"④。近代中国农村衰败，农村人口纷纷涌向城市，而发展程度有限的城市无法为他们提供合理的生活空间，也由于城市的执政者对他们的忽视，他们无法在城市中得到归属感，难以完成由乡民向市民的转化，其思想意识深处仍然是乡村意识，其生活方式仍然是乡村社会似的生活方式，现代城市仍然被乡村文明的汪洋大海所包围，城市文明相对于广大的乡村文明而言，只是一座孤岛，城市文明也实际上被乡村文明的习俗、观念所支配，城市事实上沦为"都市里的村庄"。"乡村—城市的二分法并不存在，相反，在这些城市亚文化中却存在着乡村传统延续的宽广

---

① 胡适：《〈市政制度序〉》，载欧阳哲生《胡适文集》第4卷，北京大学出版社1998年版，第648页。
② 陶孟和：《中国劳工生活程度》，载陶孟和《北平生活费之分析》，商务印书馆2011年版，第164—165页。
③ 《职工俱乐部计划大纲》，《山东工商公报》1929年第1期。
④ 赵峥：《中国城市化与金融支持》，商务印书馆2011年版，第86页。

领域。乡村的制度、价值观和行为模式被维持着,或者经过了改造以适应城市环境的特定要求。社会组织和互助网络继续在城市场景中发挥功用"①。民国学者对当时城市市民生存状况和思想意识状况的描述正是反映出了这样一个事实。

二 人的异化

文明的进步使人类社会分裂为城市和乡村两个世界,城市内部又由于技术的进步分成不同生产部门,分工的发展既是社会生产力进步的标志,同时又把"每个人的活动变成一种非常简单的、老一套的机械的操作"②。马克思说过:"现代社会内部分工的特点,在于它产生了特长和专业,同时也产生职业的痴呆"③。工商业文明本来是人创造以实现自我价值的工具,但最后人反而被自己的创造物所控制。这便是工业文明下的"异化"现象。中国近代的知识精英一方面在揭示着城市人还停留在乡村文明的文化层次,另一方面又发现现代文明导致的"异化"现象也已经在现代化发展较快的部分城市中出现。

梁启超早在1902年就已经在思考城市里人的异化问题了:"近世之文明国,皆以人为机器,且以人为机器之奴隶者也。以分业之至精至纤,凡工人之在工场者,可以数十年立定于尺许之地而寸步不移。其所执之业,或寸许之金,或寸许之木⋯⋯此寸金、寸木以外,他非所知、非所闻也。⋯⋯以是之故,非徒富者愈富,贫者愈贫而已,抑且智者愈智、愚者愈愚。⋯⋯呜呼! 何其与平等之理想太相远耶! ⋯⋯呜呼! 天下之大势,竟滔滔日近于专制。"④ 在这里,梁启超已经认识到,在工业社会里,奴役已成为一个普遍现象,它和资产阶级在城市革命时宣称的"自由、平等、博爱"相差得实在太远。人们即使通过法制肯定了"人权""民主"等原则,可是却还要遭受机器的奴役、专业和分工的奴役。城市和乡村的不同在于,城市是人工的,乡村是天然的。尤其随着现代工业的兴

---

① [美]布赖恩·贝利:《比较城市化》,顾朝林等译,商务印书馆2010年版,第94页。
② 恩格斯:《共产主义原理》,载《马克思恩格斯选集》第1卷,人民出版社1975年版,第211页。
③ [德]马克思:《政治经济学的形而上学》,载《马克思恩格斯选集》第1卷,人民出版社1975年版,第135页。
④ 梁启超:《新大陆游记》,载张品兴主编《梁启超全集》第2卷,北京出版社1999年版,第1145页。

起，城市里充斥着现代机器，城市的物品大多是机器制造的，人们目之所见、耳之所闻、手之所触，无非机器产品，城市本身成为一座大机器。民国时期也有学者注意到了这个问题："机械的万能的支配下的城市，目所见的，耳所闻的，全为机械的影像和音调，衣食各物直接间接也仰给予机械的操作。更因对自然的景物地区，非但不加整理反而破坏殆尽，于是都市的生活可称之为机械的描画，多反自然的状态。"① 茅盾在《机械的颂赞》里说："现代人是时时处处和机械发生关系的。都市里的人们生活在'速'和'力'的漩涡中，一旦机械突然停止，都市人的生活便简直没有法子继续。"② 在城市这个庞然巨物面前，人自身也沦为一个机器，甚至只是机器里的一枚螺丝。城市就是将这些机器和工具集中在一起进行加工、生产的一个大工厂，在这个大工厂里，人的个性被扼杀了，知识的尊严也被扼杀了，一切都被工具理性所统治。都市物质文明对人性的压抑在民国时期的新感觉派小说里得到了十分感性生动的表现，刘呐鸥的小说里就描述了工具性对人性的取代：

> 密斯脱 Y 每天早上是九点半出来。到办公室是十点缺一刻。可是真地忙着事务却是从十点半起一直到正午。这中间室内的人们都是被缄了口一般地把头埋没在数字中。除了有节律的打字机和算盘的合奏，和猛醒的电话，呼铃声之外，简直听不出什么别的东西。电报和纸类由仆欧的手里在各写字台间飞行着。时常也有人由问讯处领进碧眼的洋先生和胖子的中国人来。但是这些人的谈话都不过五分钟就完的，他们走了之后室里便仍旧奏起被打断了的紧张进行曲。从没有人表示丝毫疲乏的神色，只把上半身钉住在台子上，拼命地干着神经和笔尖的联合作用。因为他们已经跟这怪物似的 C 大房子的近代空气合化了，"忙"便是他们唯一的快乐。③

在这种紧张繁忙的快节奏生活里，不停地为事务忙碌成为人每天生活的主要内容。在这些现代事务里沉浸得久了，当人面对正常生活时，思维

---

① 莫朝豪：《摩登都市计划的几个重要问题》，《工程学报》1933 年第 2 期。
② 茅盾：《机械的颂赞》，载《茅盾全集》第 19 卷，人民文学出版社 1991 年版，第 401 页。
③ 刘呐鸥：《方程式》，载《都市风景线》，中国文联出版社 2004 年版，第 157—158 页。

也难以抽离出来,刘呐鸥笔下的密斯脱 Y "差不多是个为青菜而狂喜,看见了青叶才机械地扫清脑里的数目观念的人物"①。这里揭示的其实就是一个城市社会分工对人的异化问题。人的物化,是民国时期海派文学的重要主题。有研究者论述海派小说的特点:"城市既是人物的活动环境,也是小说的主人公,他们和作家笔下的人物一样有自己的姿态和情感;而人在城中,沾染了城市的物质思维模式和冷漠的情感,成为了都市的产物,物质的奴隶。"② 在现代城市里,人和机器到底谁才是真正的主宰?这已经成为一部分知识分子考虑的问题。不过,有必要指出,在近代中国,"异化"的问题主要是出现在文学家的笔下,最典型的就是以新感觉派为代表的海派作家,而在市政学者、社会学者、经济学家们的著作里却甚少谈及这个问题。这一现象首先说明了中国城市发展程度的不平衡特点。因为"人的异化"现象是一个资本主义文明发展到一定程度上出现的社会问题,当时中国的上海较于内地大多城市,其城市资本主义文明程度遥遥领先,因此在海派作家中较多地触及了此类问题。其次,这更是说明了中国城市化发展程度还非常之低,因此理性的专业学者大多未将异化问题作为一个社会问题来进行专门研究,他们思考的仍然主要是如何发展城市工业、建立城市文明、处理城乡关系等问题。作家们是以其文学感性来认知世界的,尤其在上海这座花花世界,"感性"的力量更容易张扬释放,他们对"异化"问题也就自然格外敏感。

第五节　畸形的消费文化

"莫道都市无春色,都市春光特别多"③。这是 20 世纪 30 年代一位作家在文章里形容中国都市里充满了纸醉金迷、光怪陆离的"人工春"。市民道德文化素质低下,这个严重问题,引起了许多人关注。有日本人评价:"支那之富人,不好文艺,不热心宗教,且无向上之心,专求肉体之快乐主义⋯⋯支那人非勤俭贮蓄之人,实浪费之人也。"④ 20 年代,日本

---

① 刘呐鸥:《方程式》,载《都市风景线》,中国文联出版社 2004 年版,第 160 页。
② 何爽:《"回不去的家":30 年代京派海派文学的"还乡情结"》,硕士学位论文,吉林大学,2011 年,第 10 页。
③ 寒徽:《春来春去》,《平汉新生活》1934 年第 2 期。
④ 岸根佶:《支那财政观》,《民国经济杂志》1912 年第 2 期。

作家芥川龙之介游览上海时，对上海人作出了如下评价："看来在这些人当中，没准儿混着个把《金瓶梅》中的陈敬济或是《品花宝鉴》中溪十一那样的好汉。可那些人群中几乎看不见杜甫、岳飞、王阳明、诸葛亮之类的人物。换句话说，现代中国已非我们时人在中国古代诗文中认识的中国，而是中国古代小说中展现的世界。这是一个猥亵的、残酷的、贪婪的世界。而今钟情于陶瓷凉亭水榭、池中睡莲或刺绣小鸟的、廉价的东方主义，在西方也渐趋式微。"① 如果从积极的角度去理解芥川龙之介的描述，这反映了上海城市文化是一种逐步脱离了传统士大夫文化的世俗文化，体现了其文化的市民性、大众性。芥川龙之介本人是一个极其热爱中国传统文化的日本作家，当他带着寻找中国古代文化的企图来打量上海这座工商业城市时，自然不免失望。从消极的角度去理解，上海的城市文化还停留在一种比较低级的层次，整座城市缺乏文化内涵，中国传统文化更是在这里遭遇断裂。对以上海为代表的主要商埠城市的精神文化批判，其实几乎呈现在当时的所有市政学者、人文学者、社会学者和文学家，包括政界精英的字里行间。因为，当时在中国城市文明中起主导作用的是商埠城市，它们规模大、发展迅速，掌握着比较先进的生产技术和经营方式，在国民经济发展中处于重要地位。同时，这些城市受外国资本和本国官僚资本的控制和操纵，是帝国主义和官僚资产阶级盘踞的据点，亦是左右全国经济的中心。②

早在1899年，梁启超就已经着重阐述了城市精神文明的重要性，他认为："求形质之文明易，求精神之文明难。""真文明者，只有精神而已。"③ 当年他游历上海和香港时，已经发现了当地城市文明只重物质而轻视文化的弊病。在他看来，这绝不能算真正的文明，"目悬金圈之镜，手持淡巴之卷，昼承四轮之马车，夕唉长桌之华宴，如此者可谓之文明乎？决不可。陆有石室，川有铁桥，海有轮舟，竭国力以购军舰，浚民财以效洋操，如此者可谓之文明乎？决不可。何也？皆其形质也，非其精神也。求文明而从形质入，如行死港，处处遇窒碍，而更无他路可以别通，

---

① [日] 芥川龙之介：《中国游记》，陈生保等译，北京出版社出版集团、北京十月文艺出版社2006年版，第21页。

② 参见朱铁臻《城市现代化研究》，红旗出版社2002年版，第216页。

③ 梁启超：《国民十大元气论》，载张品兴主编《梁启超全集》第1卷，北京出版社1999年版，第267页。

其势必不能达其目的，至尽弃其前功而后已。求文明而从精神入，如导大川，一清其源，则千里直泻，沛然莫之能御也。所谓精神者何？即国民之元气是矣"①。20世纪二三十年代，市政学者也说道："事事落后的中国，要求实业文化之振兴，自然非从市政建设入手不可，据本会最近之调查，全国各都市之成立市政府及市政筹办处者，已有五十余处，至于实施改革，如交通之整理，房屋之改造等等，实已有相当的成效。不过这是属于物质方面的，属于精神方面的，尚没有几多人注意。这是因为物质的改进较易，精神的改革较难。但是他的力量和影响所及，却非常的大，大部的改造事业，几乎都要为他的势力所左右，每见无机的物质，常受有机的精神所支配。假如单看重于物质的建设，是不足把市政促进到充分所达的完美之境。"②

学者们看到了物质文化发展而精神文化堕落的城市化必然是虚有其表、难以长久的，上海成为文人学者批判最多的城市。"晚近国人外惑于欧美之物质文明，以内感于生活之不安定，人心浇薄，滔滔日下，不务远大，徒事浮靡，奢靡之风，波荡全国，而以上海为万恶之渊薮"③。芥川龙之介来到中国时，章太炎曾对他说上海的西洋化有一种"不合时宜、过分花哨"的感觉。④刘郁樱游览了上海租界后，对当时中国的第一大都市发出了不满之声："上海的租界，在表面上物质方面观察，确实可以媲美西欧，堂皇富丽；然而在内容上精神方面分析，那就令人不堪设想了。你看，那些杀人越货、绑票勒赎、拦路抢劫、大偷小窃，以及引诱成奸、拐逃妇女、轧姘头、开房间，随在皆是。而娼妓淫娃，充满了大街小巷……其他类似的淫窟有按摩院、跳舞场、咖啡馆、游戏场……真是书不胜书！……至于鸦片红丸、吗啡毒药的进口，每年真是不计其数……更有跑马、跑狗、大轮盘、自由车、回力球、花令彩票、麻雀牌九的大小赌博，这一切的一切，便是所谓今日的上海的特色，这样看来真是一个海淫海盗的黑暗社会，藏垢纳污的万恶渊薮！这种市政，是我中国所不需要的

---

① 梁启超：《国民十大元气论》，载张品兴主编《梁启超全集》第1卷，北京出版社1999年版，第267页。
② 刘郁樱：《谈市政管理》，《道路月刊》1930年第32卷第1号。
③ 曹伯闻：《湖南之病态与强心剂》，《市民日报周年纪念特刊》1931年版。
④ 参见［日］芥川龙之介《中国游记》，陈生保等译，北京出版社出版集团、北京十月文艺出版社2006年版，第37页。

啊!"① 郭沫若形容上海"游闲的尸,淫嚣的肉,长的男袍,短的女袖,满目都是骸髅,满街都是灵框"②。郁达夫直接将上海称为"魔都"。③ 20世纪30年代有一位学者较为详细地表达了对上海文化事业的失望:"它几乎做了全国一切新事业的领导,今后全国一切一切的开发,都不能不看上海的本身是否健全。……上海有不少的大学,但内容大体都不充实;上海也渐渐有若干研究学术的机关,但都还在萌芽时代;上海的出版界,素来是执着全国出版事业的牛耳,可是自从商务印书馆暂时停业以来,便几乎有钱买不着书;而尤其笑话的,便是上海到现在还没有一个大规模的适于一般人阅览的图书馆。"④ 茅盾在他的小说里的一段叙述似乎更为明确地表达了上海城市文化的缺陷:"当然是文明的都市,但是太市侩气,人家又说是文化的中心。不错,大报馆、大书坊,还有无数的大学,都在这里。但这些就是文化么?一百个不相信!这些还不是代表了大洋钱小角子!拜金主义就是上海的文化。……上海人所崇拜的就是利,而且是不用自己费力的渔翁之利!"⑤ 在这些指责里尽管不乏偏颇之处,但这些批评确实都反映了一个问题:以上海为代表的大城市在学习西方城市文明的时候,并没有真正学习到别人的精髓,反而首先学习了国外文化中一些落后的因素,尤其是忽视了外国文明的精神内核,而只关注了表面上的物质文明的繁华,这种片面的学习导致城市文明停留在低层次水平。正如有人所指责"适见其袭欧美之皮毛,陈舶来之糟粕,凡模仿所得,只陷于浅薄的、形式的欧化,而完全泯灭吾国固有之文化与精神"⑥。

上海、汉口等城市作为当时中国最繁华的都市,作为现代文明向内地传播的根据地,其城市文化对全国都具有一种辐射性、带动性。海派作家苏汶当年为海派作风辩护时就说:"有人以为所谓'上海气'也者,仅仅是'都市气'的别称,那么我相信,机械文化的迅速的传布,是不久就

---

① 刘郁樱:《参观上海市展以后的感想》,《道路月刊》1929年第32卷第1号。
② 郭沫若:《上海印象》,载郭沫若著作编辑出版委员会:《郭沫若全集·文学编》第1卷,人民文学出版社1982年版,第162页。
③ 参见郁达夫《海上——自传之八》,载《郁达夫文集》第4卷,花城出版社、三联书店香港分店1982年版,第27页。
④ 仲平:《建设"上海图书馆"运动》,《民声周报》1932年第26期。
⑤ 茅盾:《虹》,四川人民出版社1981年版,第173页。
⑥ 曹伯闻:《湖南之病态与强心剂》,《市民日报周年纪念特刊》1931年版。

会把这种气息带到最讨厌它的人们所居留着的地方去的。"① 它们的这种文化风气直接影响了广大内地,乃至乡村世界。当然,首先受其影响的是距离其最近的那些城镇村庄。有一位来自青浦的作家称自己的故乡已经沦为没有灵魂的小城,这就是因为"离开东方大都的上海太近了的缘故……整个小城市的一切习气,全给大都市的骄奢淫逸所同化了"②。20世纪30年代,有人警告:"今日奢靡之风习,已由都市中蔓延至乡村中,例如香烟,乡村中几亦无人不吸,婚丧应酬,乡村中亦颇多极尽奢侈之能事。欲纠正此种奢靡之习惯,本人以为必先从城市中人民做起。"③

客观而言,形成于商业社会的大众文化的一个重要特点就是消费性。这种消费文化在一定程度上反映了大众阶层的文化需求,冲击了传统士大夫阶层的审美观和伦理观,瓦解了宗法社会的等级秩序。威廉斯曾对"大众文化"进行了五种定义,其中第一种定义是不登大雅之堂的、有意迎合大众、大众自己创造的文化;第四种定义是人民的文化。④ 在近代一些学者笔下所反映出的城市消费生活也在一定程度上具有这种特点。那么,民国时期中国主要城市里这股追求享受、崇尚消费的文化风气的主流是否能够代表大众呢?它是否是人民大众自己创造的呢?据民国时人统计,1933年,香水脂粉进口达250余万元,均大都消耗于上海妇女身上。1934年5月统计,该年前5个月妇女所有进口化妆品就已达1113477元。⑤ 此一事实足见当时的消费多是有钱人的奢侈消费,而无关乎下层人民的衣食需求。20世纪初汉口的西化中心——三教街就是这种典型的文化地带,在那里,"只要你的衣袋麦克麦克的话,三教街的白俄、犹太人,甚至盎格逻撒逊的绅士,他们会在这只有制面纺纱低劣工业区的汉口,为我们高等同胞搜罗全球驰名的最高贵最华丽的衣食住行的一切"⑥。金慕陶也指出,带动城市奢靡之风的正是那些不事生产的权势阶层:"是大商人、大地主、军阀、官僚、土豪劣绅……这些人有的是钱……不过因为他们无度的挥霍,造成了社会上奢侈的风气,使一般中等资产的人甚至

---

① 苏汶:《文人在上海》,《现代》1933年第4卷第2期。
② 怀疑:《没有灵魂的小城》,《生活星期刊》1936年第1卷第22号。
③ 《京市本年施政方针》,《市政评论》1935年第3卷第6期。
④ 参见包亚明《现代性与都市文化理论》,上海社会科学院出版社2008年版,第230页。
⑤ 参见记者《国际贸易输入量之减少原因》,《中华实业商报》1934年第3期。
⑥ 寒徽:《三教街的透视》,《平汉新生活》1934年第7期。

于无产的人,也受了这种风气的渲染与吸引,而挣扎着去效尤。"① 文学家也在文学作品里表达了自己对这种现状的忧患之情。丰子恺1936年游西湖,发现到西湖的大多是贪图安逸的富绅、公子、小姐,他感叹:"我在这里看见了世纪末的痼疾的影迹,十九世纪末的颓废主义的精神,得了近代科学与物质文明的助力,在所谓文明人之间长养了一种贪闲好逸的风习。起居饮食器用什物,处处力求便利;名曰增加工作效率,暗中难免汩没了耐劳习苦的美德,而助长了贪闲好逸的恶习。"②

在那种专门发展消费品工业以满足权贵阶层和外国人需要的经济背景下,城市里形成了一股不以生产为己任,专以享乐消费为能事的贪图享受、崇尚奢靡的文化潮流,导致城市精神文化生活日益堕落。戴季陶说:"都市道德堕落之原因,竞争剧烈,由于生活艰难,而生活所以艰难,则在奢侈。"③ 郁达夫描述城市里的娼妓现象:"国民经济破产,是全国到处都一样的事实;而这些妇女子们,又大半是不生产的中流以下的阶级。衣食不足,礼义廉耻之凋伤,原是自然的结果,故而在福州住不上几日,就时时有暗娼流行的风说,传到耳边上来。都市集中人口以后,这实在也是一种不可避免而急待解决的社会大问题。"④ 章士钊说:"今吾之号为创巨痛深,亟须克治者,非吾已成为工业国而受其事之故,乃吾未成为工业国而先爱其习之毒之故……吾之工商业之所成就,至为浅薄,坐见农业不兴、国产日耗,淫巧溢于都市,机变中于人心。"⑤ 在这样一种生产极不发达,拜金主义、消费主义却仍然大行其道的时代,市民的沦落成为当时的一个重要社会现象。郁达夫说大上海"性的启发,灵肉的交哄"使他把持不住。⑥ 在这种情况下,城市问题丛生,必然被许多人视为罪恶的渊薮,"马路是一条条的加多了,洋房是一座座的修高了,华洋百货商店是

---

① 金慕陶:《谁应当节约》,《都市与农村》1935年创刊号。
② 丰子恺:《西湖船》,载钱理群编《乡风市声》,复旦大学出版社2005年版,第85页。
③ 戴季陶:《都市罪恶论》,载唐文权、桑兵《戴季陶文集(1909—1920)》,华中师范大学出版社1990年版,第418页。
④ 郁达夫:《饮食男女在福州》,载钱理群编《乡风市声》,复旦大学出版社2005年版,第94页。
⑤ 章士钊:《业治与农》,载罗荣渠《西化与现代化》,北京大学出版社1990年版,第682页。
⑥ 郁达夫:《海上——自传之八》,载《郁达夫文集》第4卷,花城出版社、三联书店香港分店1982年版,第28页。

一家家的添多了，街上红男绿女是一批批的来往了，然而实际上，生活程度骤然增高，失业群众忽然加多，金融愈紧迫，社会愈混乱，世界各大都市的建设没有赶上，先形成的，是各大都市里蕴藏着的罪恶"[1]。

消费至上的经济理性统治着城市人的思想，它所产生的负面效应不仅仅体现在精神上，还体现在经济上。它直接使得当时的城市市民更加竞相崇拜外国商品，鄙视国货，使漏卮逐年外溢，由是加剧了城市工业的衰败。据海关贸易总册所载，1926年进口化妆品值关平银4526426两，1928年5458138两，仅1927年至1928年一年之间，就增加了近100万两之多。[2] "器具衣食，无一不仰给于舶来，即使本国所有，价廉物美，冠于外货之上，亦必舍此取彼，以谓不如此，不足以显我之豪阔"[3]。1931年，上海市绸缎同业公会叫苦不迭："乃自日本越南诸地，苛征华绸，我国绸缎之输出比例项，既日形减低，而国人又复醉心欧化，以舶来绸缎洋货呢绒为无上珍品，转视国产绸缎为敝屣。于是绸缎事业，对外既失原有之尾闾，对内又受舶来品之喧宾夺主，遂至一落千丈，而奄奄垂毙。"[4] 上海如此，苏州亦是如此，还是1931年，时人总结苏州纱缎衰落一重要原因就是："国人野鹜之裳，喜炫新奇，且先后复西装盛行，又近年厉行中山装，其材料皆放弃国货；次呢绒价廉，中下社会，遂弃国有之布帛，不屑一顾……现在国外销路，一时难望恢复，国内洋绸，又无法驱除，四面楚歌，一筹莫展。"[5] 不仅沿海大都市如此，即使内地偏远落后城市也是如此，"近年（30年代）昆明人民，生活日趋奢侈，上中下社会，均以使用洋货为时尚，即有国货可以代用者，亦多舍而不用，故洋货营业甚形发达"[6]。

在此文化风气主导下，那些为抵制洋货侵占内地市场的国货运动也就常常不了了之，因为经济利益的算计决定着人们的取舍。当时的小说家也描述过这种现象："国货运动真可恶，对着劣货提倡抵制伊，五分钟热度已过了，一见劣货两只眼睛又是笑迷迷。"[7] 社会活动家也在实践中提出

---

[1] 刘郁樱：《在重庆城里》，《道路月刊》1932年第39卷第1期。
[2] 参见刘谷侯《天津之化妆品工业》，《社会月刊》1929年第1卷第3、4合期。
[3] 赵晋卿：《商业不振之原因》，《工商新闻百期汇刊》1925年第1期。
[4] 《上海市绸缎同业公会请愿电报》，《申报》1931年1月20日。
[5] 《苏纱缎业云锦公呈上海社会局呈文》，《首都提倡国货运动特刊》1931年。
[6] 殷梦霞、李强选编：《民国铁路沿线经济调查报告汇编》第15册，国家图书馆出版社2009年版，第212页。
[7] 曼云女士：《新十希奇》，《红杂志》第98期，世界书局1924年版，第1页。

了下列论断："国人因近数年来，革命高潮，弥漫全国，社会风气，崇尚外表精神，举凡我国固有之国粹，均视为腐化落伍，而弃若敝屣之不如；服饰起居，竞尚欧化，以致入超逐年激增，国货颓败不振。"① 带动这股风气的自然是上流社会的那些富豪、官员、士绅。有学者对上流社会那种盲目崇拜西方生活方式、贪图挥霍享受的恶劣风气进行了猛烈抨击："一般上级社会，仍然惟洋货是用……先讲一般达官显贵吧，他们非巴拿马的草帽不戴，非砲台烟不吸，非汽车不坐，有钱非外国银行不存，他们的太太小姐们，更是目无国货，非印度绸不穿，非法国的化妆品不用，每次驾临到商号里，则成千万的购买舶来品。我们老百姓一千人一万人提倡国货的结果，不够他们一二人所断送的。"② 上海甚至到"一二八"事变后，还是一派浑浑噩噩景象，时人痛批："洋装革履，旗袍高跟，临风荡漾，饱受着欧化的洗礼。华而纱的舞衣，华而士的舞蹈、旋转，小姐们的汽车、旋转。赌场里的轮盘，钩心斗角，充分表现着黄金的上海，繁华的上海。口唱着经济绝交的人们，浑衣西装革履，提倡国货的声浪，尽管高唱入云，而劣货偏不舍昼夜，源源而来。丧心病狂的奸商，认为千载一时发财好机会，唯利是图，罔知大义，改头改面，充斥市场……良心丧尽，不亡何待？"③ 最为激进的爱国青年也受这种时尚熏陶而不知不觉间沦于消沉，"口头上喊着提倡国货抵制外货，比任何人都起劲，可是他们为要摩登，不能不穿洋货，做成的西装，不能不挂派克自来水笔，不能不戴瑞士手表，尤其不能不喝远渡重洋的咖啡，这是多么自相矛盾的事情啊。"④ "一般自命为受新式教育青年，大多醉死梦生，麻木不仁，不知刻苦自励，惟求物质享乐，日常用品，非用外货不能洽意，寝假而养成全国人民崇拜外货之心理，打破中国经济之基础"⑤。

崇尚奢侈、不事生产之风的盛行，不仅仅造成了人的堕落，还直接配合了外国资本对中国的侵略，威胁到了国家经济的发展。因为在国家经济本已严重入超的情况下，许多人却由于奢侈心理驱使，继续以使用洋货为

---

① 王阶平：《办理首都提倡国货运动宣传周经过及对于国货前途之希望》，《南京社会特刊》1931 年第 2 期。
② 宜之：《提倡国产的先决问题》，《中华实业商报》1934 年第 1 期。
③ 葆仁：《从国难当头说到提倡国货》，《道路月刊》1933 年第 41 卷。
④ 宜之：《提倡国产的先决问题》，《中华实业商报》1934 年第 1 期。
⑤ 《京市本年市政方针》，《市政评论》1935 年第 3 卷第 6 期。

第四章 城市之痛:社会精英对中国"城市病"的思考

荣、竞相攀比,使得国货市场更显凋零惨淡。奢靡之风耗费了大量的国家财富,使得本在艰难中前行的国家经济进一步捉襟见肘。沉重的经济负担迫使国家不断举借外债。可借来的外债大多未用于发展生产,而是又用在了奢侈的消费生活上。有经济学家痛切地说:"中国国际贸易之现状,纯为一种极不健全之变态。……盖借款不用之于生产事业,将来生产事业,决不能振兴,出口货绝不能发达,而输出亦决不能超过输入也。现象如此,势非依赖借债不可。于是愈借愈穷,愈穷愈借。直如一放荡子弟,借台高筑,不事生产,虽拥有数千百万家产,不旋踵即沦于破产。"[①] 陈独秀也痛陈了这种奢靡之风的严重危害:"吾华之贫,宇内仅有……若再事奢侈,不啻滴尽吾民之膏血,以为外国工商业纪功之碑,增加高度。"[②] 奢靡文化最终使得中国城市资金大量外流,外人借机大赚其利,中国的半殖民色彩更加浓厚。盲目模仿西方城市物质文明的这种城市化模式已经落入西方侵略者彀中,给予了他们盘剥中国的机会,有学者有鉴于此,发出警告:"不察者,仍惑于欧美都市之美观,而不求国家情形之吻合;诚恐铁路航线,皆为出血之筋脉,商港市会,悉成放血之伤口,而光怪陆离之洋货,比之吸血器且过之矣。"[③] 汉口的三教街,时人形容:"异样的衣裳、异样的鞋帽、异样的化妆物、异样的陈设品、异样的一切,供应汉口各界仕绅的需求,那扇血口似的大门张开着吸吮我们次殖民地人民的脂膏血肉!"[④] 国学大师熊十力亦是痛心疾首:"如此贪污下去,如此奢侈下去,而中国又不是有生产力的国家……都市一切的东西,都是帝国主义者来行销于我以榨取我之精血,而我们的奢侈费完全献给外人,我们的贪污完全替外人作榨取的工具。"[⑤]

文明的城市不仅要能够生产物质,也要能够生产文化,生产出一种为大多数市民服务的、能够提升城市内涵的精神文化。在和欧美城市的比较中,中国的市政学者及其他学者对中国城市普遍是比较失望的,有人概括道:"各强国之都市,有科学之发明、有工业之制造、有警察之监视、有宗教之涵养,故其所得,足偿其缺点而有余。惟中国都市,其淫荡、险

[①] 资耀华:《中国国际贸易之现状及其救济方案》,《东方杂志》1925年第22卷第17号。
[②] 陈独秀:《我之爱国主义》,《新青年》第2卷第2号。
[③] 顾仁武:《市政赘言》,《南昌市政半月刊》1934年第1卷第7期。
[④] 寒徹:《三教街的透视》,《平汉新生活》1934年第7期。
[⑤] 熊十力:《要在根本处注意》,《独立评论》1933年第51号。

恶、怠惰、奢侈、萎弱，均足为世界冠，而列强都市之优点，则百不一见。"① 换言之，中国城市无工业、无科学、无文化、无道德。

第六节 知识精英对中国"城市病"原因的探讨

20世纪初中国的"城市病"，不可完全与当时欧美资本主义发达国家的"城市病"同日而语。种种问题，已经很难用"城市病"来概括了。一面是城市文明停留在较低层次，另一面又把西方城市文明过度发展而带来的"文明进步背后的不文明"这种悖论也复制了过来，如异化现象。有的城市问题就同时兼有这两方面特点，如崇尚奢靡消费、不事生产的城市文化既是中国传统以官僚为本位的城市重消费忽生产功能的继承，以及明清江南商业市镇兴起消费文化风气的延续，又体现着外国资本主义商业文化的侵蚀。社会问题的形成，往往是当代和传统两种力量交织而成的，其内涵既是新时代种种文明之病的反映，又是传统的残渣余孽仍然发生着强大惯性作用的折射。民国社会学家邱致中在分析欧美资本主义国家社会问题时就说过："在资本主义社会中所见着的社会问题，一部分是由于资本制度自身的矛盾所发生，一部分是承继了中世纪封建社会和古代奴隶社会底私有财产制度的诸矛盾而发展的。"② 中国在20世纪初城市的种种社会问题，也遵循着这样一种规律，它体现着中国社会的半殖民地特点。当时的学者也对这些城市问题形成、发展的原因进行了深入的思考。

当时许多积极研究城市社会与市政建设的社会学家和市政学家从正面的角度去看待这些"城市病"的出现。尽管"城市病"令人反感，但它毕竟是一种新型的现代文明在取代旧式农业文明的过程中不可避免的问题，应当看到它的出现标志着城市文明的发展，它也必将随着城市文明的进一步发展而自我纠正。经济学家吴景超便是持此种看法的代表，他对中国的城市膨胀问题完全持认可态度，认为这是"实业发达的象征"，"不必大惊小怪。这是势所必至，理所必然，可欢迎而不必畏惧的"③。邱致中则说得更加深刻："都市社会，是历史运动必然的产物，它是进化的。

---

① 顾仁武：《市政赘言》，《南昌市政半月刊》1934年第1卷第7期。
② 邱致中：《都市社会问题》，有志书屋1936年版，第1—2页。
③ 吴景超：《都市社会学》，世界书局1929年版，第47页。

第四章　城市之痛:社会精英对中国"城市病"的思考

在每个都市社会里,生产力和生产关系不相适应时,都市社会问题,就必然会发生出来。所以它是都市社会进化过程中必然的结果,而可以当作都市社会演进的准则的。都市社会问题,是在不断地发生和解决中,它是有着永续性的。"① 还有一些学者指出人们故意夸大了城市文明的阴暗面,而没有全面地看待这种文明,如张慰慈主张辩证、全面地看待城市犯罪率高的问题。他认为,犯罪案件有两类,一类是杀人强奸等"人事罪",这类案件城市和乡村其实比率是差不多的;另一类是盗窃之类的"物事罪",城市的比率的确高过乡村。但这是因为在城市之中,人口众多,人民间发生各种关系的机会远远高于乡村,侵犯别人财产权利的机会也较多于乡村,再加之有产者雇用了大批雇工学徒,偷窃案件次数上升也是必然的。"人事罪才是确定道德观念的标准,物事罪是完全发生于城市的特别状况,不能作为道德观念的标准"②。所以,要理性客观地看待城市犯罪现象,"从乡间迁移到城市,人民在环境方面须受一种极大的变更,城市中为恶机会的增加就是环境更变的一种表示。"③

与此种认识相联系,便是许多学者揭示出中国许多"城市病"并非如同欧美国家因为城市文明发展过度而造成的,乃是基于城市化水平太低而发生的。即使是城市精神文明的堕落,归根结底也是由于工商业文明不发达导致物质文明落后,又影响了精神文明建设。换言之,只有进一步推动城市化运动的发展,才能解决种种城市问题。比如中国城市社会的两极分化和欧美城市的两极分化表面上有不少相似之处,在根本上其实是不能完全等量齐观的。欧美国家城市社会内部的阶级矛盾乃是由于资本主义和工业文明的过度发展而导致的,而中国城市内部的贫富分化就并非完全如此,其社会不平等仍然很大程度上是在城市文明发展不充分的情况下的传统官僚文化、权力文化造成的。陈独秀在1919年就看出了这一点:"那有钱的人,他的钱还不是费了些心血开设工厂赚来的,乃是做文武官卖国借款拿回扣搜刮抢劫来的。通国的钱财,都归到这班文武官和他们子孙的手里。弄得中等人家,仅能够穿衣吃饭,穷苦的人连衣食都没有,若是有工

---

① 邱致中:《都市社会问题》,有志书屋1936年版,第13页。
② 张慰慈:《市政制度》,亚东图书馆1925年版,第48页。
③ 同上书,第49页。

厂去做牛马似的苦工来糊口，还算是个福气。"① 陈独秀这段话的言外之意乃是，同样是剥削压迫，同样是社会不平等，中国城市的剥削压迫、不平等，比欧美城市还低了一个层次，中国的城市此时居然需要欧美层次的"剥削压迫"。再如针对当时城市里严重的失业问题，有人又发现中西之间存在本质区别，中国城市的失业，和欧美国家的失业问题完全是两种类型。"中国人民根本无业，更何从以言失业；失业者，言本有业而失之，乃社会经济一时之变态；无业者，自始即无业，纯属于消费，乃社会经济永久之病征。一时之病态易于消除，实不足怪。永久之病征则不易救治，是大可忧也。欧洲社会组织严密，一夫不得其业而问题即生。……且事之能成为问题者，根本尚不失其救济之方也。若夫中国，民本无业，已乏根本治疗之方，故几不成问题。……故一时之变态，在欧洲且震动一世，而永久之病征，在中国乃寂然无闻，非偶然也"②。他们的反思揭露出了这样一个事实，中国城市的失业问题完全是中国现代工业薄弱的结果，是城市文明不发达的表现，"西方失业问题之总因，为生产过剩。而我国失业问题之总因，则为生产不足。……吾国失业问题之性质实与西方诸国绝不相同，与其称之为失业问题，不如谓其为无业问题"③。20世纪30年代，有识者发现首都南京失业人数超过了有业者总数，指出南京失业并不是和其他资本主义国家一样由于生产过剩导致，"这个生产过剩的世界病，中国刚刚是个例外，中国全部都正待自己独立生产来救济，来抑制每年巨量的入超。生产，在三民主义的治权之下，是救中国的唯一良药。"④

城市里现代职业不发达，无业现象严重的问题和城市功能停留在消费层次、生产功能低下的特点是联系在一起的。而城市停留于消费层次的这一功能特点既和当时的奢靡文化风气盛行联系在一起，也和当时城市社会组织在根本上仍然还是传统大家族制和遗产制占据主导地位的社会结构密切相关。正是由于大家族制和遗产制仍然是许多城市家庭组织的核心，家庭成员可以托庇于家族的佑护，热衷于消费活动，不热心于参加现代生产部门。"我们中国人底心理学，多数抱着'好吃懒做、喜逸恶劳'八个字

---

① 陈独秀：《贫民的哭声》，载《独秀文存》第1卷，《民国丛书》第1编第92册，上海书店，第615页。
② 立庵：《无业与失业》，《市声周报》1926年第5卷第31期。
③ 赖琏：《失业与无业》，《南京社会特刊》1931年第1卷第2期。
④ 陈淑：《由消费到生产》，《南京社会特刊》1931年第1卷第2期。

的秘诀,富家子弟,固然靠着祖上遗传下来底金钱业产来过他们底安乐快活日子,即是贫穷人家,只要有饭吃有衣着有屋住,也无不秉着这八字诀。"① 同时,这种奢靡文化风气的带动者和受益者又是当时的有钱有势的官绅和富豪阶层,无关乎大众,它本质上体现的是中国传统城市消费功能的延续,而不是现代工商业城市文化的发展。这一点在北京、南京这种历史文化悠久的政治中心表现得尤为突出,楼桐孙就揭示了这个现象:"吾人向称北京社会,为官化社会,以其官多也。今南京之社会,似亦可以官化社会称之。旧时积习,未尽除,人欲横流,于今为甚。骄奢淫逸,放辟邪侈,上下相效,南京社会之习俗,遂愈趋愈如江河之日下矣!"② 城市里生之者寡、食之者众现象的形成,既是外来城市文明侵入的结果,也是中国城市自身内部传统势力持续作用的结果。胡汉民对此有一段精辟的论述:

> 照经济学的道理讲,我国实在是一个最奢侈的国家。因为外国人不过多用物,而我国人却多用人;物是人所造出来的生产品;而人是造物的原动力,用人不啻就是费去造物的来源,与用物比起来,究竟谁奢侈呢?凡到过外国的人都知道,外国五六个人只用一个人,或一个人的二分之一、四分之一而已。五六个人合居一处,只雇一个佣人,每天只来一两个钟头就行了。回到我们中国来一看,都市中竟有一个人用到四五个人的;普通情形,也是凡事不求用物,而只管以人去代替,不用机器,滥用人工。例如日常生活中,自来水没有,煤气、电气都没有,害得家家厨房里无从清洁整齐,许多夫人太太都不愿意亲自下厨,只好用起厨子、伙夫、打杂的种种人来。而这些人都是年富力强,大可生产的,却丢下乡间的田不种,或别种生产工作不做,来搅许多无聊的消费的琐事,这在国民经济上,受的损失多大呢?本来人工也是资本之一,是应该用去生产的,现在却将他们做成寄生者,大家一齐去消费,无人生产,直弄得国家日贫一日,民生日困一日。③

---

① 凤蔚:《改造社会中的一个小问题》,《社会月刊》1929年第1卷第1期。
② 楼桐孙:《京市社会问题概论》,《南京社会特刊》1931年第1卷第1期。
③ 胡汉民:《节约运动的意义与范围——十九年二月十日在立法院总理纪念周演讲》,《中央周刊》1930年第93期。

正是基于以上种种思考,"化消费为生产"成为民国时期各大城市建设者共同的追求。定都南京后,有人就提出建设首都的总原则就是要"由消费到生产","建设首都,我们要站在三民主义的文化和市民经济的基点上来着手,换句话说,我们要谋京市消费同生产的均衡,精神同物质的协调。"① 这种理想就是要通过推动城市现代化发展,特别是城市工业的发展,使中国城市彻底完成由传统消费功能向奠基于现代工业的生产功能转型,如是才能真正解决"城市病"的问题。

从教育的角度出发,也能让许多学者得出类似认识。现代城市所需要的是一批有着现代科学知识和技能的知识分子、技术人员、管理人员和工人,城市教育必须为这种目的服务。中国传统的农业社会以培养掌握四书五经、读书做官的士大夫为目的,这和现代城市教育是大有区别的。自晚清新政以来,教育改革也成为城市现代化运动的重要一环。然而,到民国时期,不少人发现,这种教育现代化改革在实践中已经扭曲走样。因为,教育只是更新了教授的科目,而被"培植在读书—登科—作官的士田上,是不能不畸形发育的"② 。中国传统文化的一大症结在于官本位文化,不去除这种官文化,只是学习现代的知识和技能,结果只是让官文化变换形式继续统治着中国大地,"今日为国中之蠹者,有军人政客官僚等种种名称。其实所称军人者,既无历史上力能扛鼎身经百战之人,亦无真若欧洲精研战术之人,不过为官吏之变相。政客尤以官吏为目的。故此处但用官吏二字足以包括之"③ 。而这种教育首先就是毒害了城市现代化的发展。时人痛心指出:"一切职业是做官,教书的是教官,办党的是党官,办工会的是工官。于是乎认字的人越多,失业者越多,学校办的越多,社会上寄生虫越多。"④ 有学者也不讳言在这种教育下制造出的学生,"可以说完全是大夫阶级的替身"⑤ 。经济学家吴景超直接指出民国的教育不配称作都市教育,只配称为游民教育,因为当时的学校,尤其是中学,只是教育

---

① 陈溆:《由消费到生产》,《南京社会特刊》1931年第1卷第2期。
② 孟真:《教育崩溃之原因》,《独立评论》1932年第9号。
③ 景藏:《主张与地位》,《东方杂志》1920年第17卷第1号。
④ 孟真:《教育崩溃之原因》,《独立评论》1932年第9号。
⑤ 赵寿塪:《城市师范毕业生应如何尽先去乡村办教育》,《陕西教育月刊》1935年第1期。

第四章 城市之痛:社会精英对中国"城市病"的思考

出了一批批没有实际才能的失业者。① 还有人痛称:"教育就是职业,职业就是生活……不适于生活的教育,就是制造游民的一种工具。"② 1933年一位委员给教育部的条陈也说学校多一毕业之学生,即家庭多一分利之子弟,社会多一"游惰之废民"③。这种教育培养的学生被时人形容"高中之程度,不如敌国之初中,而初中之程度,不如逊清时代之高小"。④ 对于民国时期城市的教育,当然不可全盘否定。但是也确实存在如是问题:现代教育和现代职业最后一定程度上沦为了官文化的辅助工具,它们在一定程度上不仅没有促进城市社会的繁荣,反而制造了更多没有实际才能的失业者,加剧了城市的"生之者寡,食之者众"的社会问题。这种现象和城市工商业发展程度不高有很大关系。由于工商业发展水平的薄弱,城市无法提供足够的职业来吸纳过多劳动者,于是城市只有又以传统的官职授予方法来安顿求学者,冀以勉强维持社会的稳定,教育就在一定程度上偏离了它本来的目的,而适应了这种需要。关于这一点,钱智修看得很透彻:"欲适如其人之所能,而与之以职业,则必社会上之事业,共同发达,有以容纳不同之性质之人材而后可,此其有待于经济之能力。……而吾国则何有焉?……及夫毕业之士,满阮满谷,无所于归宿,于是不得不用临时救急之法,以其不甚爱惜之禄位,为之安顿。"⑤ "实业之不发达,职业教育之不普及实为其主因……缘由所用非所学,所学非所用;上乏指导之力,下昧所从之事,以致学校为消费之场,而官僚政客流氓土棍为其尾闾之地。道德失其重心,而法律遂为鱼肉良民之真。此所以自治无由实现而政治日趋腐化也。今欲挽颓风而端士趋,自非从职业教育入手不为功。盖士有定向则神不外弛,业有所专则必有所成能,如是则奔竞之风自绝而作奸犯科之事自少矣。"⑥ 教育扭曲必然引起文化素质的低下,导致城市精神文明停留在一种低端层次。

循着中国城市发展水平不足为问题之因的思路,学者们继续顺藤摸瓜,将中国城市化的发展放在了一个宏观的世界体系中考察,发现中国城

---

① 参见吴景超《都市教育与乡村教育——对于旭生先生教育方案的商榷》,《独立评论》1933年第40号。
② 慎厂:《湘江杂评》,《湘江评论》1919年第2号。
③ 顾仁武:《市政赘言》,《南昌市政半月刊》1934年第1卷第7期。
④ 同上。
⑤ 钱智修:《材与识》,《东方杂志》1915年第12卷第9号。
⑥ 催若:《论职业教育之重要》,《市政月刊》1929年第7期。

市发展的种种障碍又是和中国的半殖民地地位联系在一起的。如无业的现象就和国际背景密切相关,经济学家漆树芬揭示了城市游民问题与国际资本主义经济侵略的关系:"我国民一天穷似一天,我国失业的游民一天多似一天。这根本上的原因,都由此对外贸易失败而致国民之资金涸竭,而国民资金何以能涸竭,则不外关税之受束缚。"① 一方面中国的农村传统工业在外国先进工业品的涌入下而破产,农村人口被迫涌向城市;另一方面城市的现代生产部门由于遭受到国际殖民势力的压制没有得到发展,城市产业门类无法容纳过剩的人口,造成了严重的城市失业问题和众多的游民问题。"中国在旧工业中失了位置的人,虽然跑到都市中去,但是都市中的新兴工业,还在幼稚时期,不能收纳乡村中投往都市的人口。因此造成中国今日乡村与都市的普遍失业现象"②。市政学者壮克也说道:"回顾今日我国,农业的破产,工商业的落伍,这种城市畸形的发展,可以说多半是资本主义的国家,利用种种经济侵略的结果,使农村的农民,不能生活,只有向城市里逃生,因此,农村一天一天的穷困,而城市也不能得到平均的发达,徒然做了资本主义国家经济侵略的场所,制造许多不生产的人民,这是多么危险的现象。"③ 天津的有识之士也疾呼:"我国各大都市之工业,无日不在外资吞并政策包围压迫之中,已萌之芽,辄被摧折。本市为各帝国主义者在华北实行经济侵略之根据地,对于上述痛苦,尤为显著。"④

许多学者还觉察到,城市的盲目扩张,也常常和外国势力的殖民统治有莫大关系。"九一八"事变后,有学者概括:"由工商业发达资本发展而形成之帝国主义者,向有注重都市轻忽农村之倾向。自日寇夺取我东北后,侵略者复在当地发展此种倾向。溯自"九一八"事变后,日人操纵实权之傀儡政府,对于整理或扩张各地都市,不知消耗几多人民膏血。近又以东北各地都市,从来缺欠统制的都市计划,市街既不整齐,上下水道亦少适宜设备,其他交通保安及卫生各方面缺点至多。"⑤ 有市政学者概括道:"中国都市之发生,大半由于门户开放、自由通商而来。其最初之

---

① 漆树芬:《经济侵略下之中国》,光华书局1931年版,第219页。
② 吴景超:《近代都市化的背景》,《清华学报》1933年第8卷第2期。
③ 壮克:《北平市的特殊性》,《市政评论》1934年第1卷。
④ 刘谷侯:《天津工商业之鸟瞰——〈天津工商业〉之序论》,《社会月刊》1929年第1卷第5、6合期。
⑤ 《实行统治推及都市》,《黑白半月刊》1933年第1卷第3期。

设备，无一不注重商业与交通，而不计及与新式工业之是否相合。故有毗连租界之都市，其建设愈久者，其危害于国者亦愈深。"① 这些学者已经认识到了，城市的盲目扩张和畸形发展是和城市受制于外国资本操纵的特点分不开的，外国资本扩张城市只是为了自己的利润增值和资本积累，如是可以牺牲城市与广大乡村的利益。

即使是城市里下层贫民居住空间狭小的问题，也常常和外国资本主义的因素相关。据马寅初统计，20年代末上海房捐大于地税20倍，而市政建设的主要受益者本是地产主，纳税者应当是地产主，结果市政收入的主要来源却成了房捐，这对普通市民来说，自然会形成日益严重的住房负担。马寅初对此现象的解释是："因为外国人收买地皮甚多，英人并希望将来中国人，所有地皮亦均归外国人收买，地主多为外国人，故地税低。房屋以中国人居住为多，故房捐高。"② 陶孟和愤怒声讨："各国资产阶级为营业或地价的利益……在上海每年几千百万的洋钱用于建筑宫殿般的饭店、俱乐部和公事楼，或展阔马路以谋汽车阶级的阔人的安适和愉快，可是用之于劳工的居住方面，即使数目仅仅只几百元，却是从来所不经见的，虽则这些工人都为全市的福利而贡献了他们的劳力。在现在这个时代，市政设施尚还完全违背着劳工的福利而行。这个以资产阶级的利益为前提的上海租界究竟能够维持到多久，委实不是我们所能料想的了。"③ 他们发现，租界城市已经被外国资产阶级统治了，所谓的市政也在根本上是代表他们利益的。

"城市病"的出现，尽管有着复杂的原因，但直接的原因还是市政管理本身的问题。特别是一批市政学者，更倾向于从市政管理的理念、城市执政者和规划者的素质上寻找"城市病"的原因。所以，诸多市政学者力图用科学的市政规划与管理来消除"城市病"，使城市文明走上一条更加健康和谐之路。吴嵩庆指出城市的这许多罪恶，"并非城市繁荣本身的罪恶，而是因为城市畸形的发展，没有远大的合理的统筹的平衡市政计划，没有良好的科学化市政管理的罪恶，所以要解决城市问题，不是因噎

---

① 顾仁武：《市政赘言》，《南昌市政半月刊》1934年第1卷第7期。
② 马寅初：《市财政》，载顾彭年《市行政选集》，商务印书馆1929年版，第72页。
③ 陶孟和：《中国劳工生活程度》，载陶孟和《北平生活费之分析》，商务印书馆2011年版，第162页。

废食,而是亡羊补牢,不是无办法的放任,而是消极的补救,积极的预防"①。董修甲也认为城市的问题可以随着市政建设的完善而逐步解决,"城市生活虽苦痛,虽万恶,但各国日求改良,改良之后,其恶毒自可减少,则城市之生活,何尝非快乐土也"②。大多数市政学者皆持此认识,认为解决这些城市问题的主要方法在加强市政建设,尤其是要有一个科学的市政管理。

但是,他们也认为市政管理出现偏差,是由于建设的根本宗旨在实践中走向了错误的方向。市政建设为官僚集团利用职权损公肥私、巧取豪夺提供了良好的机会,大搞形象工程、奢华工程往往是最能够获取政府拨款、借机征收民财、上下其手,同时又彰显自己表面政绩的途径。于是市政建设的理念在实践中往往被扭曲成为一味追求浮华、铺张,只利于少数官员、富豪,却无关于民生的物质建设,城市翻来覆去的折腾成为城市文明久治不愈的顽症。并且,由于"市政"早已和"国政"成了你中有我我中有你的关系,粉饰工程、豪华工程都已和国家、政府的形象挂钩,这股风气自然有进无止。这种市政建设已经背离了为市民服务的"平民化"市政理想,只能代表少数既得利益集团。

这些工程的目的已经不再是为了国家的利益,只是打着国家、社会的旗号,或是为了当权者自身特殊的政治目的,或是为了政治黜陟而制造政绩,或纯粹就是为了迎来送往而大做表面文章。于是挤占了城市中下层市民,特别是贫民的生存空间,拉大了社会鸿沟,激化了社会矛盾。刘郁樱对此现象深恶痛绝:"假如筑路的动机,不为民众设想,即使大功告成,也要失掉它的效用。……像丹麦太子来京,某市长为了观瞻所系而拆屋;又如无锡某县长,为了纪念吴稚晖而筑路;更有一般军阀们,为了军事便利而筑路;官僚们为了搜括金钱而筑路;这些动机,都离开了民众的立场很远,我们是应该起来反对的。"③ 当时南京市工务局决定翻修中山路到狮子桥一带,市政府当即命令财政局拨款,迅速开工。对此,刘郁樱不无讽刺地说道:"我希望洋大人多多跑到中国来,因为洋大人会给我们修路,即使不修的话,我们自家也要为洋大人走路而修的。……因为他们修

---

① 吴嵩庆:《我们要求一个市政设计》,《市政评论》1935年第3卷第3期。
② 董修甲:《市政问题讨论大纲》,青年协会书局1929年版,第12页。
③ 刘郁樱:《修路的动机》,《道路月刊》1929年第32卷第1号。

路的动机，不是为的我们老百姓啊！"① 刘郁樱的这些话，可堪代表一个市政学者因市政建设在现实中偏离了它的根本精神而无比失望的心情。胡汉民后来也就南京市为丹麦太子来华而拆屋这件事说道："就首都说，我们很希望有些好的建筑、房屋与道路，供人民享用，但这事实要我们平时努力，实际上做到哪里是哪里，毋庸作一时的修饰，存个骗人的心。道路两旁有着居民的茅屋，也不足为羞，不必因为在一二外宾之前有所掩饰，反教许多居民流离失所。……若只求表面的观瞻略好一点，而内部的痛苦却因此更甚，那又有何意义呢？我们的市政，与我们的一切政治工作，实在都无须如此。"② 1930年有人抨击武汉市政建设："拆民房、辟马路、筑公园就算建设？"并质问这些建设"于穷光蛋的小百姓有什么福利"，"于穷而又小的百姓有什么相干"，"不相信仅拆民房、辟马路、筑公园就能解决民生或代表实业"③。

特别是在住房的问题上，学者们常常因政府放弃了自身的职能而倍感失望。如唐应晨因政府对地产商的纵容而极其不满："政府对于别的职业，没有一样不抽捐的……这班拥有土地的地主，逍遥于法外，未免太不公平。国家给有他们的权利，而他们没有负担一点义务。我们欲达到平均地权的治本方法，要防止土地投机，征收地价税，废除房捐，使房子之供给量增加，这才是釜底抽薪的治本方案。"④ 20世纪30年代中央政治学校派往南京市政府实习的青年学生疾呼政府应该征收地价税增价税，并废止房捐，"使投机者无所逞其技，而不劳所得得以涓滴归公也。又房捐虽由房主与房客分纳，然在发达之都市如南京者，房主所纳之部分势必尽行转嫁于房客，南京住宅租金之高，为全国任何都市所不及，在房客方呻吟于房租之过重负担，而深感居住之不易，政府浚变本加厉，重征房捐，掊克罔民，莫此为甚"⑤。董修甲也对政府的不作为徒叹奈何："土地听任私人买空卖空，作种种不规则之土地投机，致土地之售价，与房屋之租价飞涨，大多数国民，不能购置房产，藉以安居乐业。"⑥ 甚至有学者发现，

---

① 刘郁樱：《修路的动机》，《道路月刊》1929年第32卷第1号。
② 胡汉民：《建设不尚修饰——十九年三月二十四日在立法院总理纪念周讲演》，《中央周刊》1930年第95期。
③ 《碰报》1930年2月18日。
④ 唐应晨：《国内市地问题之检讨》，《市政评论》1936年第4卷第4期。
⑤ 参见刘岫青《南京市政府实习总报告》，1933年，第71页。
⑥ 董修甲：《市政与民治》，大东书局1931年版，第21—22页。

政府不仅对于保障下层市民居住问题不作为,居然还和地产商沆瀣一气了:"市郊内外的公地,多有一种破旧栋寮或泥屋盖搭在那里。然而搭盖屋宇在这些地方,就会给政府取缔和禁止,一盗占公地的罪名立刻可以加在你身上。结果政府乘机可以将此地投机了,所谓以底价高者取得,公地化为私有,使投机者或大地主得以乱作乱为,改建新宅利市百倍。"甚至在城市规划中划出的新式住宅区里,政府已经以微薄代价获得了新地,本应投资为人民大众修建廉价房,但是"政府将地投标给了有资者,以每井二三百元的价值获取了大笔款项,结果他们以建筑费高昂之故,租值自然很高……我们的市民怎能有力去住这些住居呢?如其是有这些所谓新式住宅,相信于都市的民众是没有利益的,反而损害了许多有用的土地"①。有识之士本想借助政府的权威来防止"资本主义化"的市政,结果政府自己反倒成为最大的资本家;"市政"依托于"国政",原本是企图借助"国政"的力量来实现自己的理想,可在事实上,"国政"的表现却令人失望。当时的城市,在大兴土木为官员、富豪建洋楼修舞场拆民房城楼等事业上颇见政府权威,而一旦涉及了下层市民的生活问题,就难以见到政府的身影。"市政"没有实现自己的理想,反而被"国政"扭曲而为既得利益集团服务。

  正是这种为少数人服务的市政理念导致了民国建立后许多城市基础市政设施完全是虚有其表。一边是洋房、舞厅、马路的大肆修建,一边由于下层贫民的生存空间日益狭小,导致城市的脏乱差、治安问题始终严重。有位学者非常尖锐地抨击了路政建设流于形式不顾民生的弊病:"我国各大都市,似有一种共通的弊端,即是市政当局,每于辟路之前,未经详细的规划,只有顾虑到工程的设施,多忽视市民生计问题。故道路的开辟只求量的增加,未察其是否需要?横冲直贯东西交错,满布了如蛛网似的道路。虽欲达交通的便利必然地要开路筑桥,然而,开路的利益能否抵偿其损失?又开路之后,居民的安置问题也当如何处置,此实最切要的问题。如果以马路长度逐年增加为市政成绩个人升官发财的功劳,而使市民蒙巨大之损害时,无宁少此一举为好。"② 有一些事实颇能说明这种市政理念的扭曲。1931年南京市财政支出总计5693039元,其中以建设费占最多数,高达2616879元,其次就是行政费,占750567元。而实业费居然最少,只

---

① 莫朝豪:《摩登都市计划的几个重要问题》,《工程学报》1933年第2期。
② 同上。

有6558元，卫生费也只有224251元，教育文化费只有727165元。[1]济南市在1933年的工程费总计32177649元，道路费就高达25767486元，1934年工程费43420024元，道路费高达42400487元，而原先的沟渠费用一年之内减少了28001元，公共建筑物减少了4891164元[2]，这说明当时的城市执政者对道路的装饰工作之重视已经大大超过了对沟渠、住房等直接影响城市底层市民生活问题的重视。老舍先生后来所写的《龙须沟》就揭示出了民国政府连一个沟渠问题都始终没有解决的事实，尽管民国市政学者的著作里已经有着非常完备详尽的排水系统、沟渠整理系统的设计。

贫民居住条件的恶劣不仅造成了他们自身的生存困境，且极大地破坏了城市空间布局和市容卫生。上海市长吴铁城形容上海"茅屋毗连，居处简陋，藏垢纳污，疫疠丛生，老弱颠沛，令人惨目。非特有损市容，且有碍卫生"[3]。萧冠英在总结汕头"城市病"原因时曾说道："汕头一隅，廿年以来，商务日盛，户口日繁，其劳工、苦力、贫民、牧户，来就食者亦日多。最近数年，地价骤涨，租金昂贵，一般贫民，无力租赁，遂就海岸空地构筑篷屋以为居住。……自崎碌石炮台，沿海岸迤逦以至西堤一带，颓篷败瓦，覆压数里，斑驳陆离，已碍观瞻；纳污藏垢，易集匪人；又且弗讲卫生，人溲兽渤，狼藉遍地，无沟渠以宣泄，无良水以饮用。春之天花，夏之霍乱，秋之痢疾，冬之伤寒，无不于是为发源之地。每至秋高风紧，易惹火灾，则更有目共觐。"[4]

同时，生存空间的狭窄必然会限制文化空间的拓展，尤其是城市最下层劳工阶级，其既然根本无法享受到城市文化的滋润，就更难参与到城市生活中，创造欣欣向荣的市民文化。当大多数人无房可住，或者居住条件极其恶劣、生计极其艰难时，他们无法去讲求卫生、健康；城市的文明成果没有为他们享用，他们也不可能具有良好的道德、文化。"那些住在砖屋里的劳工们也没有私密和愉快可言；简直说罢，他们实在谈不到家庭生活。中国工人所住的房屋没有丝毫习俗的公用，如为休息和愉快，为私密的享受，为家属聚居或会友密谈等等，这些功用一概没有的，所有的只是

---

[1] 参见刘岫青《南京市政府实习总报告》，1933年，第36页。
[2] 参见《济南市市政统计》，1934年，第168页。
[3] 吴铁城：《民国二十四年之上海市政》，《市政评论》1935年第3卷第4号。
[4] 萧冠英：《筹办汕头市平民新村意见书》，载陆丹林《市政全书》第4编《各省市政计划与建议》，中华全国道路建设协会1928年版，第95页。

一席之地以供睡眠，甚或有连这一席之地都得不到的。这种过挤的情形赐给家人们的恶果，不胜枚举。污秽、疾病、不道德和犯罪只是其中不可避免的几种罢了。如果一个人在这种环境下尚且能够过着健康和安分的生活，那可真要算得咄咄怪事了。上海是罪恶的渊薮，那是尽人皆知的了，而造成这种罪恶的原因，居住情形的不良是其中最重要的一个"①。在这些学者的笔下，揭露出了一个最大事实："城市病"其实是人为之病，是由于社会关系失衡而令城市沦为罪恶的渊薮；它并非"城市"本身的罪恶，而是社会制度不合理产生的结果。

当然，除了因为市政建设的根本宗旨的扭曲以外，学者们也发现，在具体的城市管理中由于单纯追求经济增长而忽视文化教育的发展也是导致低俗文明笼罩城市的原因。在事实上，这种理念的失衡的确存在。比如有一批主持城市建设的官员常常由于过于重视城市基础设施建设而忽略了精神文明建设，包括在近代市政建设史上颇有贡献的汉口市长刘文岛和工务局局长董修甲，他们都说过："社会行政、慈善行政，以及社会教育，与公共卫生，皆可以稍缓一步。"② 这种将物质建设置于精神文明之上的思想，无疑对促成20世纪初中国大部分城市文化层次落后的市政现实起到了重要作用。"20世纪二三十年代，持此观点的并非刘、董二人，它实际上代表了大部分市政官员的主政理念"③。甚至也有个别学者主张迎合城市里的低俗文化时尚来拉动城市经济增长。比如有人主张发展娼妓事业来繁荣市政，其典型就是张又新对北平建设提出的一个方案。他认为北平市民里妇女太少，"旷夫多三十五万"④，这种男女比例的失衡导致了北平犯罪问题严重。据他统计，"性欲罪之人数占犯罪人数中之第二位"⑤。因此，他主张改良娼妓待遇，减免妓捐，规定妓女最低工资，只要增加卫生检查次数和建立性病医院就行，这样既可以有利于社会治安，还可繁荣北平经济。他还援引管仲在齐国设娼以招待商旅的古例来说明"市府既课妓捐，复严罚舞女，似于繁荣北平，调节供求之原则颇相违背"⑥。当然，

---

① 陶孟和：《中国劳工生活程度》，载陶孟和《北平生活费之分析》，商务印书馆2011年版，第162页。
② 董修甲：《中国市政问题》，《道路月刊》1930年第32卷第1号。
③ 涂文学：《城市早期现代化的黄金时代》，中国社会科学出版社2009年版，第420页。
④ 张又新：《北平市之缺点及其救济》，《市政评论》1934年第1卷。
⑤ 同上。
⑥ 同上。

许多学者并不赞成这种建设理念，臧启芳对这种嫖娼经济就是持批判态度的："城市不但不设法减少及逐渐灭绝娼妓营业，且视抽乐户捐为维持警察经费之良好财源。又是把成千成万的青年女国民当了玩物，而且损伤了无数男女的健康，丧尽了无数男女的廉耻。"① 城市的管理除了有形的市政设施以外，还需要辅之以无形的文化软件，物质精神二者不可偏废的道理随着"城市病"的暴露，进一步被学者们所关注。有学者评价："中国大半城市社会之病态，统统发生与经济的深慕中，除了精神方面的缺陷。……其余各种病态发生之原因，大半是起自经济的或物质的。……所以积极的防患于未然的办法，惟有自精神方面来提倡高尚艺术化的娱乐，以涤荡赌博宿娼等的痛习，……精神方面的提倡，及物质方面的改良，须同时并进的。……物质犹骨干，精神犹血气；没有骨干团结立不住，但是先有骨干而无血气来调和而澄润之，骨干不久也会枯寂的。……一个社会光是进行物质的产造，而忽略精神的调和，表面上虽是个轰轰烈烈的社会，内里不知隐藏着多少的隐忧，隐忧不久便又为演变病态。"② 大多数学者还是主张加强道德文明建设的，他们明白城市的发展不能只注重经济的发展，还必须有文化的驱动。

在寻找消除中国"城市病"途径的探索中，一种新的思路也在同步发展。这种思路认为，要解决这些"城市病"，只能从整个社会的内部中去求得解决，从中国城市与世界体系的宏观关系中去求得解决，而不是只从城市本身去寻找解决方案，头痛医头脚痛医脚的方案都无法从根本上解决问题。"城市病"病根"一种是由于外感，一种是由于内部失调。……外感的病，必须用废除不平等条约的药方来医治；内部失调的病，必须用国内不再打仗的药方来医治，可是要打算治外感的病，也必须先把内部失调的病治好了，才能成功"。③ 那么，如何从整个社会内部医治"城市病"？这成为人们思考的问题。正是在这种思路指引下，有许多人将眼光转向了广大乡村世界。当20世纪二三十年代市政运动如火如荼进行的同时，"向乡村去"的思潮也在逐步发展。

---

① 臧启芳：《市政和促进市政之方法》，载陆丹林《市政全书》第1编《论著》，中华全国道路建设协会1928年版，第45页。
② 顾毓方：《城市是罪恶的渊薮抑是文化的中心点》，《无锡市政》1930年第5号。
③ 刘孟扬：《社会改进的根本问题》，《社会月刊》1931年复刊号。

第五章　城乡之间：时人对城乡关系问题的探讨

第一节　时人对城乡关系问题的关注

马克思说过："物质劳动和精神劳动的最大的一次分工，就是城市和乡村的分离。……城市本身表明了人口、生产工具、资本、享乐和需求的集中；而在乡村里所看到的却是完全相反的情况：孤立和分散。"① 民国市政学者罗超彦已经看到了城市与乡村的矛盾，是现代都市文明发展的必然结果："现代都市生活并产业主义发达的结果，常带来一种悲剧，即都市和村落间所起的轧轹或乖离。"② 近代中国，随着城市化进程的展开，原本"城乡一体"的结构被打破，城乡对立的状态与日俱深。有当代研究者指出："在近代中国由于缺乏消除城乡间对立关系的客观条件与外部环境，使得具有进步意义和在社会发展中有积极作用的'城乡间联系性'日益得到加强的同时，城乡间的对抗性矛盾也日益加剧。这种社会发展进程中的'二律背反'现象的出现，是近代中国社会特殊历史背景下的必然产物，它的存在，对中国城乡的发展，尤其是对近代中国城市化的发展，其影响是巨大的。"③ 中国近代的城市化不同于西欧城市化的一个特点在于，中国是在西方资本主义的裹挟下中断了社会原来的正常发展轨道而开始城市化的。在这样一种城市化模式中，乡村工业还没有发展到现代工商业的程度，农村还没有达到现代经济的发展程度，东部沿海、沿江城

---

① ［德］马克思、恩格斯：《费尔巴哈》，载《马克思恩格斯选集》第1卷，人民出版社1975年版，第56页。
② 罗超彦：《现代都市计划》，南华图书局1929年版，第54页。
③ 何一民：《近代中国城市发展与社会变迁（1840—1949）》，科学出版社2004年版，第452页。

第五章 城乡之间:时人对城乡关系问题的探讨

市却在和外部经济体系的互动中先行发展了起来。可以说,中国的城市化是甩开了乡村世界一路孤军突进的。城市和乡村形成了两个不同的世界,由是有了城市文明和乡村文明的讨论,并有了对于城乡差别和如何处理城乡关系问题的思考。

早在清末,刘师培就认为清末新政这场城市化运动并未让乡村农民享受利益,反而加剧了他们的困顿。如废除科举后,学费开始变得昂贵,"彼乡野贫民,仰事付蓄,尚虞缺乏,子弟虽有求学之心,亦以无资而中止。……贫民永沦于奴隶,富者益智,贫者益愚。"① 并提到了城市工业兴起后对农业的影响:"乡野农民,惑于赁金,弃农弗务,舍野业而营市业。故近岁江淮农民,远客他乡,计数十万,而上海汉口诸埠,则人口增加,达于百万,以致人日增而谷不益。一逢饥馑,道馑相望,粮谷之增,倍增于前。"② 民国时期农村进一步衰败,有人指出,在城市化运动的进行中,将农民完全排除在外,导致农民"从人口、心理、文化、经济种种特性而说,无一不在被排斥、被压迫之下。其中尤关重要的,便是土地所用权和耕种权的转移和丧失"。③ 有经济学家分析了农村经济破产的原因,认为除了生产技术落后、当地土豪劣绅的压迫以外,便是"还须受城市商品和舶来品的掠夺"。④ 在进出口和工农业产品的双重剪刀差压迫下,资金大量流向口岸城市,"数十年来内地与都市之贸易,常居入超地位,都市之运输机制品者,只知吸收内地之金钱,同时内地之生产者,苦于无法以挽回既溢之漏卮,以致农民贫瘠,每况愈下。"⑤ 梁漱溟则更为明确地指出:"在近百年中,帝国主义的侵略,固然直接间接都在破坏乡村,即中国人所作所为,一切维新革命民族自救,也无非是破坏乡村。所以中国近百年史,也可以说是一部乡村破坏史。"⑥ 这段话其实就包含乡村在国际和国内城市文明的发展中而遭受摧残的意思。帝国主义的侵略代表国际城市文明,由于国际城市文明的影响,国内的城市文明发生,各种

---

① 刘师培:《论新政为病民之根》,载张枬、王忍之《辛亥革命前十年间时论选集》第2卷下册,生活·读书·新知三联书店1978年版,第969页。
② 同上书,第971页。
③ 梁克西:《从农村社会谈到京市农业问题》,《南京社会特刊》1931年第1卷第2期。
④ 涂长望:《与张印堂先生商榷中国人口问题之严重》,《地理学报》1935年第2卷第1期。
⑤ 《从省际贸易说到沟通机制品与土产品》,《大公报》1936年10月2日第1版。
⑥ 梁漱溟:《乡村建设理论》,载《梁漱溟全集》第2卷,山东人民出版社1992年版,第150页。

民族自救活动多是发生在城市、以建立城市文明为目的的城市改革或革命运动,这些运动却加速了乡村经济的破产。所以,梁漱溟认为从晚清到第一次世界大战为止,中国是"跟着近代都市文明的路学西洋而破坏了中国乡村"。[①] 且国内为推动城市文明发起的运动对乡村的破坏更超过了外部力量。梁氏甚至认为,环顾国际工业都市兴起的历史,只有中国近百年史可称得上一部乡村破坏史。

不独如此,还有学者指出,资金和人力也都向城市聚集。城市工商业吸引了农村资本,造成农民大量离开农村、土地无人耕种现象。[②] 随着农村的破败,城市成为经济政治的中心,结果社会形成了一种以进城谋职为人生目的的风尚,从官员、文人到学生居然很少有人去农村帮助农村建设,城乡的两极分化不断加剧。章士钊曾讲述自身经历:"本校已办十一班毕业,实行到田间去服务的,听丰校长先生说,怕还没有一半呢。其余一半不是到各机关去勾营,就是考书记哪,小小文官哪,以谋生活。"[③] 李大钊也认为农村衰败的原因和城市人疏远农村有很大关系,他激烈地批判了这种倾向:"一般知识阶级的青年,跑在都市上,求得一知半解,就专想在都市上活动,都不愿回到田园;专想在官僚中讨生活,却不愿再去工作。久而久之,青年常在都市中混的,都成了鬼蜮。农村绝不见知识阶级的足迹,也就成了地狱。"[④] 也就是说,知识青年常年在城市里漂泊,不仅未能发挥自己的才干去为农村服务,也使得自己在城市里埋没了精力和青春。金慕陶发现,许多来自农村的青年到城市里读书求学后,也被城市的优越条件所诱惑,不肯再回去为家乡服务,他非常生动地描绘了这批"忘本"者:"许多农村子弟向他父兄要钱出来求学,一入城市,受了繁华环境的熏陶,服装与生活,立刻改变了样子。于是一封封快信写回去向父兄要钱……结果,父兄们胼手胝足血汗得来的金钱,便供给子弟在城市挥霍,养成他骄侈淫逸的习惯。几年以后,学校功课读完,文凭是到手了,但是他回想他的家乡,与城市比较如天上地下,一切不能使他满意,

---

[①] 梁漱溟:《乡村建设理论》,载《梁漱溟全集》第2卷,山东人民出版社1992年版,第151页。
[②] 参见《农业衰落与城市集中的危机》,《合作讯》1930年第55期。
[③] 章士钊:《注重农村生活——章行严在甲种农业讲演》,载《章士钊全集》第4卷,文汇出版社2000年版,第152页。
[④] 李大钊:《青年与农村》,《晨报》1919年2月20日第7版。

一切不合于他的日常生活,甚至于想起他父兄以至于妻子的嘴脸,也觉得讨厌。在这种想像之下,他决心放弃他的家乡,放弃他的父母兄弟以至于妻子,无论如何要在城市环境里创造他的新生活。所以许多青年毕业以后,定要在城市找事,纵然找不到事,也宁可在城里赋闲,满街游荡,而不愿回家感受物质的痛苦。"[1] 还有人揭露,乡村一些富裕的豪农大户力图离开乡村,将自己的资产转向城市消费和投资,"有钱的农村富户,感觉乡村社会的组织简单,生活少变化,都想离开农村,投奔到都市上去,或把他们的家庭搬到都市上去。他们把乡村上所吸收的金钱,拿到都市上去消费,或向工商业方面投资。……这种趋势,使农村的金钱,更是一天一天的集中于都市,农业上的金钱,更是一天一天的集中于工商业。"[2] 他们严肃指出,都市资金越积越多,而农村日渐破产,已经成为中国经济问题的最大症结。[3]

资源都集中于城市,又必然造成了金融在城市与乡村中的不均衡。"金融流通的趋势,是回避农村,而集中于都市,也就是回避农业,而集中于工商业。试看无论哪个都市里面,都有金融机关的设立,如银行,如钱庄,而在农村里面,却找不到银行和钱庄的影子。这些银行和钱庄,都是给工商业谋经济的便利,对于农村,丝毫没有关系。"[4] 学者们认识到,这种不均,对城市没有任何好处,因为"都市中工商业之发达,未能与资金集中之程度相适应,故在都市中资金有过剩之趋势。资金过剩,故物价飞涨,投机之风甚炽。此种现象,对于农村都市,两蒙不利。故资金集中都市,如何使其流入农村,如何使呆滞之资金,变为生产之源泉,乃为当今最要之图。"[5] 有学者则对当时城乡之间资金分布不均的格局进行了更为形象的描绘:"资金集中都市,感觉资金过多,常恐脑充血之病症发生,而农村则资金益觉缺乏,而有均为贫血之表现。"[6]

不仅人员和资源的流动多倾向城市,国家的政策、基础设施也都倾向于城市。戴季陶指责:"吾尝谓今日之政治,都市政治也;事业,都市

---

[1] 金慕陶:《到农村去与回农村去》,《都市与农村》1935年第16期。
[2] 张镜予:《中国农民经济的困难和补救》,《东方杂志》1929年第26卷第9号。
[3] 参见《农村问题》,《经济统计月志》1934年1月。
[4] 张镜予:《中国农民经济的困难和补救》,《东方杂志》1929年第26卷第9号。
[5] 杜素民:《中国农民经济之衰落及其救济》,载乔元良等《中国农村问题·总论》,《民国史料丛刊》第672册,大象出版社2009年版,第114页。
[6] 朱通九:《都市经济与农村经济》,《经济学季刊》1934年第5卷第2期。

事业也；教育，都市教育也。"① 著名实业家卢作孚也同样认为当时形成了"一种城市中心的政治。不但政治机关皆在城市，举凡高级学校，皆在城市，各种工厂商店银行皆在城市，铁路马路航路亦皆力谋城市与城市间的联络，一切自来水自来火的供给，消防卫生的设备，皆集中于城市。"② 资源的单向流动，使农村无法和城市共同分享现代化成果。"畸形发展的文明，即城市文明进步，而农村文明因其相差之距离的悬殊，其结果致物质的建设、精神的建设，一切集中城市，而农村日渐荒芜空虚。"③

20世纪30年代有人对北平统计后称："我们普及教育，自不能囿于城市，而忽于四郊，更不能囿于素丰之家，而忽于贫苦阶级，因为城内的失学儿童固属不少，而四郊的失学儿童更多。"④有人分析，由于乡村社会的不安定，再加之国家对乡村教师的生活待遇缺乏一个基本保障，导致乡村教育者"皆不能安于其位，一有机会便脱离乡村教师的生涯，去寻其他的生路，而乡村教育事业，便成了落魄时节暂借以栖身的所在。"⑤ 而且，教育内容也脱离了农村。在一般师范学校所学的教育，和普通教育书上所言的教育，"都是多不合乡村的特殊情形，不是理论高，便是都市化……在都市中则可行之，在乡村中则殊多难行之处。"⑥ 胡适愤然声称："中国的教育，不但不能救亡，简直可以亡国。"⑦ 他认为中国的教育形式上看是现代的，但内容脱离了中国的实际，尤其脱离了内地乡村的实际。那些英文、西洋音乐、体操等对乡村没有太大意义。结果让乡村花钱去学习一些对他们自身没有太多实际作用的课程，反而增加了农村的负担。他主张实行教育现代化要结合农村地区的需要，不能任凭想象："列位办学堂，尽不必问教育部规程是什么，须先问这块地方上最需要的是什么。……所以我奉劝列位办学堂，切莫注重课程的完备，须要注重课程的实用。尽不

---

① 戴季陶：《都市罪恶论》，载章开沅等《戴季陶集（1909—1920）》，华中师范大学出版社1990年版，第417页。
② 卢作孚：《乡村建设》，载凌耀伦、熊甫编《卢作孚集》，华中师范大学出版社1991年版，第59页。
③ 《农村衰落与城市集中的危机》，《合作讯》1930年第55期。
④ 唐应长：《平市儿童年的展望》，《市政评论》1935年第3卷第16期。
⑤ 业孔：《谈乡村教育——过去的缺憾》，《长沙市民日报周年纪念特刊》1931年。
⑥ 同上。
⑦ 胡适：《归国杂感》，载《胡适文集》第2卷，北京大学出版社1998年版，第474页。

第五章 城乡之间:时人对城乡关系问题的探讨

必去巴结视学员,且去巴结那些小百姓。视学员说这个学堂好,是没有用的。须要小百姓都肯把他们的子弟送来上学,那才是教育有成效了。"① 陶行知说得更明确:"中国乡村教育走错了路,他教人离开乡下向城里跑。他教人吃饭不种稻,穿衣不种棉,做房不造林。他教人羡慕奢华,看不起务农。他教人分利不生利。他叫农夫子弟变成书呆子。"② 梁漱溟也表达了和陶行知大体相同的看法,他认为都市教育使青年养成了一种城市生活习惯,结果回到乡村就不能适应乡村的俭朴生活了,乡村社会所应该具有的知识技能统统不会了,教学的内容也多是关于城市生活的,导致青年对农村实践有着较深的隔膜,"代以学校里半生不熟决不相干的英文、理化等学科知识;乡间的劳作一切不能作,代以体操、打球运动与手足不勤的游惰习惯……其所学之无裨实际,不合于社会需要,亦弥以愈远。"③ 反过来农村学生也一样对城市有此隔膜,"城市中的学生,纵令对于在学校中所学的功课,背得滚熟,然一到农村,则其知识之狭小,较之樵夫牧童辈,反要相差远甚,甚至连菽麦等通常品物,亦不能分辨。倒过来说,乡村中的学生,虽然对于校中功课,素不疏忽,然一旦来到都会中,也因知识狭小之故,以致常常闹出种种笑话。"④ 人员向都市的单向流动也和民国教育一绝大弊端紧密相关,即教育和中国传统的官本位文化合流,其导向不是为向大众普及知识、提高文化素质,而是为了让人成为社会上流阶层的一员,而上流社会的聚集地就是城市,因此这种教育必然引导受教育者都前往城市谋个人的发展,而不是回到农村帮助农村的建设。胡适就揭露了此种弊端:"为什么一个小学毕业的孩子不肯回到田间去帮他父母做工呢?……是因为田间小孩子能读完小学的人数太少了,他觉得他进了一种特殊阶级,所以不屑种田学手艺了。……他的父兄花钱送他进学堂,心眼里本来也就指望他做一个特殊阶级,可以夸耀邻里,本来也就最不指望他做块回乡豆腐干重回到乡间来。""因为教育太希有,太贵;因为小学教育太不普及,所以中等教育更成了极少数人家子弟的专有品,大学教

---

① 胡适:《归国杂感》,载《胡适文集》第2卷,北京大学出版社1998年版,第473—474页。
② 陶行知:《中国乡村教育之根本改造》,载《陶行知教育文选》,教育科学出版社1981年版,第57页。
③ 梁漱溟:《抱歉、苦痛、一件有兴味的事》,载《梁漱溟全集》第4册,山东人民出版社1992年版,第837页。
④ 李正吾:《都市教育之应有的设施》,《市政评论》1935年第3卷第3期。

育更不用说了。……这样希有的宝贝当然要高自位置,不屑回到内地去,宁作都市的失业者而不肯做农村的导师了。"① 胡适等人的论述是切中当时中国教育弊端的,他所批判的这种教育实质就是一种"精英教育""贵族教育"。这种教育的目的不是面向大众,而是面向少数权势阶层;教育的目的不是让普通大众都能掌握知识文化,而只是在社会上培养出一个精英阶层;不是为了号召受教育者运用知识文化为国家社会服务,而是强调受教育者个人的升迁黜陟、飞黄腾达。这种教育必然会提高受教育的成本,并且加深社会内部和城乡之间的裂痕。

随着城市化运动的进展,大多数学者都认识到了没有农村发展的城市化是畸形的城市化,城市和农村是一个整体。中国不可能像欧美发达资本主义国家进行对外殖民掠夺,只有农村经济的发展,才能为城市工商业提供必要的市场、原料和农产品,"内地之农工所生产者,多属原料及半制品,以供给都市中工场之制造,若一日原料来源缺乏,或竟断绝,则危险何堪设想?且食粮为日常生活所不可一时缺少者,若亦因此供给不足,或竟断绝,城市人民,不将饿毙?"②"国民之生计、工商业之原料,多为农产物,使农业不发达,农产物不增加,则原料自无从供给。"③ 20世纪30年代,董时进曾主张发展非农产业使农民都自动从农业中脱离出来,吴景超对此就提出异议:"假如发展中国的实业,而同时不用十二分力量,去改良农民的生产技术,以及其他需要改良的事,请问在别种实业中谋生的人,其食料问题,如何解决?"④ 张慰慈阐述过,城市的产生和发展的前提是有一部分人从农业活动里脱离出来,从事工商业活动。要使一部分人从农村里脱离出来,绝不等于使农村走向衰败,而是相反,要让农村采用新式生产工具和生产方法,也就是说,恰恰要让农村也走向现代化,才能使城市化获得更大推动力。"没有这种状况,工商业决不能发达;工商业不发达,城市也决不能发达。"⑤ 他特别提到了农民为城市高工资所诱惑而单纯去农务工现象是有害城市发展的。它只能让农民获得短暂的好处,

---

① 胡适:《教育破产的救济方法还是教育》,载欧阳哲生《胡适文集》第5卷,北京大学出版社1998年版,第430、431页。
② 陆琢之:《近代都市之畸形发展》,《市政公报》1931年第385号。
③ 《农村衰落与城市集中的危机》,《合作讯》1930年第55期。
④ 吴景超:《讨论〈中国农民何以这样多〉》,《独立评论》1933年第2卷第45号。
⑤ 张慰慈:《市政制度》,亚东图书馆1925年版,第25页。

却造成了农业的衰败和农村的荒芜,结果又将导致粮食价格的上涨,进城务工者最终还是得不偿失,又要恢复他们的农村生活。① 有人还从历史上寻找教训,认为古希腊罗马灭亡的一个重要原因就是"人民集中都市,人口之分配失当,漠视农业人民之供给仰食外国"。② 人员、资源单向地向城市汇集,最后只会造成城市、乡村的两头衰退:"四乡百镇无以谋生的人们都群趋于都市,以为城市里随处都有工做,随处都可以找到饭吃,以致形成'荒漠无人的农村'和'人口过剩的都市'底趋势,但是他们最后得到的教训是城市和乡村一样的贫乏、没落,所不同者,一方是披着银样的外衣,活像苗条可爱的少妇,一方是很坦白的暴露着赤裸裸的疲惫的躯体!"③

乡村的衰败、混乱,也使得城市工业丧失了一片广大的国内市场,反过来导致了城市的衰退。比如西安"整个社会的经济解体,购买力弱是主要的危机,一切交易,均惨淡无力。……再加以农村完全崩溃瓦解,经济命脉已断,有何购买可言?这样辗转循环,形成整个社会的破产,各方面均呈垂亡之象了!"④ 与此同时,做工的人都前往城市,又会引起城市工业所需原料的紧张,"城市工业进步甚快,交通事业发展亦快,原料需要增加之量因而愈大,乡村经济事业如没有同样的速度进展,即不衰退,亦必引起城市原料的恐慌。"⑤ 时人警告:"中国之工厂,用外来之原料,则授人以柄,名存实亡,故工业上原料既有恃于农,欲原料之出产丰富,价廉物美,非农民经济情形安定不可。故中国农民经济之痛苦不解除,工业之发达,可谓绝对无希望。中国农民占全人口百分之八十,故商业上之主顾,仍以农人为多,欲商业发达,非增加农人之购买力不可。"⑥ 正是基于种种类似事实,学者们更是认识到农村经济和城市经济密切的联系。姚溥荪发出诘问:"试问工业之产品失却农村最大之主顾尚有畅销之可能

---

① 参见张慰慈《市政制度》,亚东图书馆1925年版,第25页。
② 《农村衰落与城市集中的危机》,《合作讯》1930年第55期。
③ 余之伴:《不景气的城市》,《独立评论》1934年第128号。
④ 寄紫:《西安漫游杂纪》,《道路月刊》1933年第40卷第1期。
⑤ 卢作孚:《乡村建设》,载凌耀伦、熊甫编《卢作孚集》,华中师范大学出版社1991年版,第60页。
⑥ 杜素民:《中国农民经济之衰落及其救济》,载乔元良等《中国农村问题·总论》,大象出版社2009年版,第100页。

否?"① 朱其华以上海为例，指出大城市的发展是和内地和乡村联系在一起的，"上海的工厂商号决不是单靠上海一个地方的市场吃饭，而大部分的营业是在于外埠的批发。因为内地不宁，民生贫困，市场购买力锐减的原因，以致上海工商业界的外埠销场锐减，这是上海工商业的致命伤。所以上海无论在表面上是如何繁华，而这种畸形的里面，是藏着可怜的衰落的运命。"② 蓝名诂认为城市工业品无法在国际市场上与外国竞争，其"所视为生命线之市场，实在本国农村。故农村经济如能复兴，则农民的购买力始可增加，从而中国工业，方有发展可能。"③ 据1932年的统计，中国的入超白银已达5亿两以上。若上海一埠，出入口贸易总额为343506000关两，占全国贸易总额37.52%，但入超达到223632000两。大连为141694000关两，占全国贸易额15.44%，但出超额却达到21770000两。④ 这种现象的出现很大程度上是因为中国近代单纯发展都市，而忽略乡村，结果导致乡村工业落后，城市市民所需要的基本消费品包括粮食在内也必须依赖外国进口，城市资金大量外流。这又会导致城市工商业发展所需的资本不足，城市市民的消费成本也与日俱增。有人直接道明："都市越富，乡村越穷，其结果不独有害于乡村，而且损及于都市。"⑤ 一般热心探讨城市乡村问题的人都能得出如下认识："查农村复兴与都市繁荣，有密切之关系，都市农村，本唇齿相依，农村兴盛则物产丰饶，都市所需要之粮食及原料品，既无缺乏之虞，农民购买力，亦且增加，工商业必日有进展，否则农村衰落，都市即行萧条不振，故救济农村，实为都市繁荣先决问题。"⑥

不仅经济如此，政治也是如此。城市的根基在乡村，城市之人才，绝大多数来自乡村，故而乡村风尚、道德、政治之良善与否，直接关系着城市风尚、道德、政治。新文化运动兴起之后，反思国民性、从社会风俗去寻找医治中国药方的思想蔚然成风，这一通过建设乡村来发展城市的思路

---

① 姚溥荪：《不复兴农村中国也可以工业化吗？》，《独立评论》1935年第137号。
② 朱其华：《中国经济危机及其前途》，载《民国史料丛刊·经济·概况》第323册，大象出版社2009年版，第310页。
③ 蓝名诂：《中国农村建设之途径·自序》，第10页，载《民国史料丛刊》第495册，大象出版社2009年版，第292页。
④ 参见一之《从对外贸易观察目前中国经济的危机》，《独立评论》1932年第26号。
⑤ 易家钺：《中国都市问题》，《民铎杂志》1923年第4卷第5期。
⑥ 成南：《北平市农村衰落原因及其救济》，《市政评论》1934年第1卷合订本。

第五章 城乡之间:时人对城乡关系问题的探讨

更加明确。许多人认为,民国建立之后,之所以政治黑暗,民主共和有名无实,不能从城市本身去找原因,应该从乡村社会中去寻找。民国初年的地方自治中,许多城市实现了形式上的选举制,可是却并未带来政治的进步,反而加剧了政局的扰攘,一个重要原因就在于农民素质落后,在选举制下,占绝大多数的农村乡绅更容易获得多数选票,"若按照地方自治之选举法,乡民均得有选举权,则城市之公正绅董、素有经验兼有学识者,往往票数反少。只可退处于无权之地,而乡间顽固不通、识字无多之绅士,反操地方大权。"[1] 结果,这种形式上的现代民主制度并未能保证让思想文化素质较高的人才能够有效参与到城市政权中,自然也就不能有效地促进城市政治的进步。因此,许多人已经认识到单纯进行城市政治制度的革新是远远不够的,必须将眼光作一个由上自下的转变,即将努力的落脚点放在广大民间,特别是乡村社会。李大钊说道:"你们若想得个立宪的政治,你们先要有个立宪的民间;你们若想有个立宪的民间,你们先要把黑暗的农村变成光明的农村,把那专制的农村,变成立宪的农村。只要农村有了现代青年的足迹,作现代文明的导线,那些农民们,自然不会放弃他们的选举权,不会滥用他们的选举权,不会受都市中流氓的欺、地方上绅董的骗,每人投的清清楚楚的一票,必能集中到一个勤苦工作、满腹和劳工阶级表同情的人身上。……这样的民主主义,才算有了根底,有了泉源。"[2] 梁漱溟认为先要国家好,才得农村好,这是一种颠倒的见解。其实应该是"要农村兴盛,全个社会才能兴盛;农村得到安定,全个社会才能真安定"[3]。因为,中国80%的人口都住在乡村,"中国就是由二三十万乡村构成的中国。"[4] 因此,他十分重视乡治,认为这是国家政治走上轨道的基础。实业家卢作孚则更明确地提出一个乡村问题放大起来,就是国家的问题。因为"乡村是不断地供给城市人口的地方,如因教育缺乏,供给的都是无知识的人口,那不惟于城市文明没有帮助,反而妨碍

---

[1] 陶行知:《论地方自治之设施当先有种种之预备》,《申报》1920年6月25日第18版。
[2] 李大钊:《青年与农村》,《晨报》1919年2月23日第7版。
[3] 梁漱溟:《抱歉、苦痛、一件有兴味的事》,载《梁漱溟全集》第4册,山东人民出版社1992年版,第834页。
[4] 梁漱溟:《乡村建设大意》,载《梁漱溟全集》第1册,山东人民出版社1992年版,第608页。

不小。乡村教育如果不发达，不但是乡村问题，而且变为城市问题了。"①

在社会生活方面，由于人员、资金都聚集在了少数大城市，这就不仅造成了城市人口拥挤、脏乱差、住房紧张、地价房价高昂、金融投机猖獗等生活问题，还由于形成了城市劳动力供过于求的局面，导致了城市失业严重、工人工资低廉等社会问题。1932年有人游历了南北城市后，发现上海、青岛都处于人满为患、经济不景气的状态。而乡村也由于生产力锐减而荒芜，最后的结果是城市乡村两头衰退。"从农村到都市，从个人到社会，整个的都闹着不安，恐怖着同归于尽。"② 卢作孚认为，城市社会问题的根本原因是人口都集中到了城市，而要解决这个问题，必须赶紧解决乡村问题。③ 城市病的主要表现就是城市的畸形膨胀，这种膨胀不仅对城市自身的发展没有益处，也影响了全国社会的协调发展，"都市集中之为害最烈者，尤在将全国之资本劳力，吸收于少数之大都会或大事业，使田野荒芜，食粮匮乏，而农村之自治与教育，皆无人过问。盖一国之繁荣，在其国之富力为均等之分配，与各种之事业为均等之发达，断非一二大都会之畸形发达所能代表。"④ 有人提出医治"城市病"有治标与治本两条途径，治标法便是在城市里采取福利、保险等制度，治本法便是开发乡村，"先求内地之发展，内地既经开发，人皆从事于故土，必不愿离乡背井，谋食异地，结果都市人口不致过剩，而社会秩序得以安定。"⑤

20世纪30年代，随着中日战争的临近，有识者逐渐发现，资源集中在城市也带来了国防的危险，主张将其分散到农村："盖今日大工业多集中都市，土地人工均属昂贵，使都市财力膨胀，畸形发展，而农村又成为极度贫血，一遇国际战争，更为敌人破坏之目标，在今日空军威力下，全国精华可于数小时内随城市殉其大半。倘将集中都市之工业分散于农村，大工业分散为小工业，则无论就工业本身及经济与国防观之，均属有百利

---

① 卢作孚：《乡村建设》，载凌耀伦、熊甫编《卢作孚集》，华中师范大学出版社1991年版，第60页。
② 徐中玉：《从江阴到青岛》，《独立评论》1934年第130号。
③ 参见卢作孚《乡村建设》，载凌耀伦、熊甫编《卢作孚集》，华中师范大学出版社1991年版，第61页。
④ 坚瓠：《都市集中与农村改造》，《东方杂志》1920年第18卷第17号。
⑤ 陆琢之：《近代都市之畸形发展》，《市政公报》第385号。

而无一害。"① 分散主义的小都市计划盛行,也是和时人关于城乡关系的思考联系在一起的。

因此,为了城市化道路能够走上健康、良性的发展轨道,处理好城乡关系是十分重要的。学者们为消灭城乡差别进行了多种思想探索。"向乡村去"的思潮在二三十年代盛行一时。

第二节 解决城乡关系的途径和对城乡差别原因之分析

消灭城乡差别,首先要城市帮助复兴农村。而如何帮助复兴农村?自然是要城市人去乡村进行经济建设工作。章士钊就主张一方面农民要懂得科学耕种,另一方面城市人要主动到乡村去帮助农村改造。怎样让城市人到乡村去?"把无产业的游民,一齐送到田间去",这样可免除城市人口过剩之患,缓解城市内部的就业、居住、治安等社会问题,又使农村得到了必要的劳动力;同时,他希望知识分子能够起到带头作用,主动与农民连成一片,并从事农业生产,"士农应连成一气,达到握笔为士,罢笔为农就好了。"② 梁漱溟则提出"乡村建设理论",发起"乡村自救运动"。戴季陶认为当奖励机织,保护农业,尤其是鼓励种棉、纺纱、织布,因为这三项才是"实业",而非"虚业","既不种棉,又不纺纱,更不织布,全国之民,皆衣输入之布,以有限之资力,供无限之需用,势不至竭全国之财不止也。"③ 戴季陶认为,正是因为中国的工业都一窝蜂发展以满足城市人奢侈需求的消费品工业去了,也就是"虚业",而对棉纱布这些"实业"却等闲视之,结果,导致一个几千年以耕织为传统的农业中国,在20世纪初,居然要靠外国输入棉布。这种情况一方面造成城市国际贸易的长期入超,城市商业的利润外流,国内城市无法进行真正的资本积累;另一方面乡村工业废弃,经济破产。因此,戴季陶认为,中国应首先

---

① 《手工艺品预展及本市手工业之将来——都市与农村之经济交流》,《都市与农村》1937年第23期。

② 章士钊:《注重农村生活——章行严在甲种农业讲演》,载《章士钊全集》第4卷,文汇出版社2000年版,第152页。

③ 戴季陶:《棉布救国论》,载唐文权、桑兵《戴季陶文集(1909—1920)》,华中师范大学出版社1990年版,第421页。

做好种棉、纺纱、织布三件事，这样一方面可恢复乡村工业，另一方面又可使国内城市不再依靠外国棉布，改变贸易入超局面。如是，城市与乡村就可建立起一种良性的互相促进的关系，共同发展。此外，殷体扬还建议，制定一个城市，划出相当的农村，由城市去领导救济。①

"金融业为近代产业之原动力，酌盈剂虚，端赖金融为之调节。"② 发展金融，同时也是调节城市与乡村关系的重要手段。"必须内地与上海，相互调节，周转融通，然后荣枯均等，方可无畸形发展之虑。金融业为酌盈剂虚之中心。"③ 在当时许多人眼里，以为乡村与都市矛盾的核心问题是"如何把都市过剩的资金灌注到偏枯的农村中去"，因此对发展金融极为重视。章乃器就建议创办大规模农业金融机关，由政府发行农业金融公债为农业银行之基金，这样使都市的资金通过农业银行而输送到内地去。④ 此外也有人尝试通过"统制经济"模式来消除都市的无政府生产状态，从而解除城乡不平衡发展。如唐有壬主张"政府与民间互相监督各种事业"，并将全国金融机关"照他们营业的种类和方向，分为几个系统……以中央的最高金融机关，通过各种系统的金融机关以资助各种产业的发达。如此则政府只须因管理中央最高金融机关，同时间接即可管理全国的各种事业。"⑤ 以千家驹为代表的一部分学者则看到了农村金融破产乃是和国际金融资本的渗透联系在一起的："现今活跃在中国农村中的高利贷资本，正是国际金融资本通过银行、钱庄、当铺、豪绅地主而剥削农民的一个主要形态。"⑥ "现今活跃在中国乡村经济中的高利贷资本，正是国际资本支配中国经济生活的在乡村中的一个支流或代理人。"⑦

在复兴农村的探索中，合作主义是当时十分盛行的思潮。比如陈光甫主张建立信用合作社，以低利向农民放款。在旧中国的乡村里，农民生产

---

① 参见殷体扬《由城市到农村》，《市政评论》1935年第3卷第15期。
② 骆清华：《金融业·序》，载张研、孙燕京《民国史料丛刊·经济金融》第457册，大象出版社2009年版，第3页。
③ 贝淞荪：《金融业第一编银行业》，上海市商会商务科编辑，第4页，载张研、孙燕京《民国史料丛刊·经济金融》第457册，大象出版社2009年版，第12页。
④ 参见千家驹《救济农村偏枯与都市膨胀问题》，载千家驹等《农村与都市》，《民国史料丛刊》，大象出版社2009年版，第2页。
⑤ 同上。
⑥ 同上书，第10页。
⑦ 乔元良：《中国农村经济一般的观察》，载乔元良等《中国农村问题·总论》，《民国史料丛刊》第672册，大象出版社2009年版，第61—62页。

的产品，往往要依靠商人为之转运，于是形成了对商业资本的依赖。到了近代，则主要依靠一批商业资本家，这些商业资本家多为帝国主义间接的买办或经纪人向这类农民收集大批的原料；所以他们的生产主要是供给外部市场，经过贩卖商人的中介把生产品传达给各地消费者或出口。这种经济得以普遍，其基础是帝国主义在中国扩大了内外市场，又使小生产者没有与市场直接发生关系。①农产品到达消费者之手，经过若干次中间人盘剥，农民对所售农产品的价格无力操纵，农民的利益受到严重损害。只有"使农产品直接达于消费者之手，或减少非必要之中间人之侵占，庶几农民及整个社会，均有利益。"②另外，由于中国近代金融落后，大量资金虽流向城市，实际却未得到合理投资，又没有有效的金融机构将其导向农村，所以大量资金积压在城市形成游资。利用合作社则可使资金在都市与农村合理流通，消除城乡隔膜，促进双方共同繁荣。正如殷体扬所说："都市现金的集中，呆滞不容易流通，资本苦无流放地方。而农村方面，反感经济枯竭，借贷无由，所以大家便想把都市停积的现金，利用合作社力量，一面谋恢复农村的生产力，一面也为金融界开拓了一个过剩资金的去路。"③学者认为，不仅农村要办合作社，城市里也应该办合作社，这样才能使双方的需要互相得以调剂，"都市为节应农村需要和改善市民生活，必须合作。到了以后农业生产发达后，农村出产，自以运售都市为主，而都市工业品亦以运销农村为最后尾闾，如此互相流通都借合作获得优良的生产和低价的消费，供需相衡，农村和都市的对立性也就完全消灭。"④这样，农民的购买力得到加强，城市产品的成本也得以降低。

重视教育，特别是"职业教育""生活教育"，只有普及大众、为大众服务的职业教育，才是最适合农民实际的，才能打破"精英教育""贵族教育"对教育资源的垄断，使人才能够流向农村。胡适说："根本救济在于教育普及，使个个学龄前儿童都得受义务的（不用父母花钱的）小学教育；使人人都感觉那一点点的小学教育并不是某种特殊阶级的表记，

---

① 参见严灵峰《再论中国经济问题》，载《回读百年——20世纪中国社会人文论争》，大象出版社2009年版，第233页。
② 杜素民：《中国农民经济之衰落及其救济》，载乔元良等《中国农村问题·总论》，第112页，《民国史料丛刊》第672册，大象出版社2009年版，第118页。
③ 殷体扬：《合作事业与都市繁荣》，《市政评论》1935年第3卷第9期。
④ 同上。

不过是个个'人'必需的东西,—和吃饭睡觉呼吸空气一样的必需的东西。"① 胡适强调,国家与社会必须拼命扩大初等义务教育,"欲要救济教育的失败,根本的办法只有用全力扩大那个下层的基础,就是要下决心在最短年限内做到初等义务教育的普及。"② 还有有识者特别提出,来自城市的乡村教育者必须了解农村社会的实际,以免教育和农村社会相脱节,"乡村学校的教师,必须有适当的农业知识,对于服务区内的民情风俗,要格外熟悉"。③ 30年代,金慕陶提出把当时的"到乡村去"口号改为"回乡村去"。因为,许多城市知识分子即使到了乡村,也由于与乡村隔膜太深,提出的建议全不符乡村实际,往往还加剧了乡村负担;"回乡村去"则是提倡出自农村的求学青年,学成以后回到自己的家乡服务,因为这批青年对自己的家乡更加了解。④

这时,"乡镇化"道路的思想也在出现。这种思想并不是反对城市化进程,而是力图通过扶植乡村工业发展小型乡镇,避免人口都拥挤在大城市而出现人口分布不均状态。通过这种模式,既可帮助农村发展现代机械工业,又可减轻城市的人口压力和地价,使得城市化进程可以和缓进行。浙江的电力计划就包含了这种构想,"使工业自动的渐向乡镇发展,全国成立多数工业小城市毋覆有集中一二大都市之必要。人口分配,可免不均,社会难题迎刃而解。""然本计划绝非欲完全打销大都会制度,不过使其发展较前和缓能得从容设计,渐次扩充,不如前此之应接不暇,发生人满之患,拥挤之苦,但求各得其平,不偏不激而已。"⑤ 浙江省电力计划宗旨的第一条就规定:"扶助工业向乡镇发展,以免人口不均之患。"⑥

社会主义思潮的兴起也为消灭城乡差别之路提供了一条途径。十月革命后,不少学者和市政学家都对苏俄的城市建设极感兴趣,对苏俄市政的研究和对资本主义的反思联系在了一起。有人指出:"资本主义城市发达的结果,是剥削农村,破坏乡村,而社会主义城市的主要目的,却是

---

① 胡适:《教育破产的救济方法还是教育》,载《胡适文集》第5卷,北京大学出版社1998年版,第430页。
② 同上书,第431页。
③ 业孔:《谈乡村教育——过去的缺憾》,《长沙市民日报周年纪念特刊》1931年。
④ 参见金慕陶《到农村去与回农村去》,《都市与农村》1935年第16期。
⑤ 周钟岐:《电力计划·绪言》,《浙江建设厅月刊·论坛》1927年第2号。
⑥ 《电力计划之宗旨》,《浙江建设厅月刊·论坛》1927年第2号。

第五章 城乡之间:时人对城乡关系问题的探讨

'乡村城市化'。"① "消灭城乡的界制,并不定要将所有现存的城市完全毁灭,只在改正城市与乡村的妨碍施行社会主义之点,使其彻底的社会主义化;只在提高乡村的教育与享乐,免致其为都市所专利。……使城市去改造乡村,使市民供给农民各种机器,帮助乡村,使农业集团化。"② 前往苏俄考察过的张又新认为,资本主义国家的城市,缺乏计划管理,听任城市自由发展,结果造成城市畸形发展,城乡差别有若天渊。苏俄则将城市纳入整体计划中,可使乡村享受城市的便利。③ 在这批学者的思想里,已经逐步认识到城乡差别的拉大和资本主义存在内在的联系。

学者们没有忘记文化建设,他们主张在文化上融合城乡,形成一种包含双方优点的现代市民文化。Dr. weber 博士说过:"人的理想的地点,不是都市,也不是乡村,是都市与乡村的互相混合。"④ 民国学者认为只有调和都市文化和乡村文化的长处与短处,才能解决城乡文化发展不平衡问题,也才能最终发展出健康、优雅的城市文化。"正本清源的解决方法,惟有调和都市生活与农村生活。于都市则改良龌龊之市井状况,使有农村清新之佳味,与工厂切实之布置;于农村则保护健全之田园趣味,而加以都市文明之事业,于是两得其平,毫无偏颇。"⑤ 解决城乡关系在于实现城市乡村化和乡村城市化,"民生主义的实现,不但要使得城市繁荣,同时也要兼顾乡村的发展,而且繁荣的城市,应当具有乡村化的意味。"⑥ 易家钺也主张城乡"两两接近,两两融合,则不独都市问题可以解决,即农村问题——中国最大最重要的问题——亦将随之解决了。"⑦

1919 年,有人在《湘江评论》上如是写道:"现在社会上的人,他富了,他就'贵'了,就有'官气'了……他就男女不平等,不交际,不解放了,为什么?为'诗书礼教''体面'规矩下,束缚隔阂了!……平时不能出门一步;有丫鬟、女工服侍自己大便'洗手招香'不能动了!各位何不看看那乡下农家的那些妇女?烧饭,洗衣,算账、侍客,同男子一块儿作事,一块儿说话,几多的自由!几多的'光明''坦率'……

---

① 周隆基:《苏俄的市政制度与城市计划》,《市政期刊》1934 年第 2 期。
② 张又新:《苏俄市政制度一瞥》,《市政评论》1934 年第 1 卷合订本。
③ 同上。
④ 《社会问题、都市问题及其解决途径》,载朱亦松、宋希庠《社会问题》,第 10 页。
⑤ 同上。
⑥ 黄曾樾:《发刊辞》,《南京社会特刊》1931 年第 1 卷第 1 期。
⑦ 易家钺:《中国都市问题》,《民铎杂志》1923 年第 4 卷第 5 期。

唉，有钱的，富的，就那么苦；无钱的，平等的，竟这么有乐趣，有生气。"① "城市"反而不如"乡村"富有"城市"的品性，这是历史上常常发生的悖论现象。城市的喧闹、畸形消费、市侩气、复杂的人际关系、钩心斗角的竞争消磨了城市人的朝气，磨灭了他们的生活理想，而到了农村和郊外，他们却反而发现，这里是可以重新激发他们的理想和朝气的场所。就如一个在城市里整日忙于生计和竞争的商人在文章里所写到的，当他行走在乡村时，"一步步的向着征途踏进，心中充满了希望，显得前途极其光明，不但忘了风尘的劳倦，并且还因此鼓舞起前进的猛勇精神。"② 引入乡村精神克服城市人的懒散、骄奢弊病，成为当时医治市民"城市病"的一个重要思路。罗超彦说："都会中人，在肉体精神方面，俱见退步，健全刚毅的民族，全靠各乡村保存。"③ "这个救济策，就是要把村落美点更多移入都市，使更适于健康，同时又把都市长处更多赋予村落，使成更健全的地方。"④ 林语堂说过："接近自然就意味着身体与精神上的康健。退化的只是城市人，并非农村人，所以城市中的学者与富庶人家总是有一种渴望自然的感觉……这是使中国文明得以长期延续的既微妙又深刻的方面。"⑤ 同时，不少人发现，去乡村建设、为乡村服务可以克服城市人在城市里形成的骄奢淫逸、不事生产的腐败风气，从而形成一种为社会服务的高尚社会文化。有人发出和李大钊相似的呼吁："我们如果把在都市每天应付奸诈环境的精力，移转来用到农村里面去，从辛苦里面创造出来的事业，比在都市里尔虞我诈争得的地位，要高尚百倍。……青年的人们，请打消你在都市追求淫乐生活的迷梦，去追求真正的人生乐趣，创造真正的伟大事业罢！"⑥ 当"城市"在诸多人眼里已经成为罪恶的渊薮、殖民主义的大本营时，"乡村"被他们视为可以重新塑造现代新文化的空间，"乡村"精神是克服现代都市文明弊病的精神良药。

田园城市理想兴起的一个重要原因也是学者出于平衡城乡关系的思考。"僻居乡野之人，破屋茅檐，局处其中，终身不见近世之文明，则见

---

① 子暲：《富贵＝妇女》，《湘江评论》1919 年第 4 号。
② 龙泉：《郊行》，《商人生活》1935 年第 1 卷第 5 期。
③ 罗超彦：《现代都市计划》，南华图书局 1929 年版，第 55 页。
④ 同上。
⑤ 林语堂：《中国人》，学林出版社 2001 年版，第 49 页。
⑥ 龙泉：《郊行》，《商人生活》1935 年第 1 卷第 5 期，第 73 页。

第五章　城乡之间:时人对城乡关系问题的探讨

闻日陋,程度日卑,无以使全国民族有一致之进步……而田园都市之理想缘之而生焉。"① 霍华德提出田园城市的主要目的就是结束城乡分离的社会结构,建立城乡一体的社会结构。他说:"城市和乡村必须成婚,这种愉快的结合将迸发出新的希望、新的生活、新的文明。"②民国的市政学者也希望借此理想打破城乡彼此隔绝的状态,实现"农村都市化"与"都市农村化"。蒋慎吾认为:"所谓田园都市,可一以蔽之,即农村都市化,都市农村化……而一般人民乐于游息于斯,经营事业于斯,形成一和美社会焉……盖如是,农村可以打成一片,将来发展至相当情况,能使都市人口分布于新式之农村,农村之事业同化与近代之都市;新中国已赖以建立,逞论社会之病态矣。"③ 他们认为田园城市理想可以改变"工有余器而不能得粟,农有余粟而不能得器"的部门资源分配不合理状况,使工业与农业资源分配均衡,各得其宜。④ 它更可以打破城市与乡村相互隔膜的状态,让二者自动调节,"如城市之居民厌稠密,则可迁入田园新市;乡村居民厌寂寞,亦可移居于田园新市。如此互相调节,则风气易开,文化教育等事业,亦易于发展。"⑤ 既可解决城市人口、住房问题,还可将城市文明辐射乡间,提升乡村精神文化层次,"故欲使我国各地,悉成乐土,当注意寓乡于市之意。除使乡间之天然安乐,固有清雅,完全保存外,更将城市之种种方便,一切美丽介绍于乡间。如此则不独我国新旧城市之居处问题,不难迎刃而解,即乡野之鄙陋生活,亦可立见增进矣。"⑥ 但是必须指出,20世纪初,中国学者在介绍田园城市理想时始终是以城市人的立场来解读这种学说的,他们宣扬、介绍这种学说的基本出发点还是为了让城市人在紧张繁忙的生活之余得以在城市内享受一点田园风光来松弛他们的神经。因此,这种田园城市理想主要还是为城市服务的,它在实践中并没有起到太多的让农村也能享受城市文明滋润的作用。

要寻找到真正解决城乡差别的途径,必须寻找到这种现象出现的根本

---

① 百诲:《山林与城市》,《进步》1914年第7卷第2号。
② [英]埃比尼泽·霍华德:《明日的田园城市》,金经元译,商务印书馆2000年版,第9页。
③ 蒋慎吾:《近代中国市政》,中华书局1937年版,第140—141页。
④ 杨哲明:《现代市政通论》,第175—176页。
⑤ 同上书,第194页。
⑥ 董修甲:《田园新市与我国市政》,载陆丹林《市政全书》第1编《论著》,中华全国道路建设协会1928年版,第191—192页。

原因。众多学者对此问题进行了探讨。有许多人看出形成城市通过掠夺乡村来促进自己发展的模式的重要原因就在于中国城市主要都是商业型城市的功能特点。陶希圣就认为，从长远看，这种商业型城市是不利于城市与乡村双方之发展的，"在这种都市里，主要的事业是农村出产物与外来的商品的交换。这种都市，在农业繁荣的时候，固然繁荣；但是他们的繁荣，并不一定使农村富庶。他们的繁荣并不促进生产的进步。最显著的是外国商品深入内地之后，社会的生产是吃亏了，但是商业都市反大为繁盛起来。不过，等到乡村血干髓竭，这种都市也就衰落下去了。"① 甚至，有些非人文学者依靠自身的专业思维，也看出了这种商业型城市自身的生产能力不足，消费功能却极其强大，由是形成城市对乡村的剥削。1934年，著名土壤化学教授蓝梦九谈到了这个问题，他把都市分为单纯都市和复杂都市，单纯都市就是现代人所说的商业都市，复杂都市就是现代人所说的工业都市。城乡关系实际上就是一种人与人的关系。工业都市与乡村的关系属于生产者之间的关系，纯商业都市与乡村的关系则属于非生产集团与生产者之间的剥削与被剥削关系。他特别提出了一个法则："保持一定人数之社会的集团，其自身不行任何生产，而能为绝对的消费时，则完全支付此集团之消费的生活资料之原价总额的为农村，集团自身与其支付无何等关系，如斯之人口的集团，我们名之为'绝对消耗体'，单纯都市就是绝对消耗体的一种形式。"② 近代中国城市自身的缺陷的确被众多学者所认识，那么按照他们的思路，要改变城市剥削乡村的局面，只有进行城市功能的转变，强化其生产动力机制，将城市由消费的城市变成生产的城市。后来，抗战时期，费孝通先生也提到，要使都市和乡村合作发展，"乡村和都市在同一生产的机构中分工合作。要达到这目标，在都市方面的问题是怎样能成为一个生产基地，不必继续不断的向乡村吸血。"③

但是，经济学家千家驹则更为深刻地看到了，形成这种城市剥削乡村局面的根本原因是由于国际资本主义势力侵略。一方面，国际资本势力要通过沿海城市向内地吸血榨髓，"上海对内地固为出超，对国际则为入

---

① 陶希圣：《都市与农村》，《独立评论》1935 年第 137 号。
② 蓝梦九：《都市与农村的根本关系》，《中国经济月刊》1933 年第 1 卷第 2 期。
③ 费孝通：《乡土中国与乡土重建》，风云时代出版 1993 年版，第 126 页。

第五章　城乡之间:时人对城乡关系问题的探讨

超。所以由乡村流入的现金,大部分还是关到外国银行的保险柜中去了。"① 另一方面,都市工业则在帝国主义与封建势力交互的压制下而不能迅速地发展,反而由于资本主义商品的侵入扩大了豪绅和地主的欲望,使得为满足权贵集团的消费品工业迅猛发展,从而加剧了地主对农民的剥削。② 中国的城市就无法像西欧历史上的城市那样可以对农村进行反哺,最终促使乡村资本主义化,相反只有城市对乡村进行吸血。所以,千家驹很清醒地指出:"农村偏枯与都市膨胀只不过是整个社会经济破产病态局部的表现,在中国整个的社会经济得不到救济办法之前,一切的调剂都市与乡村的计划,都是一句空话,都是不能兑现的。"③ 还有学者看到,帝国主义的对立竞争、掠夺式的城市化模式嵌入了中国的城乡体系中,导致中国城市与乡村的对立。中国城市与乡村的关系俨如欧美世界国家与国家间关系的复制。"大都市与农村城镇之关系,尤美国之于欧陆各国,内地既有入超,而现资枯竭,不能用以偿付;同时大都市之资金不能散放内地,而反尽量吸收内地残余之游资;与美国之为债权国、出超国,而吸收欧洲之余资相同。"④ 总而言之,这些学者已经将中国城乡关系放在了国际框架和资本主义世界体系的大背景下进行考察。

国际资本往往又是通过中国国内的买办、土豪劣绅为中介,以城市为平台来加强对乡村的掠夺的,有研究农村的学者描述了当时乡村土豪劣绅如何将资金从农村抽离,又通过在城市的畸形消费流向国外的:"他们仗着一些微薄的'母金',吃农民,着农民,不耕而食,而常占着优越的地位,度生活,长子孙,慢慢地由小资产而变成大资产,由大资产而脱离农村,跳到都会里,把搜括来的钱,借都会的消耗,而流传到国外去。这样地一批来,一批去,新陈代谢,由农村里不绝地转输到都会里,都会里的钱,都因工商业的衰落、浪费者的挥霍,很容易被外人捆载而去,不能再散还农村里去。"⑤ 依附于外国经济势力之下的城市,形成了不事生产、消费至上的奢靡文化,成为一座座为外国资本商业贸易服务的消费城市,

---

① 千家驹:《救济农村偏枯与都市膨胀问题》,载千家驹等《农村与都市》,大象出版社2009年版,第25页。
② 同上书,第4、5页。
③ 同上书,第3页。
④ 《农村问题》,《经济统计月志》1934年第1卷第1期。
⑤ 钱醉竹:《农村崩溃的致命伤》,《都市与农村》1935年第5、6合期。

当这种类型的城市依靠自己的辐射力打开农村世界封闭的大门时，不仅不能反哺农村，带动农村发展，反而加剧了对农村的掠夺，由是城市与乡村的对立成为中国近代的主要社会矛盾之一。以千家驹为代表的一批学者由是认为，在国家生产不断破产的形势下，单纯地依靠都市与乡村的金融流通或创办合作社的办法都属于头痛医头脚痛医脚。要从根本上解决这个问题，只有改变整个大环境，即"必须扫除那些促成农村与民族产业破产的帝国主义势力及其扶植的封建残余"。①

第三节 近代学者对城乡关系探讨之启示

资源过多地集中到一处，必然是一个社会畸形发展的表征。"一国的财富若是聚集在一部分，若是不分散到全体，那末，这个国家或社会，必成一种跛形或畸形的发达。"② 中国知识分子对城乡关系的探讨和解决城乡发展不平衡的探索，实际上反映出，当时的知识精英逐渐发现，"城市病"的解决必须跳出城市之外，要从整个社会宏观的组织上去寻找解决方案。城市问题和农村问题实质上同出一源，都是整个社会组织病态发展的表征，不过由于在两种不同的地域空间中表现不同而已。邱致中说过："都市社会的构造与农村社会不同，所以同一问题，它在两种社会中表现的方式也各异了。"③ 而中国仍然是一个农业人口占80%以上的农业大国，农业社会依然是中国社会的土壤，要解决"城市病"，必须从乡村世界里寻找救治之道。而且，沿海沿江的一批先行都市直接面对着国际体系，其城市化和现代化进程都已经受到重重束缚，知识分子遂把现代眼光开始转向更加广阔的乡村世界。20世纪初，中国知识分子由关注城市转变为更多地关注乡村，这反映了知识界看待社会的眼光发生了一个从上到下的转变，恰与新文化运动前后知识界对中国社会问题的探讨由政治、科技深入到社会文化和习俗这一趋势相呼应。这一转变中对城乡关系问题的探讨给了今天中国以深刻的启迪。

而这种探讨还反映了另外一种思想趋势，即一部分知识分子逐步认识

---

① 千家驹：《救济农村偏枯与都市膨胀问题》，载千家驹等《农村与都市》，第26页。
② 易家钺：《中国都市问题》，《民铎杂志》1923年第4卷第5号。
③ 邱致中：《都市社会问题》，有志书屋1936年版，第3页。

第五章 城乡之间:时人对城乡关系问题的探讨

到城市化的主体到底是什么人。只有明了城市化运动究竟主要依靠什么力量,城市化道路才能走上良性发展之路。回顾西欧城市化历史,不难发现,其城市化的主体就是乡村和乡村的农民,城市化是由这个世界内生出来的。在英国的农村地区,早在工业革命两百多年前就出现了一大批新兴工业区,当时有作为英国民族工业的毛纺织业,还有采矿、冶金、制盐、制革、造纸等行业,乡村织布业甚至击败了行会控制下的城市呢布业,出现了城市资金和工匠纷纷涌向农村的景象,史称"二次城市兴起"。正是这种被后世史学家称为"原始工业化"的乡村工业,成为英国日后工业革命的生长点。在这些乡村工业者中,诞生了世界上第一批农民企业家,"英国乡村工业的发展史告诉我们,很明显,乡村工业发展和繁荣,从经济条件讲,是以足够储蓄率和商品率的农业为基础;从社会条件讲,是以富庶和自由的个体农民为骨干,他们为工业提供了资金、技术和资本家。不仅如此,富裕农民及其开创的新型农业生产组织为乡村工业提供了近代生产组织形式。……因此,一个农业国家,如果不能生产出足量剩余的农产品,也就不能生产出一个工业世界。"[①] 中国就更是如此,"近代城市作为历史先导,代表着近代中国社会发展的方向。但是,在近代中国,乡村仍然居于特别重要的地位,是整个社会转变的基础或决定性力量。"[②] 所以,城市化的主体力量应该是农民,其生长点在乡村,中国的城市化运动要推进,也必须依靠广大农民进行大的农村改造运动。但是,由于中国近代的城市化是一种在屈辱的、外力胁迫下发生的城市化,它的发生动力、发展方向很大程度都来自外部列强势力和本国的达官贵人、买办绅商,本国人民反而成了受体,广大农民和乡村世界更是常常被排除在这个进程之外。这样的一种城市化必然是一种畸形城市化,其利益流向主要是指向外部的。国内的受益者主要是为外国资本主义势力服务的既得利益集团。一部分知识分子也认识到了这个问题,"自辛丑以来,国家以兴利为急,于是呈请开矿筑路者攘臂而起,其禀中词意无不以兴利为言,而究其厉害所终极,则独受其害者,国家大局也。稍受其利而终受其害者,人民也。得其小利者,出面具呈之华商也。而独得其大利者,则出资经办之洋商与其

[①] 侯建新:《社会转型时期的西欧与中国》,高等教育出版社2005年第2版,第253页。
[②] 徐勇:《非均衡的中国政治:城市与乡村比较》,中国广播电视出版社1992年版,第236页。

本国之政府也。"① 这批人和他们的后台——西方列强也就成为一批沿海和沿江城市的统治者，这一格局深刻限制了中国的城市现代化运动，令城市化运动的空间逐步遭到挤压。在这种自身工业化动力极其薄弱、城市化动力很大程度要依赖外国资本主义力量的条件下，不仅经济上的现代化在城市这样一个空间范围中总是无法起到挽救民生、造福国家的目的，就连政治、文化上的现代化运动在城市里也屡屡受阻、虎头蛇尾。20世纪初，中国发生了两场大规模的城市革命，一场是辛亥革命，另一场是始于1925年的第一次大革命。这两场革命最终都以一种妥协的方式结束，辛亥革命以孙中山将大总统之位让与袁世凯为结束，其实标志着代表城市中下层市民阶级的革命党向军阀势力、士绅阶级和外国列强的妥协；第一次大革命最后以蒋介石与江浙财阀、帝国主义势力达成妥协，镇压共产党领导的工农革命运动后形式统一中国、部分实现革命目标而结束。两场城市革命都未达到预期目的，最大原因就是因为城市的统治权把持在了买办阶级、士绅阶级和外国列强之手。所以，要变这种受制于人的依附型城市化为真正独立的、民族的城市化，必须重新寻找主体、开拓空间，也就是毛泽东所说的："谁是我们的敌人，谁是我们的朋友，这个问题是中国革命的首要问题。"甚至要让现代化运动暂时绕开城市，到乡村世界去继续展开。在知识分子重新面对乡村世界和乡村农民的思想中，确实存在对乡村文明留恋的守旧情怀和小文人情调，但还包含另一种向前的倾向，即知识精英依靠广大农民来实现社会改革的企图。当梁漱溟说出"真的力量恐怕只有在内地乡村社会中慢慢地酝酿，才能发生大的力量，而后再影响于都市"② 这番话时，当李大钊呼吁"青年呵！速向农村去吧"③ 的时候，已经表明一部分知识精英的视角发生了一个从自上而下到自下而上、由城市影响农村的思维模式到由农村影响城市的转换。而且这一模式转换的同时也在变成为政治现实，从梁漱溟、晏阳初的乡村建设运动到毛泽东提出"农村包围城市"，共产党由城市革命转向土地革命战争，从后来抗战时期大后方有为青年竞相投奔延安，到新中国成立后共产党号召知识分子到农村体验生活，直到发动上山下乡运动，号召知识青年接受贫下中农再教

---

① 《中外日报社论》，1904年6月15日。
② 梁漱溟：《真力量要从乡村酝酿出来》，载《梁漱溟全集》第2卷，山东人民出版社1992年版，第97页。
③ 李大钊：《青年与农村》，《晨报》1919年2月23日第7版。

育，都是这一思想模式转变的现实化。而且，中国共产党不仅通过在农村的土地革命、乡村工业化建设，将党支部建在地方上，牢牢地在农村建立了根基，又掌握了城市阶级里的下层市民——工人阶级这股力量，从而通过"工农联盟"这样一种方式建立起了一种城乡共同体，使中国的城市逐步摆脱国际资本势力的控制而走向了独立。

在这股"到乡村去"的思潮里，还给后人一个富有哲思的启示。即城市现代化的进程是否只能在城市里展开，是否也可以转移到乡村社会去进行？民国学者柯象峰当年曾对"文化必然要由都市创造"这种说法进行了质疑，他认为："文化之创造亦不一定是在都市，至于教育，若为得优良的大学中学及小学，并不必放在都市之嘈杂的环境中，乡间亦可办优良的小学中学，而学校环境的选择，现在已有倾向于离开都市了。而有益于健康式的娱乐如运动游戏，更有离开都市的必要，图书馆、博物馆在其他城市间亦可促进改良，而不一定需要集中都市形成一个中央集权的方式。"① 30年代南昌市选择在洪桥郊外建立公园，就是因为当时市内已经人满为患，房屋都已不足供应，只有依赖郊外空旷之地发展建设，"市内公园已为都市所限止，不易发展，郊外公园，为其唯一适应潮流之对付者，故颇有其伸缩性。"② 易家钺也表达过类似的观点，他承认城市的教育、治安、生活、文化都比乡村优越，但"这些好处固不仅一定要在都市才能发生，若乡村中能采纳都市的优点而重新配置起来，则理想的农村，即吾人未来的天国。"③ 罗超彦则说得更加明确："在郊外地施行适当的都市计划，间接可以缓和人口的稠密，吾人专改造繁盛的中心地域来解决这人口过多的问题，是颇困难的。所以对郊外发展，就是解决这困难问题的一个良方。"④ 这些话其实是在表明：当资源在城市里过于集中时，可以分散一部分到乡村；当城市的某些设施和理念在城市里缺乏进行的空间时，可以先到乡村世界去展开。而这实质上就表达了一种思想：城市化本身也可以通过"逆城市化"的形式进行，"逆城市化"并不等于"非城市化"，乡村世界也可以出现城市文明。美国的大城市曾经出现过人口迁

---

① 柯象峰：《现代人口问题》，正中书局，载《民国丛书》第3编第16册，上海书店，第352页。
② 李善勤：《建筑洪桥公园之计划》，《南昌市政半月刊》1935年第1卷第9、10合期。
③ 易家钺：《中国都市问题》，《民铎杂志》1923年第4卷第5号。
④ 罗超彦：《现代都市计划》，南华图书局1929年版，第13页。

往郊区的"逆城市化"现象,可知民国学者们的思想极富有前瞻性,也说明中国20世纪初出现的"到乡村去"思潮是具有世界普遍意义的。当然,当时中国的这股由城转乡的倾向又和现在发达国家出现的"逆城市化"有所不同,当时的城市人转向乡村的主要目的不是像现在的城市市民一样为了躲避大都市的嘈杂而去享受乡村的宁静优雅,而是为了去建设乡村、改造乡村。这种建设的思想和实践表面是在为乡村服务,却常常体现了一种城市化的理想。比如当时有人指责乡村教育其实是变形的私塾教育,"各个乡村的教育,便各自为政,失了统一性和联络性,全是一片散沙似的",要把这种旧式的、体现乡村社会特色的、分散的教育改变为"联络一致的方式,使能互相切磋,互相补益,日趋进展之途"。[①] 这种教育体现的恰恰是一种互助合作的团体式精神,正是城市社会发展的要求。因此,"城市"的精神可能在"乡村"的世界里拓展延伸,这是民国"到乡村去"思潮折射出的一个重要的矛盾运动现象。

"在空间中始终具有某些肯定性的潜能,比如真正的人类创造性才能潜存于其中,还有某些正在复活反璞之中的空间所包含着的无限潜能,均可以为那些遭受压迫与控制之苦的人们带来福祉。"[②] "向乡村去"思潮的出现,本质上反映出当时的中国现代化运动由于在城市里的空间日益挤压,于是到那具有无限潜能、尚待开发的乡村世界去寻找并创造新的空间。表面看,这是传统空间的复活,其实却是新空间的开拓和新精神的孕育。根据法国学者列斐伏尔的观点,空间不能仅仅视为社会关系演变的平台,它自身就是社会关系至为重要的组成部分,它既是历史发展中生产出来的,又随历史的演变而重新结构和转化。[③] 所以,创造新的空间同时就是在创造出一种新的社会关系,这种关系包括阶级之间的重构整合、日常生活中人与人的交往、城市与乡村的共同发展。那么,同时已在进行的中共土地革命和后来的建设也可以看成是这样的一种创造活动。

[①] 业孔:《谈乡村教育——过去的缺憾》,《长沙市民日报周年纪念特刊》1931年。

[②] 刘怀玉:《现代性的平庸与神奇:列斐伏尔日常生活批判哲学的文本学解读》,中央编译出版社2006年版,第407页。

[③] 参见包亚明《现代性与都市文化理论》,上海社会科学院出版社2008年版,第136页。

第五章　城乡之间：时人对城乡关系问题的探讨

第四节　"反城市化"思潮的萌发

自从城市化运动和城市文明在中国大地上出现后，就和其传统的农业社会与植根于其上的农业文明发生了深刻的冲突。曾经习惯了淳朴宁静的乡村生活的国人对于"人口繁多、生活复杂"的大城市由惊叹到不适，由不适到反思，种种"反城市"的观点应运而生。"城市为万恶之薮"的声讨不绝于耳，"以农立国""回到田园"去的呼声，此起彼伏。城市文明与乡村文明之争，构成了20世纪初思想文化讨论的一个重要内容。比较集中体现了这种思潮的主要是20世纪二三十年代的一批主张"以农立国"的乡村派，如章士钊、梁漱溟、晏阳初、董时进等人，但是实际上自20世纪初梁启超反思西方文明的弊端开始，此种思潮就已经逐渐抬头，之后发见于学者的理论上、作家的诗歌小说中、政治人物的治国方略和革命路线上，以及人们的日常观念中，一直影响了整个20世纪。

这股思潮普遍认为城市是罪恶的渊薮，市政学家董修甲阐述过这种思潮"以城市为万恶之薮，其生活极其苦病。城市制度，不独大失其望，实为文化之障"。① 由于在近代中国，城市成为经济政治中心，人们多倾向于前往大都市里谋生路，而当时城市工业的发展还远不足以解决如此庞大的人口就业问题，于是大量过剩人口集中于城市，一面是许多人为工作而不择手段竞争，一面是无业者聚集城市形成种种城市治安问题，结果社会形成了一种趋炎附势、蝇营狗苟的恶习，城市道德风尚也明显败坏。许多人由是认为，城市容易滋生罪恶，如果大家都安于乡村务农，便能保持勤劳朴实之美德。比如，杨昌济认为："近日人心浮动，有舍本逐末之趣势。乡人多弃其本业而争趋城市，余甚悯之。居乡务农者，虽勤劳而寡获，然安而可久；入城市谋生者，虽间能多获，然漂泊无常，且易染恶习，或至丧其人格而不可恢复。"② 还有人说："都市生活是罪恶的代表，在城市中钻来钻去的人，只有相互的欺诈、诱骗、奸险百出，一个个鬼头鬼脑，所有人类的一切缺德，无不兼备。这种缺德的总体和，便是近代文

---

① 董修甲：《市政问题讨论大纲》，青年协会书局1929年版，第12页。
② 杨昌济：《治生篇》，《新青年》第2卷第4号。

明的全体。"①

  与宁静的、淳朴的乡村文明比起来，城市这种"恶"就越发凸显。许多知识分子出于对城市社会的病态社会现象的失望，产生了对传统乡村社会的向往。在他们的视野里，城市成为罪恶、欲望的象征，乡村则是一片朴素、和谐的净土。有学者直言，国人之所以爱乡村而厌都市，"还有一种哲理的原因，即因中国人爱和平，和平是中国人的特性。"② 他们认为，农业文明是一种讲究道德、和平、典雅的文明。"乡村生活是和平的代表，住在乡村的人，只有诚实、笃信和悦而谦恭，勤俭而知足，人类一切美德差不多都可在乡间求之。"③ 戴季陶形容都市人"其性质则狡猾也，其行为则诈欺也，其风俗则淫佚也，其生活则放荡也，所求者虚荣，所争者强权，以视陇亩野人之熙熙雍雍者，其道德程度之低下为何如耶？"④ 尤其在第一次世界大战之后，在批判西方工业文明、宣传东方文化拯救世界这一思潮兴起的背景下，宣扬农业文明、鄙夷城市文明的倾向进一步发展。农业国内部以均平原则分配财富，是故国内没有太大的贫富悬隔和阶级分化，同时也无须向外掠夺，自然就不会产生随工业文明而来的社会矛盾和殖民掠夺。"凡国家以其土宜之所出人工之所就，即人口全部，谋所配置之，取义在均，使有余不足之差，不甚相远，而不攫国外之利益以资挹注者，谓之农国。"⑤ 而工业国家的城市文明却崇尚奢侈、繁华浪费、欺诈丛生、争夺不已。"自十八世纪以还，欧洲机械渐兴，工业日茂……都市生活，为之盛涨……增造富族，豪侈无论……其在国内，贫富两阶，相去太殊。"⑥ 世界之所以充满殖民战争，乃是这种文明的必然结果，"以工业立国者，则事事皆积极进行，故恒至生产过剩，竞争市场，推广殖民地，因此血战，前后相继。"⑦ 章士钊认为，西方世界的社会问题是工业文明本身发展的产物，无法依靠工业文明自身来克服，"此乃工业本身之

---

  ① 易家钺：《中国都市问题》，《民铎杂志》1923年第4卷第5期。
  ② 同上。
  ③ 易家钺：《中国都市问题》，《民铎杂志》1923年第4卷第5期。
  ④ 戴季陶：《都市罪恶论》，载唐文权、桑兵《戴季陶文集（1909—1920）》，华中师范大学出版社1990年版，第416页。
  ⑤ 章士钊：《农国辩》，载《章士钊全集》第4卷，文汇出版社2000年版，第267页。
  ⑥ 同上书，第269页。
  ⑦ 章士钊：《在上海暨南大学商科演讲欧游之感想》，载《章士钊全集》第4卷，文汇出版社2000年版，第159页。

痞疾也。即本身而求医也焉，如以水济水将万无幸。"① 要解决西方世界的城市社会问题和它们带来的世界问题，只有依靠工业文明的对立面——农业文明。西方城市文明的弊端不仅造成了西方城市社会自身的种种病态，而且还影响了中国社会，破坏了中国的传统美德。

不仅这些文化学者如是认识，文学家们更是将这一倾向在他们的感性文字中表现得淋漓尽致。沈从文一生都以"乡下人"自居，从湘西那原始人性和边城风物中汲取创作灵感，创造了一个充满着"爱"和"美"的"湘西世界"。他如是自述："在都市上住上十年，我还是个乡下人。第一件事，我就永远不习惯城里人所习惯的道德的愉快，伦理的愉快。"② 周作人1926年称上海文化"是买办流氓与妓女的文化，压根儿没有一点理性与风致。"③ 朱自清也自称扬州人而鄙夷上海："大华饭店与云裳公司等，足可代表上海文化的一面。……还不是及时行乐，得过且过的多！"④ 老舍的名著《骆驼祥子》讲述了一个原本对生活充满憧憬、立志用自己的辛勤劳动争取幸福的朴实农村青年"祥子"如何在城市里一步步被腐蚀，最终堕落的悲剧。茅盾的《子夜》描绘了一位初到上海的传统乡绅"吴老太爷"对都市文明的无比厌恶：

> 他的眼光本能地瞥到二小姐芙芳的身上。他第一次意识地看清楚了二小姐的装束；虽尚在五月，却因今天骤然闷热，二小姐已经完全是夏装；淡蓝色的薄纱紧裹着她的壮健的身体，一对丰满的乳房很显明地突出来，袖口缩在臂弯以上，露出雪白的半只臂膊。一种说不出的厌恶，突然塞满了吴老太爷的心胸，他赶快转过脸去，不提防扑进他视野的，又是一位半裸体似的只穿着亮纱坎肩，连肌肤都看得分明的时装少妇，高坐在一辆黄包车上，翘起了赤裸裸的一只白腿，简直好像没有穿裤子。"万恶淫为首！"⑤

---

① 章士钊：《何故农村立国》，载罗荣渠《西化与现代化》，北京大学出版社1990年版，第732页。
② 沈从文：《萧乾小说集题记》，《大公报·文艺副刊》1934年12月15日第12版。
③ 周作人：《上海气》，载周作人《谈龙集》，岳麓书社1989年版，第90页。
④ 朱自清：《那里走，我们的路》，载《朱自清全集》第4卷，江苏教育出版社1990年版，第237页。
⑤ 茅盾：《子夜》，载《茅盾全集》第3卷，人民文学出版社1984年版，第12—13页。

文人雅士更是热切地怀恋着传统优雅的生活方式和审美情趣，为它们遭到都市工商业文明的破坏而痛心不已。"拆掉一座城墙，总会有人同声反对，理由是这座城市将失去中世纪的古雅。北京最初铺设电车道时，许多美国游客看到电车穿越这座城市的中心而深感遗憾。几乎现代化的每一步都会遇到这样的指指点点。工业化破坏了人们的家庭生活并使他们放弃了祖先崇拜。现代学校教育使中国的书法成为一种失传的艺术。课本用白话文，使学生不能用古文作文了。小学生不再背诵孔子的经书。电影正在赶走中国戏。禁止缠足是好事，可是丝袜子太贵了，现代舞蹈吓人。妇女解放也许是必要的，但是剪短发、抹口红搞得过火，如此等等"①。林语堂认为建立在传统手工业基础上的"手艺文明，与政治的封建文明，自有它特殊的诗趣，也有特别精神上的美致的慰安"②。曾为维新派领袖的康有为因为广州修马路要拆明伦堂，打电话给时为广州护法军政府主席总裁的岑春煊和伍廷芳，斥为"侮圣灭伦"，说"遍游各国，未之前闻"③。弘一大师回忆西湖在民国初年时还有许多城墙和柳树，一派古色古香氛围，而到了1937年，"西湖边上的马路洋房也渐渐修筑得很多，而汽车也一天比一天地增加。回想到我以前在西湖边上居住时，那种闲静幽雅的生活，真是如同隔世，现在只能托之于梦想了"④。老舍对北平的热爱，也由于北平作为一个传统城市，它和乡村文明紧密相连，较少工业大都市的吵杂、烦扰，"北平是个都城，而能有好多自己产生的花、菜、水果，这就使人更接近了自然。从它里面说，它没有像伦敦的那些成天冒烟的工厂；从外面说，它紧连着园林、菜圃与农村"⑤。

要挽救中国经济，必须从复兴农村入手，这是当时反城市化思潮的另一种看法。早在1914年，就有一位提倡"田园都市"的学者发出了"复兴农村"的呼吁："今日都市之腐败，乃为世界之未有；农村之衰颓，亦为世界之未有。历年灾民辈出、流离失所，尤为世界所未闻。将来工商业

---

① 胡适：《文化的冲突》，载罗荣渠《西化与现代化》，北京大学出版社1990年版，第362页。
② 林语堂：《机器与精神》，转引自胡适《我们对于西洋近代文明的态度》，载欧阳哲生《胡适文集》第4册，北京大学出版社1998年版，第17页。
③ 毛泽东：《世界杂评》，《湘江评论》1919年7月14日创刊号。
④ 李叔同口述，高文显记录：《我在西湖出家的经过》，载李叔同《送别·我在西湖出家的经过》，复旦大学出版社2006年版，第157—162页。
⑤ 老舍：《想北平》，载钱理群《乡风市声》，复旦大学出版社2005年版，第3页。

第五章 城乡之间:时人对城乡关系问题的探讨

勃兴,交通机关发达,人口集中日益盛甚,吾不知都市农村败坏之现象,又当如何。嗟嗟!三百九十万平方迈当之神州,尽成芜地;四百七兆有奇之神胄,比及牛马。深愿有地方之责者,须知都市为社会腐败之蔽,农业为吾国立国之基。彼在世界上以商立国之英吉利,尚以复兴农业为急,况吾国以农立国?关于农业改良,岂可不特别注重?"[①] 后来,持此观点的主要是20年代的"乡村派"和"第三条道路派",代表人物有章士钊、梁漱溟、晏阳初、郑林庄、董时进等人,当然也包括许多其他的学者。他们要求以农业文明和乡村世界为国家本位,维护农业文明才是解决社会问题、摆脱外来危机的出路。章士钊等人认为,中国社会如此扰攘,根本问题还是经济贫困落后所致。由于经济衰败,导致人民生计凋零,于是才有道德败坏、乱象纷呈。而经济之所以如此贫弱不堪,就是因为当国者和一批知识精英不从中国是一农业国这一最大国情出发去振兴农业,反而照搬西方城市文明下的许多制度来建设国家,如联省自治、社会主义,"这些制度都是工业社会的产物,若勉强搬到农业社会的中国来,好像将欧洲数层的高大房屋,移植于中国茅房草舍之上,终久要倾倒的"[②]。由是就发生了"饭碗问题","欧洲各国是以工业立国的,他们的代议士,简直是资本家的代表,所以下了野还有饭吃;他们的政治活动,是有了饱饭吃才出干的。中国的代议士是来找饭吃的,下了野便没有饭吃,哪得不捣起乱来?"[③] 因此民国建立后才会祸乱相循。梁漱溟认为,中国想学习西方走都市文明和工业文明的道路,但并不成功,工业没有发展起来,结果农业文明又被破坏了,于是导致了国家严重的生计问题,"假令中国也像日本一样,成为了近代的工业国家,走上了一条新路,则乡村虽毁也不成大问题。无如新路未曾走通,而所靠唯一吃饭的道儿——乡村农业——又毁,问题就大了!"[④] 他极力地提醒社会,中国一直是"以乡村为本,以农业为主;国民所寄托,还是寄托在农业,寄托在乡村;全国人民靠什么活

---

① 陈玉润:《欧美改良都市农村说》,《东方杂志》1914年第10卷第7号。
② 章士钊:《记章行严先生演词》,载《章士钊全集》第4卷,文汇出版社2000年版,第157页。
③ 章士钊:《农村自治——在学术研究会讲演》,载《章士钊全集》第4卷,文汇出版社2000年版,第148页。
④ 梁漱溟:《乡村建设理论》,载《梁漱溟全集》第2卷,山东人民出版社1992年版,第152—153页。

着？不就是靠农业靠乡村吗？"①他还认为，一个国家实行何种制度、何种文化，都要有其社会基础的支撑，而中国是一个以农业为主体、乡村为本位的国家，那些文化精英却没有对此基础进行合理的建设修复，而是绕开它直接在城市里移植工业文明国家的制度和文化，必然是要失败的，"如教育、如法律，从工业社会产生出来，于都市文明中有其位置与作用。搬到中国来，既安插不上，又失其意义，乃大生其反作用。其他种种罔不如是。""无论为都市文明之景仰或都市文明之反动，总皆离开乡村说话，不从乡村起手，其结果不破坏乡村不止"②。

因此，从民族自救的角度出发，他们认为"一方都市的工业，受外国的资本主义经济势力的阻遏不能发达。新兴都会的发达，在族国主义的立场上论，又是和中国有害无利的事"③。若孙倬章认为中国的城市化和工业化实际上正在沦为外国资本主义势力的附属，"外人尤热衷于矿产之开发。海外资本家，野心勃勃，群思瓜分。美国汽车大王福德氏，早欲开发中国之煤铁与油。近闻其已着手准备，方在造就中国人才，供其役使，以同攫中国宝藏。故中国今日欲工业化，必不免外资之纠葛。其为害最大，未可漠视"④。而农业文明则"不许人有攫取大利之机会"⑤。郑林庄认为当时都市工业在国际帝国主义支配之下空间太小，"中国今日实不易有建立一个都市工业的机会。……因为受了客观的限制，我们已不能在农业之外另建立大规模的都市工业，但我们却可以在农村里面培植小规模的农村工业"⑥。而农村工业是分散的，"是多少可以容易免除帝国主义的束缚的，是为达到自供自给的状态的，而不是想向外夺取市场的"⑦。郑林庄本人并不反对城市工业，不过他认为在当时的形势下，城市工业是百年大计，是一个长期目标，而要解决现实的救亡图存问题，必须发展乡村工

---

① 梁漱溟：《乡村建设理论》，载《梁漱溟全集》第 2 卷，山东人民出版社 1992 年版，第 608 页。
② 同上书，第 151 页。
③ 费达生：《我们在农村建设中的经验》，《独立评论》1933 年第 73 号。
④ 孙倬章：《农业与中国》，载罗荣渠《西化与现代化》，北京大学出版社 1990 年版，第 706 页。
⑤ 同上。
⑥ 郑林庄：《我们可走第三条路》，《独立评论》1935 年第 137 号。
⑦ 同上。

第五章 城乡之间:时人对城乡关系问题的探讨

业。① 戴季陶也持类似观点,他同样不反对城市文明和工业文明,但他认为振兴农业是挽救民族危亡的根本:"维持中国于不穷,惟有奖励机织,保护农业二者而已。而不然者,则农人之生活既见夺于都市之虚利企业家,而都市之利益,更全攘于外人,则匪特穷也,亡国而已,灭种而已。"② 当时,由于近代都市日益膨胀,农村却逐渐衰败,导致中国这样一个农业大国,其米、麦、水果、棉纱、棉布、木料、烟草等基本生活资料却要每年仰仗外国进口,曾有人对这种经济命脉操纵于他人之手的局面发出警告:"外米转为我国之命脉,苟数年以后,国人生计日艰,购买力薄弱,外人知我国财力已竭,不复输运,欲求苟延残喘,其可得乎?向使国家发生不幸事件,与外国宣战,而被封锁海口,粮食恐慌,可立而待,尚可以言战争乎?"③ 根据戴季陶在1912年的统计,进口的棉纱和棉布导致中国每年流出白银两亿两以上。④他言道:"中国之穷,穷于不种棉,穷于不纺纱,穷于不织布。"⑤ 梁漱溟则说得更明晰,"吾今欲发达产业,其从工业以入手欤? 是固可以取径资本主义矣。然不平等条约之束缚既扼吭窒息不得动,一也。苦不得资本以为凭借,二也。环我者皆为工业国,各席其数世或数十年之余荫,更无余地以容我发展,三也。而吾固农国,取径于大不便于农之资本主义,是自绝生路,四也。是故我之不能从工业入手而从农业,有必然矣"⑥ "因无路可走,才走上乡建之路,开辟别一个新路线,以农村为主体来繁荣都市……开辟世界未开辟的文明路线,以乡建工作为民族自救的唯一出路"⑦。著名学者何廉考察了现实中国在世界体系中所处的地位,发现中国工业化的道路已经十分狭窄,煤产60%以上的资本操纵在外国手中,铁矿90%操纵在日本人手中,铁路纱厂也有90%操纵在外国手中⑧,中国工业化的原料已经难以获得。因此,他也认

---

① 郑林庄:《我们可走第三条路》,《独立评论》1935年第137号。
② 戴季陶:《都市罪恶论》,载唐文权、桑兵《戴季陶文集(1909—1920)》,华中师范大学出版社1990年版,第420页。
③ 陆贯元:《南京市粮食管理问题》,《南京社会特刊》1931年第1期。
④ 参见戴季陶《棉布救亡论》,载唐文权、桑兵《戴季陶文集(1909—1920)》,华中师范大学出版社1990年版,第421页。
⑤ 同上书,第419页。
⑥ 梁漱溟:《河南村治学院旨趣书》,载《梁漱溟全集》第4卷,山东人民出版社1992年版,第907页。
⑦ 陈序经:《乡村文化与都市文化》,《独立评论》1934年第126号。
⑧ 参见何廉《中国的经济力量在哪里》,《工商学志》1935年第2期。

为发展都市工业救国的道路并不现实,"中国的经济力量在哪里呢?依我看绝不在沿海六省,而是在乡村,中国的经济力量应该在农人身上去找。""中国的人口十分之八以上是农民……进口十分之六,是日用必需品……中国的出产与购买大半是农人……中央税收有十分之八,是来自农民……中国的经济力量绝不在大都市大工业,而在农民,在乡村"①。由于中国城市化和工业化在现实中发展所受到的诸多羁绊,这些学者纷纷将眼光从都市移开转向乡村,从城市大工业移开转向乡村工业,并开始将农民视为现代化运动的主体力量。

但是我们也必须看到这这股思潮内部包含着两种不同倾向。

一种倾向是彻底反对工业化道路,主张回归农业经济,代表人物为章士钊。他不仅反对工业国的都市道德,也反对工业经济本身,他号召:"凡所抄袭于工国浮滥不切之诸法,不论有形无形,姑且放弃,返求诸农,先安国本。"②面对城市文明带来的种种问题,他们幻想用走回头路的方法来避免这些苦难。而且,以今天的眼光看来,这一派其实所持的是一种"比较优势"理论。此理论认为,如果一个国家在本国生产一种产品的机会成本(用其他产品来衡量)低于在其他国家生产该产品的机会成本的话,则这个国家在生产该种产品上就拥有比较优势(百度百科)。当时就有人指出了这一派人的思路:"主张以农立国者,每谓中国为世界最古最大之农业国;地大物博,气候温和,长江南北,无不宜稻,黄河南北,无不宜麦,他于丝茶棉豆蔗糖粮食花生药材麻革等物,皆随处可种。……故处今日而欲求富强,其惟振兴农业乎?若工业则非我之所长,不妨一任外国之发达其工业焉。"③按照章士钊这种模式,中国就永远不能实现工业化,永远只能充当外国资本主义的原料产地和商品销售市场,不可能实现他们所希望的以农业来达到民族自强的目的。因为,拿农业品和工业品交换,农村必然处于不利的地位,农村和城市的交易,农村也总是容易处于不利的地位。假如中国以农立国,它和以工立国的西方世界的贸易就恰如农村和城市的贸易,始终会处于入超的地位。所以,有人讥讽以农立国派幻想农民以手工业生产去对抗机器工业,是"奋螳螂之臂,御隆车之燧"④。

---

① 参见何廉《中国的经济力量在哪里》,《工商学志》1935年第2期。
② 章士钊:《农国辨》,载《章士钊全集》第4卷,文汇出版社2000年版,第272页。
③ 资耀华:《中国国际贸易之现状及其救济方案》,《东方杂志》1925年第22卷第17号。
④ 贺岳僧:《解决中国经济问题应走的路》,《独立评论》1934年第131号。

仅从1876年至1920年的45年中，中国入超达3206874570海关两白银，其中工业品进口占进口货的65%，由于工业不振而流向国外的资金其中半数就足以抵偿政治外债，"农非不当重也，无工商为之辅，终难独胜"①。

另一种以梁漱溟为代表的"乡村派"倾向则有所不同，虽然其中有不少人在道德伦理上也对传统的乡村文明不无留恋，但在经济层面上，这批人并不反对工业化，只是认为中国工业化的基础首先是乡村工业，而不是都市工业。梁漱溟并不反对发展工业，认为农业也可以使用工业技术。而且，他深知，要想解决城乡对立只能发展工业，依靠工业来反哺农业，城市来反哺乡村，"当西洋工业发达都市兴起的时候，他们的农业也受到妨碍，乡村也受到压迫，不过他于工业发达都市兴起之后，就又赶快回过头来救济乡村救济农业"②。他的乡村建设思想，主要是基于对中国城市化道路的失望。他发现，中国的城市化是虚有其表，表面轰轰烈烈，"而那种热闹全是空的，那很多的人，多半是为避乱或者为谋事而来的"③，城市化的根基——工商业经济却并不发达。他认为中国近代都市文明无法发展的最主要障碍在于中国不像日本有一个良好的政治环境保障城市工商业的发展，传统政治体系已经在近代的革命中被破坏中断，难以恢复了，也没有一个强有力的政府能制定出合理的政策来保障城市经济发展秩序，再加上国际不平等条约体系的束缚，所以中国无法成功走上都市文明道路，"未来的中国将永不能像日本走近代资本主义的路"④。因此梁漱溟认为中国要发展工业，不能把焦点放在城市，而应该"走振兴农业以引发工业的路。换言之，必从复兴农村入手，以达于新社会建设的成功"⑤。这样一种绕开城市、由复兴农村而发展工业文明的思路正如他所言："好似一面墙壁，如果不依顺他，则不能通过这墙壁，而达到此面墙时非转弯不可，非至一定路程时亦不能转弯也。"⑥ 这种观点在当时的中国并非只

---

① 申报馆：《五十年来之中国工业》，载《最近之五十年》1923年2月，转引自陈真、姚洛《中国近代工业史资料》第1辑，三联书店1957年版，第1—2页。

② 梁漱溟：《乡村建设大意》，载《梁漱溟全集》第1卷，山东人民出版社1992年版，第609页。

③ 同上。

④ 同上书，第157页。

⑤ 同上书，第158页。

⑥ 梁漱溟：《自述》，载《梁漱溟全集》第2卷，山东人民出版社1992年版，第30页。

有"乡村派"才具有，方显廷在抗战爆发前也持类似观点，他在《中国之工业化与乡村工业》一文里认为乡村较之城市，有着劳动力价格低廉、接近原材料产地、运输成本低等优点，因此"中国工业化之未来，系于乡村工业之复兴者至钜"[①]。也就是说，"以农立国"派在经济层面上，和宣扬城市文明的人之间的分歧主要不在于是否发展工业化，而在于现代化应该从城市开始还是从农村开始，或者说，中国现代化是走城市影响农村还是走农村影响城市的道路，再或者说，中国可否不经过乡村工业阶段而直接发展城市工业。

在梁漱溟等人看来，如果没有乡村文明的进步，城市文明的提升就缺乏基础。首先，工业的发展可以由农业的发展自然而然生发出来，他说："在农业技术前进的过程中，工业自相缘相引而俱来；如因农业化学而引起来的工业，因农业机械或工程而引起来的工业，因农产制造而引起来的工业等。"[②] 还有主张"走第三条路"的经济学家郑林庄，也持类似观点。他明确表示，中国已经被卷入了现代资本主义文明的潮流之中，要想不被这股潮流所吞噬，只能主动去实现工业化。但是，他又认为，作为一个千年农业大国，是不可能立刻转变为一个工业国家的，只能渐进式转变。因此，"在由农业社会进于工业社会的期间，应该有个过渡的时期来做引渡的工作。换言之，我认为，我们所企望的那个工业经济，应该由现有的这个农业经济蜕化出来，而不能另自产生。因此，我们现在所应急图者……是怎样在农村里面办起工业来，以作都市工业发生的基础。"[③] "在农村里面有了农业与工业相并进行，失业的问题就可以解决了，一个国家在改变制度间国民所发生的彷徨心理也可以免除了，最后，而且最重要的，都市的工业亦可由此而萌芽了。这不是个过渡时期的最简捷的办法吗？"[④] 戴季陶等人也有类似观点，他主张开发西北的农业，其理论支撑实际上也是要走由农业引发工业的道路，"要振兴工业，必须先振兴农业；要振兴农

---

① 方显廷：《中国之工业化与乡村工业》，载《中国经济研究》，商务印书馆1938年版，第632页。
② 梁漱溟：《乡村建设理论》，载《梁漱溟全集》第2卷，山东人民出版社1992年版，第160页。
③ 郑林庄：《我们可走第三条路》，《独立评论》1935年第6卷137号。
④ 同上。

业，必须开发西北辽远阔大的农田！"① 并且他还认为，在农业的发展下，郑州不出20年，"就可赶到上海之下，无锡之上"②。这种结论背后隐藏着一种理论设计：农业的发展可以自动结出现代化和城市化的果实。

第五节 "反城市化"思潮出现的原因

回顾世界城市发展史，关于城市文明与乡村文明的争论实际上早已有之，欧洲18世纪就出现过"城市是一切罪恶的中心"这种思想，法国思想家卢梭等人也高喊过"回归自然"的调子。美国有句谚语："上帝创造乡国，人类建设城市。"意指城市是道德败坏的人类聚集之地，乡村才是上帝创造的人间伊甸园。工业革命以后，城市化发展突飞猛进，诸多"城市病"暴露无遗，社会上对乡村文明的怀旧之情也自然与日俱增。这原本也是人类文化心理的共同特点。回顾中国20世纪初的这场乡村文明与城市文明之争的历程，我们不难发现，其中有着世界历史的共性。但又必须看到它还包含着中国当时特殊的历史内涵，"反城市文明"思潮的出现和自鸦片战争以来中国人深深的文化危机感和文化失落感联系在一起。在西方人的先进物质文明进攻下，中国一败涂地，国人发觉五千年文明几乎诸事皆不如人，特别是作为文化精英的一批传统知识分子，更是痛心疾首。在第一次世界大战结束后，西方资本主义文明的野蛮性、破坏性首次彻底地暴露在了世界的面前，东西方都出现了对西方物质文明的反思，世界范围内首次出现了"东方文化救世论"的思潮，并由此出现了对都市文明的批判。正是在此背景下，斯宾格勒写出了《西方的没落》，以A.恰亚诺夫为代表的一批具有民粹主义倾向的俄国学者发出"都市文化的时代已经过去了"的呼声。③印度大诗人泰戈尔在日本演讲时发出了深深的文化忧虑："全世界现正不知不觉地在向自杀的路上前进，现在的文明，在城市方面，是充满着不自然的生命，人生都枯燥无味。"④ 而在这

---

① 戴季陶：《向西北猛进的两大意义》，载罗家伦《革命文献》第88辑，1978年10月影印再版，第10页。
② 同上书，第22页。
③ N. 克列姆涅夫（A. 恰亚诺夫）：《我的兄弟阿列克塞到农民乌托邦国的旅行》，1920年版，第5页。
④ 泰戈尔演讲：《都市与田园》，从予译，《东方杂志》1924年第21卷第15期。

个时候，世界和中国的城市又都患上了"城市病"，人们对"城市"的负面印象与日俱增，正如市政学者金国珍阐述的："自产业发达、机械进步以来，近代之人们，已成为机械化，生活线之压迫，最足以抑压人们之自尊心，而堕落其品性，因在奴隶的劳动之下，全无薄技在身之感，由黎明以达暮夜，孜孜劳动，成为一辈之生活；又因生产过剩，招来工场倒闭；因工场倒闭，而产生工人失业；因工人失业，酿成思想之恶化，而促成犯罪之增多。往昔尝以都市为文明之巷，为一国文化之中心，今则一变而成为恐怖之巷矣。"[①] 国内一批对传统文化怀有深厚感情的知识分子也与这股世界思潮遥相呼应，欲重建中国传统文化在世界的价值，中国传统文化又以奠基于几千年乡土中国之上的乡村文明为土壤。这就是乡村文明与城市文明之争出现的文化渊源。

同时，近代中国的城市化运动的发展动力机制先天不足。它不是传统农业社会的自然提升，而是由于近代开埠通商的引发，以及租界内部西方城市文明的辐射而起步，并且在一个不平等的经济体系中展开的。西方发达资本主义国家通过东南沿海和沿江的商埠城市深入中国内地掠夺资源和开拓市场，在这种背景下兴起的城市化运动一开始就是以对广大乡村的破坏为代价的，这造成了近代中国的城乡二元对立结构特别突出的特点。漆树芬很深刻地道明了口岸城市在中国与西方贸易体系中所处的位置："我之商埠，不论自开与他开，全国约百处，俱为他们销货的尾闾。换言之，他们即以我国商埠为中心，应用其工业式、商业式、借贷式三种侵略手段，一方面因此遂得畅销其货物于我国市场，而他方面由此得采进素所缺乏之原料，以长久维持其无限之资本膨胀，而达吸取我国资金之目的。"[②] 尤其是上海这座"东方明珠"，克利福德形容，西化的上海就像"中国躯体上的一只寄生虫"，只收取却不给予，就像是"将国家财富源源不断运出去滋养伦敦、东京、纽约和巴黎的运输管道"[③]。于是，在近代中国人的视野里，城市文明必然是作为一种外来的、异质的文明出现的，是和西方列强、殖民主义联系在一起的，农村文明才是代表民族的、乡土的中国

[①] 金国珍：《市政概况》，新民印书局1941年版，第339页。
[②] 漆树芬：《经济侵略下之中国》，光华书局1931年版，第209页。
[③] 尼古拉斯·克利福德：《帝国的宠儿：二十年代上海的西方人和中国革命》，Middlebury College Press 1991，第25—27页，转引自［美］史书美《现代的诱惑：书写半殖民地中国的现代主义（1917—1937）》，何恬译，江苏人民出版社2007年版，第320页。

第五章　城乡之间:时人对城乡关系问题的探讨

文明,农村文明与城市文明、农业与工业对立的形成就成为题中应有之义了。许多知识分子反对城市文明和工业文明一是出于反对外来侵略,二是探索一条城乡共同发展的城市化道路。

但是,这种思潮的出现又反映了作为"乡土中国"的强大惯性和旧式农业社会对新兴城市文明的抵制。费孝通先生认为农业经济"不但是生活程度低,而且没有发展的机会,物质基础被限制了"。而工业经济是"不住的累积和扩展,机会多,事业众"。农业经济的生活态度是"知足",工业经济的生活态度是"无厌求得"。① 分别奠基于两种经济之上的都市文明与乡村文明的区别也是如此。由于现代城市是奠基于工商业发展之上,反对城市文明的思潮必然常常是和反对工商业文明的思潮联系在一起的。西方城市文明的传入,改变的不仅仅只是中国社会的景观、器物等层面,更是从精神生活层面直接和崇尚和谐、宁静的传统农业文明发生了冲突。有人如是阐述"反城市化"思潮出现的原因:"中国人为什么这样厌弃都市呢?唯一的原因就因为中国是农业国。……中国工商业向来不发达,所以都市也不发达。中国农业素称发达,所以一般人民都爱乡村生活而厌弃都市生活。"② 梁启超通过对西方世界的观察发现,在城市文明下,人们终日生活在忙碌、焦虑和竞争当中,面对复杂的社会生活,人们内心无所适从,情感和信仰都在城市文明里被消磨殆尽:"聚了无数素不相识的人在一个市场或一个工厂内共同生活,除了物质的利害关系外,绝无情感之可言,此其一;大多数人无恒产,恃工为活,生活根据,飘摇无着,好像枯蓬断梗,此其二;社会情形太复杂,应接不暇,到处受刺戟,神经疲劳,此其三;劳作完了相去要乐,要乐未完又要劳作,昼夜忙碌,无休养之余裕,此其四;欲望日日加高,百物日日加贵,生活日日加难,竞争日日加烈,此其五。"③ 梁启超认为造成这种现象的根本原因就是由于现代城市文明是一种和古代城市文明完全不同的文明:"现在都会的生活和从前堡聚的村落的生活截然两途。"④ 现代城市因工商业文明而兴,它自身就是为工商业发展、流通而存在,因此,在城市里,科学主义、物质主义、竞争主义等占据了意识形态的高地,温情脉脉的宗法伦理被市场的力

---

① 费孝通:《乡土中国与乡土重建》,风云时代出版1993年版,第107页。
② 易家钺:《中国都市问题》,《民铎杂志》1923年第4卷第5期。
③ 梁启超:《欧游心影录》,载《梁启超全集》第5卷,北京出版社1999年版,第2973页。
④ 同上。

<<< "城市中国"的探讨

量无情撕破，庄严肃穆的诸天神灵被狼狈赶下神坛，城市的中心再也不是官衙、教堂、寺庙，而是商场、证券所。梁漱溟曾举了个例子："都市中保护私人法益为职业的律师，专代私人争取法律范围内的利益，完全露出争取的意味，实为从前社会所决不曾有。"①梁漱溟举的这个例子颇为耐人寻味，因为他在这里思考的已经不再是西方城市社会建设里产生的某些失误对中国社会的影响，而是现代城市文明本身和中国传统文明的精神就存在着冲突。现代城市文明是和现代工商业联系在一起的，在意识形态上是和个人主义、竞争主义联系在一起的，它和中国农业社会的宗族主义、和谐主义必然要产生深刻矛盾，这样就出现了梁漱溟所惊呼的"文化失调"。乡村文明与城市文明之争的实质就是农业文明与工业文明之争。

走在怀古浪潮最前面的，往往是那些深润于传统文化之中的文人雅士。尤其当城市文明遇到种种挫折或出现各种"城市病"时，一些传统文人总是会不自觉地将乡村生活"诗意化""艺术化"，幻想重返田园来避免城市社会的种种矛盾，而无视乡村社会落后、野蛮的事实。很多时候，那淳朴而富有诗意、世外桃源般的乡村世界更多的是知识分子出于一种需要而进行的想象。关于这一点，其实"海派"作家施蛰存说得很透彻："这种和平与淳朴的好处，到底只堪从想像中去追求的，比如你身处于一个烦嚣的都会里，偶尔憧憬一下这样的山城生活，那是对于你很有补益的，若果你真的来到这里住下去，象我一样，我想你倘若不能逃走，一定会自杀的。"②

第六节 对"反城市化"思潮的评价

历史的车轮已经驶过了几乎一个世纪，当我们今天再回头去审视那些20世纪初的文字时，必须承认，这股思潮不仅在当时有其合理性，并且对于我们今天的城市化运动还有着诸多现实意义。

首先，20世纪初年文人和学者对"城市病"的揭露和批判鞭辟入里、尖锐深刻，和孙中山先生以及诸多学者当时对欧美资本主义弊端的反思一

---

① 梁漱溟：《乡村建设理论讲演录》，载《梁漱溟全集》第2卷，山东人民出版社1992年版，第204页。
② 施蛰存：《山城》，载林呐主编《施蛰存散文选》，百花文艺出版社2004年版，第219页。

脉相承。他们的批判既是属于人类对资本主义文明反思的一部分，也是人类对城市文明进行自我反思的一部分，对于我们今天防止、医治"城市病"仍然有着重要的启示。甚至，在某些方面，他们或许比"都市派"更稳妥、更谨慎。"都市派"的某些观点，对当时中国的城市化做了过于乐观的估计。如吴景超对中国的城市膨胀问题完全持认可态度，认为这是"实业发达的象征"，"不必大惊小怪。这是势所必至，理所必然，可欢迎而不必畏惧的"①。事实上，任何一个国家也不会对都市无限膨胀现象安之若素。当时的中国尤其如此，其城市的膨胀很大程度上不是实业发展的结果，而是乡村衰败的象征。千家驹曾明确指出过："今日都市膨胀之现象之所以造成，是由于近年农村之加深的崩溃与民族工业之加速的破产。"②

其次，他们对乡村文明的留恋、赞美，客观上启迪了人们如何从文化层面上汲取乡村文明中有益的因素来补充城市文明。这些理念就是将"乡村"因素引入"城市"，构造一种更为合理的城市文明。如何让市民能够诗意地栖居于城市之中，怎样能够在喧闹的城市生活中给予市民一个宁静的空间，恐怕最终还要依靠对城乡文明的融合。

而且，"反城市化"思潮对城市文明的批判还基于维护城市自身文化特点，反对商业资本控制的城市化模式，其探索对于人类如何建立高尚的城市文明也不无启迪。欧美文明糟粕在上海等大城市的流行，既是国人盲目模仿西洋物质文明的结果，也是国际资本的强大商业化力量使然。"资本的逻辑越是强大，城市空间就越是标准化，越是可以通用、互换"③。国际资本跨越国界，将全球城市都卷入资本主义体系中，伴随着资本的侵入，其文化产品也无孔不入，将各国自身特色的文化抹平。当时的中国城市也被卷入了这资本大潮中，逐渐泯灭自身的文化个性。不仅是主张回归乡村的文人学者揭露了这个问题，各种身份和立场的学者、作家群体里都有不少人曾经对这个问题忧心忡忡。如民国时期曾有德国记者"直指上海为黑化，而不类于中国，指之本之半欧式青年，已非中华民族之人民，

---

① 吴景超：《都市社会学》，世界书局 1929 年版，第 47 页。
② 千家驹：《救济农村偏枯与都市膨胀问题》，载千家驹等《农村与都市》，大象出版社 2009 年版，第 26 页。
③ Cuinness：《资本剥夺了什么？》，载当代文化研究网《"城"长的烦恼》，上海书店出版社 2010 年版，第 20 页。

而以摧残中国旧文化为大惧"①。陶孟和说："欧美人所谓中国近年的进步，就是推销他们商品的威力。现在中等社会的人差不多每人都有一副金丝眼镜，几身外国材料的衣服，一个金表，他吸香烟，吃大菜，看电影，坐汽车，他家里用许多外国的器具与装饰品。我们这样销纳外国的商品，他们如何会不恭维我呢？……在现代的社会里别乎流俗是最困难的，大部分的人没有标奇立异的魄力，从俗是最容易做的并且最合算的……人家都是这样打扮，我们自然也就是这样打扮。人家都这样的娱乐的时候，我们也自然要顺着他们。这种社会的压力是很大的。"② 留学过英、美的徐志摩当年便对商业资本的力量实在太大而完全消灭了西湖的文化特色痛心不已："近年来就'事业'方面看，杭州的建设的确不少，例如西湖堤上的六条桥就全给拉平了替汽车公司帮忙；但不幸经营山水的风景是另种事业，决不是开铺子，做官一类的事业，平常布置一个小小的园林，我们尚且说总得主人胸中有些丘壑，如今整个的西湖放在班大老的手里，他们脑子里平常想些什么我不敢猜度，但就成绩看，他们的确是只图每年'我们杭州'商界收入的总数增加多少这种头脑！开铺子的老板们也许沾了光，但是可怜的西湖呢？分明天生俊俏的一个少女，生生的叫一群禽汉去替她涂脂抹粉，就说没有别的难堪情形，也就够煞风景又煞风景！天啊，这苦恼的西子！"③ 海派作家施蛰存同样对都市文明的过度发展而导致的城市文化传统断裂表现过深深的忧虑："市政也许是修明了，人的生活也许是摩登了，但到杭州来的旅客已经不能感受到他是在杭州了。"④ "现在茶食店虽然仍在，而真正的中国风的茶食却愈来愈少了。现在的茶食店里，我们所可以买到的都是粘律葡萄干果汁牛肉之流的东西了，洋化的上海固如是，中国本位的杭州也未尝不如是。"⑤ 城市如何摆脱"资本至上"的理念，具有深厚而独特的文化底蕴，民国时人对城市文明的批判给今人留下了深深的思考。

---

① 曹伯闻：《湖南之病态与强心剂》，《市民日报周年纪念特刊》1931年。
② 陶孟和：《新贫民》，载陶孟和《北平生活费之分析》，商务印书馆2011年版，第189页。
③ 徐志摩：《南行杂纪·丑西湖》，载韩石山《徐志摩全集》第3卷，天津人民出版社2005年版，第119页。
④ 施蛰存：《玉玲珑阁丛谈》，载陈子善、徐如麒编选《施蛰存七十年文选》，上海文艺出版社1996年版，第123页。
⑤ 施蛰存：《茶》，载陈子善、徐如麒编选《施蛰存七十年文选》，上海文艺出版社1996年版，第125页。

第五章　城乡之间：时人对城乡关系问题的探讨

在城乡发展的道路上如何避免形成城乡二元对立结构，反对依靠掠夺乡村来发展城市，以及实现城市对乡村的反哺等问题上，"反城市化"思潮对今天也有着重要借鉴意义。城乡的协调发展才是健康的城市化道路。不仅以梁启超、梁漱溟为代表的学者力图通过其"文化本位"立场，来寻找一条不同于欧美城市文明的新型道路，即使那些文学家也在作此尝试。沈从文的《边城》，有研究者认为，它构想的是"在这个圆满的道德境界中发展经济，并获得人的自由发展。显然，《边城》并不只是为湘西一隅的发展而设计的方案，而是关于整个中国发展的宏观设想。"[①] "作为一名在英美派扶持下走上文坛的独立作家，沈从文的全部创作都以他自己的方式参与了当时激烈的思想斗争，他的'湘西世界'小说和都市小说不是'回避了尖锐的社会矛盾'，而是在精心编织的童话般的城乡二元世界里，婉曲而积极地寻找解决这种矛盾的方法"[②]。当他们看到了欧美城市文明通过对内阶级压迫和对外殖民掠夺来为自己的发展开拓道路之时，他们希望通过对崇尚和谐、宁静的传统中国农业文明的继承来进行城市文化的创新。他们的思想里包含着寻找一种新型的非掠夺型城市化道路的文化追求与终极关怀，这种探索在人类文化史上无疑是具有深远价值的。在此，特别需要对以梁漱溟为代表的"乡村派"思想进行一个合理客观的评价。

梁漱溟等人主张由乡村工业引发都市工业的理想有其历史的合理性，不可简单视之为保守落后。亚当·斯密很早就论述过从农业发达到城市工业发展的经济自然道路。他说：

> 根据事物的自然进程，每一个发展中社会的大部分资本，首先应当投入农业，然后投入制造业，最后才投入对外商贸。这种事物顺序是极其自然的。……在任何大城市建立以前，必须先耕种土地，必须先在这些城市建立某种粗糙的制造业，然后才能想到去从事对外贸易。[③]

---

① 余荣虎：《凝眸乡土世界的现代情怀：中国现代乡土文学理论研究与文本阐释》，四川出版集团巴蜀书社 2008 年版，第 211—212 页。
② 同上书，第 205 页。
③ [英] 亚当·斯密：《国富论》，唐日松等译，华夏出版社 2006 年版，第 276 页。

吴景超也详细论述过，现代都市出现的首要因素就是"农业革命"。农业革命使农村出现过剩人口，从而有大批过剩农业人口离开农村，集聚城市转化为工商业人口，随之就促使了传统城市向工商业城市的转变。"这种现象，是使都市膨胀的最大原因"[①]。而要出现"农业革命"，只有实现农业的科学化，才能源源不绝地产生出农业过剩人口，并不断推动这些人口转向城市。吴景超的论述实际上为我们揭示了一个道理：城市的问题其实就是农村的问题，城市的发展状况反映着农村的发展状况。吴景超还认为，当时中国农村最大的问题就是生产技术和土地制度的落后，这两点不改良，中国城市化就难以正常发展，"都市化无新式农业做基础，一定要发生饥荒的问题"[②]。查世界历史，欧美资本主义国家其城市化道路都是通过农村里先出现生产方式和生产关系的革命而起的，如英国出现"圈地运动"，德国出现"普鲁士道路"。乡村与城市、农业与工业，本来并非必然矛盾的对立物，双方在城市化进程中原是相辅相成的关系。"农业生产力的发展是城市化兴起和成长的第一前提，农村劳动力的剩余是城市化兴起和成长的第二前提"[③]。然而，近代中国的城市化运动却具有其特殊性。美国学者伊曼纽尔·沃勒斯坦把这一体系内的各个国家和地区分为中心国家、半边缘国家、边缘地区三类。中心国家是指那些较早完成工业化和城市化的发达资本主义国家，边缘国家则是这些中心国家的附庸，向中心国家输出原料和提供市场，处于受掠夺的附庸地位。[④] 中国在这个体系中正是处于边缘地位。而西方发达资本主义国家正是首先通过东南沿海和沿江的商埠城市深入中国内地来掠夺资源和市场的，东南沿海城市充当了西方列强敲开中国的门户，长江中下游城市则是它们继续深入中国广大腹地进行掠夺的桥梁。所以，从东南沿海到长江中下游这一条西方列强进入中国的通道上的城市就首先经受欧风美雨之洗礼，率先开始城市化进程，如上海、广州、汉口、南京。在这种背景下兴起的城市从一开始就具有为西方列强掠夺中国内地尤其是广大农村服务的功能，其城市化运动也就具备掠夺农村资源的色彩，利润从内地流向沿海城市，又由沿海城市流

[①] 吴景超：《近代都市化的背景》，《清华学报》1933年第8卷第2期。
[②] 同上。
[③] 向德平：《城市社会学》，武汉大学出版社2002年版，第139页。
[④] 参见［美］伊曼纽尔·沃勒斯坦《现代世界体系》，罗荣渠译，高等教育出版社1998年版。

第五章 城乡之间:时人对城乡关系问题的探讨

向发达国家的中心城市,代价却在内地、在农村。

因此,以梁漱溟、晏阳初、董时进等人为代表的"以农立国"派,还包括以郑林庄为代表的"第三条道路"派,具有着扭转这种通过掠夺乡村来发展城市文明道路的企图,他们希望中国走上一条先发展农村工业、再由农村工业孕育城市工业的常规道路,并且他们不希望用"羊吃人"这种掠夺农民土地的方式来发展乡村工业,而是秉承中国传统均平思想,通过帮助农民学习工艺技术、在农村实行平民教育来改造农村,以使中国走上一条和平发展而不是暴力掠夺、劫贫济富的城市化道路,这一派思想的合理性就在于此。不过,近代中国所处的国际环境已不是欧美工业革命前后的状况,如前所述,中国已经被卷入一个不平等的经济体系,边缘国家的地位已经不容许中国如欧美一般走农业—轻工业—重工业与乡村工业—城市工业的正常发展道路了。但是,负有强烈使命感的"以农立国"派,尤其是梁漱溟,出于对崇尚伦理道德的传统文化的留恋,依然坚持了这种"农本"理念,他甚至把这一努力看成是中华民族对世界文化的贡献,是医治西方城市世界弱肉强食的良药妙剂:"以吾民族之不能争强斗胜于眼前的世界,早从过去历史上天然决定了,而同时吾民族实负有开辟世界未来文化之使命,亦为历史所决定;所谓民族自决者,觉此也。以吾民族精神早超过一般生物之自己保存性,而进于人类所有之宝爱理义过于宝爱生命之性;吾人今日正当宝爱此民族精神,而不以宝爱民族生命者易之。"[1] 正如有学者指出:"梁漱溟是在'工具'与'价值'两个层面奋战的'英雄'。他相信中国传统文化在价值层面的优越性,坚决地维护传统价值。但他并不想就此放弃工业化文明所带来的种种进步。他要在坚守'价值理性'的同时,获取'工具理性'的效用……他为工业化设计了一条不同于西方的中国自己的道路。他希望中国能在伦理社会的基础上建成工业化。梁漱溟的思想是矛盾的,也是超越的。他所探寻的实际上是在西方文化泰山压顶般扑来的时候,中国如何走一条具有自身特色的现代化之路。"[2]

同样,对于中国的城市化道路问题,梁漱溟等人也仍然既是超越的,

---

[1] 梁漱溟:《中国民族自救运动之最后觉悟》,载《梁漱溟全集》第5卷,山东人民出版社1992年版,第113页。
[2] 周积明、郭莹:《震荡与冲突——中国早期现代化进程中的思潮和社会》,商务印书馆2003年版,第396页。

又是矛盾的。超越之处在于他看到了西方城市文明的"反文明",他力图构思一种新型的更加文明的城市化道路,他的方向是回头向乡村社会和传统道德去寻找土壤。他提出了"转变"这一观念,即根植于原来基础上的创新。新的必须从旧的转变出来。文化的延续,如果没有前人遗留下来的文化基因无法想象,它也无法创新。只有根植于原来基础成长出来的文化幼苗,才能使一个文化不至于枯竭,才能创新。不仅梁漱溟如此,这种文化使命感也是许多主张复兴农村的学者的共同倾向,如易家钺说:"西洋人从十八世纪起,已做了物质的奴隶,而不自知,而反自傲。……实在说,西洋物质的文明已走到了尽点,诚如潘梯所说,此后有建设新社会学说之必要。这种新社会学说,就是补济物质文明的精神文明。"① 他们的矛盾之处在于,在那样一个内忧外患的时代,作为一个后发城市化的中国,乡村建设道路总是有远水难救近火之感。"乡村派"在认识上存在一个误区,他们之所以认为中国要走从乡村工业引发城市工业,由乡村进步到城市化的道路,一个重要理由是城市处于帝国主义控制之下,没有进行工业化的空间了,而乡村世界却有这种空间。其实,这种看法也不正确,如果乡村世界可以脱离帝国主义经济侵略的渗透,就不会出现乡村工业在外国工业品侵入下日益破产的事实了。张培刚曾专门阐述此问题:"农村与都市同时要受到外来经济压力的影响,在农村举办工业,和在都市建立工业,对于须受帝国主义经济压迫这一点,是无甚区别的。"② 所以,"乡村派"的这种设想,虽在理论上有一定合理性,在当时的局面下仍然难以成功。农村相比城市,确有较大空间,但这种空间更多的是政治上的,而不是经济上的,诚如张培刚所言:"农村工业易免去飞机的轰炸则可,说能免去帝国主义经济的束缚与压迫,就未免太不认清事实了。"③ 农村在政治上不像城市一样是帝国主义、买办势力和官僚势力统治的中心,因此它为现代化运动提供了一个广大的政治活动和革命活动空间,但帝国主义经济势力仍然笼罩着这个世界。中国的这种地位决定了中国现代化道路不可能遵循"乡村派"的那个理想模型,有研究者指出:"在欧洲和北美,资本主义是一个从内部缓慢生长起来的从经济基础到上层建筑的进

---

① 易家钺:《中国都市问题》,《民铎杂志》1923年第4卷第5期。
② 张培刚:《第三条路走得通吗?》,《独立评论》1935年第138号。
③ 同上。

第五章 城乡之间:时人对城乡关系问题的探讨

程;当非欧洲世界迫于帝国主义的压力争取在自己的国家发展同样的资本主义时,它们实际上是只能从上层建筑开始的。"[1] 处于现代世界体系外缘地带的中国,其现代化运动只能是颠倒的。20 世纪 20 年代末,中国革命由城市革命转向乡村革命;后来,以改造上层建筑、意识形态为主要目标的土地革命获得了巨大成功,而以再造经济基础为目的的"乡村建设运动"却成效甚微;1949 年以前,中国乡村现代工业基础始终无法建立起来,就体现了这样一种历史矛盾。

在肯定了"反城市化"思潮的种种合理内核后,我们也应该看到,这种思潮中有一部分人存在与城市现代化潮流背道而驰的彻底回归乡村文明的倾向。他们对"城市病"加以无限放大,对于其产生的原因缺乏科学的理性的认识。传统文人戴着农业文明观念的有色眼镜看城市,喧嚣的城市在他们眼里自然是一片混乱,一片污浊,"彼等常梦想工业革命前之农夫——所以极力主张恢复乡村制度,高唱田园之调"[2]。这很显然是开历史的倒车。马克思曾精辟地论述过:"从纯粹的人的感情上来说,亲眼看到这无数勤劳的宗法制的和平的社会组织崩溃、瓦解、被投入苦海,亲眼看到它们的成员既丧失自己的古老形式的文明又丧失祖传的谋生手段,是会感到悲伤的;但是我们不应该忘记:这些田园风味的农村公社不管初看起来怎样无害于人,却始终是东方专制制度的牢固基础;它们使人的头脑局限在极小的范围内,成为迷信的驯服工具,成为传统规则的奴隶,表现不出任何伟大和任何历史首创精神。"[3] 这个评价也适用于要求彻底回归乡村的思潮。他们的目的是维护正在衰败中的宗法社会,对待现代城市的心态是封闭保守的。也正是由于上述"反城市化"思潮深深植根于农业社会与乡村文明的肥沃土壤之中,其对 20 世纪后半期中国的观念层面和政策层面都造成了一定的负面影响。据统计,到 1999 年,中国城镇人口比率也只有 30.90%[4],至 20 世纪末,中国仍然是一个"乡土中国",直至 2012 年,中国城市人口才首次超过 50%。

---

[1] 陈燕谷:《现代性:未完成的和不确定的》,载张颐武《现代性中国》,河南大学出版社 2005 年版,第 11 页。
[2] 董修甲:《市政问题讨论大纲》,青年协会书局 1929 年版,第 12 页。
[3] 马克思:《不列颠在印度的统治》,载《马克思恩格斯选集》第 2 卷,人民出版社 1975 年版,第 67 页。
[4] 参见国家统计局人口和社会科技统计司《2000 中国人口统计年鉴》,中国统计出版社 2000 年版,第 447 页。

第七节　从文学世界看中国知识分子的城乡意识——以京派、海派文学为例

丹纳说过："社会把特征印在艺术家心上，艺术家把特征印在作品上。"知识分子意识深处的真实感受以及他们思想结构上的矛盾有时候不会直接表现在他们理性的文字之上，而是在无意识或非理性的流露之中闪现，而这些无意识的感受最后形成的结晶就是他们的文学作品。因此，这段时期的文学作品中体现出的城市意识和城乡意识往往更能够反映出知识分子的城市意识本身的某些特点。

中国在晚明前后，曾经出现了城市文学的前身——"市民文学"。当时，由于城镇商业贸易的繁荣、乡镇手工业的发达而出现了一个"市人阶层"，为了满足这个阶层的文化审美和娱乐消费的需求，出现了以"三言二拍"、《金瓶梅》为代表的反映城市市民生活画卷的世情小说。晚清的《海上花列传》对上海这座近代大都市进行了一个细腻表现，堪称中国最早的现代都市小说。但只有到了20世纪20年代末30年代初，中国才出现了真正的城市文学浪潮。当时为新思想、新观念所鼓荡的叛逆青年走出了深宅大院和他们的书房闺阁，涌向了文化思想的两大中心城市——北京和上海。根据现代研究者的划分，现代中国作家大都分布在中国南北两大城市，即北京（包括以北平为中心的天津、青岛、济南等北方城市）和上海（包括以上海为节点的杭州、苏州、南京等南方城市）。"上海，不仅是进步的左翼文学的中心，而且是其他一些文学流派作家的汇集地。例如，其中主要就有以《现代》杂志为基地的戴望舒、路易士、南星、史卫斯等'现代'诗人作家群；以刘呐鸥、穆时英、施蛰存等为代表的'新感觉派'小说作家群，以张资平、曾虚白各为代表的新式言情小说作家群和'鸳鸯蝴蝶派'作家胡寄尘、赵若狂、周瘦鹃、包天笑、张恨水等新式通俗小说作家群；他们都是上海文坛活跃一时的文学作家。和热闹繁杂的上海文坛比较，北平文坛就显得平静和单纯得多。活跃在北平文坛的主要文学刊物是《水星》、《文学季刊》、《文学杂志》以及天津《大公报》、《国闻周报》等报纸的文艺副刊，以这些刊物为阵地聚集着的一批北方青年文学作家被称作'京派'作家，如沈从文、废名、朱光潜、萧乾、李健吾、梁宗岱、何其芳、卞之琳、李广田、芦焚、林庚、林徽因

等。他们或长于小说,或工于诗文戏剧,或落心于文学攀诊的研讨,并逐渐形成相近的文学旨趣和美学倾向,成为中国文坛当时具有共同地域文化特色的另一部分作家。"[①] 京派文学和以新感觉派为代表的海派文学是20世纪初乡土文学与都市文学的代表,研究者一般认为京派和海派各自代表着两种不同的文明意识。笔者认为这是从他们的文学风格中体现的审美情趣而言,但如果仔细琢磨他们作品里流露出的对待"都市"和"乡村"的感受,其实又不无相通之处。他们的作品都反映着中国"城市"与"乡村"那交织难分的历史恩怨,以及知识分子对"城市"和"乡村"那说不清道不明的复杂情感。

京派作家作为乡土文学的代表,自然是极其热衷于抒发对乡村世界的衰败和城市社会的丑陋黑暗的感叹。京派作家聚集的小说刊物——《水星》在这方面就表现得十分突出。作家骆方的诗歌《两个世界底中间》可看成京派作家对城市工业文明一步步侵蚀乡村文明抒发感受的代表作品,他在里面写道:"我不能忍受蒸汽引擎底飞轮咆哮着要突破铁的窗槛,威胁颤动在煤烟里的稻禾、青菜。""林立在天空里的烟囱裏的黑烟冲散茅屋顶上晚炊底白烟,在天边砌成一道高墙,紧围着被炎阳漂白了的田野。"[②] 作者在诗中描绘了城市与乡村这两个世界的矛盾,并声称自己在这两个世界中间不能忍受"狂笑与哀号在耳中隆隆"。[③]"狂笑"自然是指城市文明和工业文明向中国内陆的渗透、发展,"哀号"是乡村世界和乡村文明在城市化与工业化的发展下一步步走向衰败而发出的挽歌。

京派作家尤其擅长通过描写人物的命运来表现他们对"城市"与"乡村"的爱憎。他们有许多作品都是表现因为乡村世界的破败,主人公前往城市闯荡谋生的,但是这些人物最终都在城市社会中要么被扭曲变形,要么沦为受侮辱和受迫害的人。比如芦焚的《冶炉》,讲述了一个到城市里的农村孩子遭受城市孩子欺凌、身心饱受摧残的故事,毕焕午的《雷全的幸运》讲的是来到城市的农民工在煤窑充当矿工的悲惨境遇,《看守韩通》《求乞者》分别讲述了两个对工作认真负责的人最后却被城市的市侩风气排挤失业、沦落的故事。当然,有许多非京派的作家也通过

---

① 李俊国:《三十年代"京派"文学思想辨析》,《中国社会科学》1988年第1期。
② 骆方:《两个世界底中间》,卞之琳、巴金等《水星》1934年第1卷第1期。
③ 同上。

作品表现过这类主题，如夏衍的《包身工》堪为代表。

从《水星》里的作品来看，里面有不少以离家、旅行、冒险为主题的，如丽尼的《秋夜》、何其芳的《炉边夜话》、李威深的《旅途》等。这些作品多是主人公离开自己的农村家乡，外出旅行或冒险，最后却并没有一个理想的结局。作品常常充满着晦暗、悲凉的沉重氛围，这实际上反映出了京派作家对中国近代城市化运动的一种悲观情绪。"离开作为农村的家乡外出闯荡"这一情节设计，不仅意在表现当时无数背井离乡前往城市打拼追求个人梦想的农民个体的遭遇，其实还在隐喻中国正在脱离传统的农业文明而走向一条前所未有的新型文明——城市文明，那些"旅途""冒险"也就象征着这条城市化的历程，然而这些旅途的最终结果都是甚为悲观的。何其芳的《炉边夜话》特别富有象征意味，作品借一位老爹讲述了三个离开家乡外出冒险的少年的故事。第一个少年讲述自己的理想："我们以为幸福在东方，向之奔逐，却也许正在西方。……我想到海上去。"[1] 第二个少年声称："我将作一个武士。我祈祷山之神，赐伟力于双臂，赐坚固的信念于心，我将宣扬这山间民族底美德于外面世界。"[2] 第三个少年却说自己"将从山间到更深的山间去"。[3] 冒险者最后的结果是：往海上去的永远没回来，从军的战死，到山沟里的在那里做了首领，直到临死前才把财产散给居民。这个故事似乎是一个政治寓言，要到海上去的少年象征那些向西方城市文明学习的知识分子，特别是"西化派"，"他们永远没回来"意味着学习西方文明救不了中国，也似乎在预感城市里的知识精英最终将会和外国势力合流；要当武士的象征想依靠军事力量救国的军方势力，可能暗指当时的蒋介石军事集团，从军者战死的结局说明作者认为当时的中国政府和军方势力救不了中国，而且还沦为一群新军阀；"钻山沟"的则似乎是暗指当时刚刚转向农村进行土地革命战争的共产党势力，当时的作者对他们也并不抱有希望。可见，对于当时影响中国政局的三大现代势力：学习欧美的自由派知识分子、实行训政的国民党政权、学习苏俄的共产党，作者认为他们都无法挽救中国。这表达了他对现代文明的失望，也是对城市文明的失望。作品里最后对"讲故事的老爹"

---

[1] 何其芳：《炉边夜话》，卞之琳、巴金等《水星》1934年第1卷第3期。
[2] 同上。
[3] 同上。

发出疑问:"为什么他自己回到乡土来了呢?难道是没有寻找着他底运气吗?"① 这表明在城市文明中找不到解决社会问题的钥匙,最后只好又回归乡村世界。

但是,如果说京派作家就是纯粹在怀恋旧的乡村文明,也不尽然。以京派作家为代表的乡土作家在面对他们的乡村"家园"时,并非对乡村文明进行着无条件赞美,其实他们对乡村文明仍然具有着批判的倾向。"现代视野是乡土文学最显著的特征"②。从鲁迅开始,到京派文学,其实无不在表达他们对乡土世界仍然停留在原生状态而感到深深忧虑的现代关怀。在京派文学里,固然存在以沈从文为代表的将乡村世界描写成淳朴、和谐的人间净土,以及痛恨城市文明破坏了乡村宁静、古朴世界的倾向,但还存在着另一种倾向,就是对乡村世界本身的保守、愚昧有所察觉和批判的倾向。这种倾向又大量地表现在京派作家的另一类作品——以"回家"为主题的作品里。这类作品通常描写主人公回家见到了残破的家园,或者见到了故园的某些老人。这批作家的情感是极其矛盾的,他们既对乡村社会和乡村文化里孕育的人表达着某种敬意,又同时发现他们仿佛是一个生活在"时间"之外的世界和个体。比如李健吾在《看坟人》里描述道:"守着别人的坟,眼看着自己就要变成一个土堆。和生一样,他会安然死去。他也许没有一点用,仿佛柏树、墓碑、青草、日光、点缀着阴沉的茔地。……他接受了他的不幸,而且安于他的运命,因为他自来和一个动物——不,一株植物一样,偶然活了,偶然死去。还有比他更近于自然的,他自己就是自然?"③ 作者似乎在对"看坟人"与自然融为一体的生存状态表达着一种崇敬,但细细品味,其实作者又在告诉读者,"看坟人"已经没有了生命的朝气,只有坟墓般的死寂,极度地冥合自然,就等于极度地死气沉沉,乡村社会也是和这个"看坟人"一样,守着一堆旧日的坟头,没有明天,没有希望。英子的《老画师》也和"看坟人"类似,英子一面对老画师看透人情变迁世态炎凉的旷达、通透表现着某种崇敬,同时看到了老画师生活的一成不变和寄沉痛于悠闲中的悲凉,"喝一杯酒,画一株梅,每天过着萧淡的生涯,就那么徐徐地消度过他自己底

---

① 何其芳:《炉边夜话》,卞之琳、巴金等《水星》1934年第1卷第3期。
② 余荣虎:《凝眸乡土世界的现代情怀:中国现代乡土文学理论研究与文本阐释·导论》,四川出版集团巴蜀书社2008年版,第4页。
③ 李健吾:《看坟人》,卞之琳、巴金等《水星》1934年第1卷第2期。

寂寞的晚年"①。何其芳的《哀歌》更是直接表现了对"家园"的困惑，作品里离家多年的游子回到故乡，却发现家里一切没有任何变化，作者发出深深的疑问："是闯入了时间的'过去'，或者那里的一切是存在于时间之外？"② 此外，在京派作家的作品里，还有很多内容都在表达对乡村文明的怀疑，或叹息乡村文明风光不再。李广田的《桃园杂记》里的桃园就是"故乡"的象征，他在文中说桃园"这里的土地都已衰老，不能再生新的桃树了。当自己年幼时候，记得桃的种类是颇多的，有各种奇奇怪怪名目，现在仅存的也不过三五种罢了"。这实际上是在告诉人们，乡村文明的辉煌已成明日黄花，它已不再有自我更新的能力。就连沈从文这样一个一生以"乡下人"自居，对那个朴实、纯真、野性的"湘西世界"充满无限向往的知识分子，其实也并非对乡村世界和乡村人一味进行讴歌、美化，他也同样对乡村人的状态表达过忧虑："我们用什么方法，就可以使这些人心中感觉一种'惶恐'，且放弃过去对自然和平的态度，重新来一股劲儿，用划龙船的精神活下去？这些人在娱乐上的狂热，就证明这种狂热，使他们还配在世界上占据一片土地，活得更愉快更长久一些。不过有什么方法，可以改造这些人的狂热到一件新的竞争方面去？"③ 对于湘西人几千年不变的生活方式，他不禁感叹："十七年前那小女孩就成天站在铺柜里一堵棉纱边，两手反复交换动作挽她的棉线，目前我所见到的，还是那么一个样子。"④ 他也承认："历史对于他们俨然毫无意义，然而提到他们对于这点千年不变无可记载的历史，却使人引起无言的哀戚。"⑤ 这些都足以表明，京派文学的主流意识，不能简单理解为回归乡村文明而反对城市文明。在观照乡村世界时，他们实际上是包含着现代意识和城市意识的。

在对乡村——"家园"表示深深的失望同时，不少京派作家意识到了走向新型文明的必要性。李威深说："那条从远祖以来踏得坚实平稳了的道路，不可抵抗地在坍陷着，要生活下去，就必须重新另找道路。"⑥

---

① 英子：《老画师》，卞之琳、巴金等《水星》1935 年第 1 卷第 4 期。
② 何其芳：《哀歌》，卞之琳、巴金等《水星》1935 年第 1 卷第 5 期。
③ 沈从文：《湘行散记·箱子岩》，《水星》1935 年第 2 卷第 1 期。
④ 沈从文：《老伴》，载《沈从文选集》第 1 卷，四川人民出版社 1983 年版，第 207 页。
⑤ 沈从文：《一九三四年一月十八》，载《沈从文全集》第 11 卷，北岳文艺出版社 2002 年，第 253 页。
⑥ 李威深：《坍陷》，《水星》1935 年第 1 卷第 6 期。

第五章　城乡之间:时人对城乡关系问题的探讨

只是,结果常常令他们失望。李广田的《浪子递解记》描写一个离家出走想外出寻找美好事物的年轻人,最后被押解回来的途中,他表示既不想再到外面,但也不太愿意回家。京派作家就是这样一种心理:面对乡村世界的愚昧落后,他们也深谙要脱离这种状态去城市文明中闯荡求索,可是城市的世界远远不是那般理想,畸形的城市社会常常令京派作家情不自禁地回望那已经残破不堪的家园。家园已破,新屋难进,那些以旅行、冒险为主题的小说恰恰反映了京派作家在城乡之间游移不定、找不到立足之地的焦虑心态。就像丽尼表达的:"没有目的的旅程,向着什么地方去的呢?世界是一个大的荒原……往古的日子回到记忆中来,那些日子如今是不会有的了。"[①] 在很多时候京派作家表现出的是在城市和乡村两个世界之间徘徊游荡的焦虑彷徨。

这种"有家难归"的漂泊感其实早在鲁迅的《呐喊》《彷徨》里已经发端。有研究者认为,这两部作品里的许多小说都呈现着一种"归乡"模式,而这种归乡模式又是以一种"离去—归来—再离去"的模式来展开的,比较典型的如《故乡》《祝福》等。《故乡》小说虚写了这样一个"我过去的故事",当年被"聚族而居"的封建宗法制度的农村社会所挤压,"我"不得不离本乡、"逃异地",到现代都市"寻求别样"的出路。20年过去,依然在为生活而"辛苦辗转",却失去了精神的家园。此番归来,正是为了寻梦:那"时时记得的故乡"不过是心象世界里的幻影。[②] 京派作家里的那些旅行、回家的作品与鲁迅的"归乡"模式是基本一致的。

如果我们以城市史的角度去看,京派与海派作家本身的分歧更多是在文学层面,由于地域、文化的差异,形成了他们文学理念的分歧。但在对城市文明和乡村文明的态度上,两派又不无相互呼应之处。与京派作家对乡村世界存在双重心理相同,在直接描写都市生活的以新感觉派作家为代表的海派作家作品里,也同样存在对都市文明的矛盾态度。他们表面看来醉心于对都市文明那繁华、喧闹生活之渲染,实际上却是在揭示畸形的城市文明下的扭曲人性,刘呐鸥在《风景》里就说:"我想一切都会的东西

[①] 丽尼:《秋夜》,《水星》1934年第1卷第1期。
[②] 参见钱理群、温儒敏、吴福辉《中国现代文学三十年》(修订本),北京大学出版社1998年版,第42页。

是不健全的，人们只学着野蛮人赤裸裸地把真实的感情流露出来的时候，才能得到真实的快乐。"谁能说他这不是在对都市消费文明下人欲形同兽欲的批判？海派作家笔下的夜总会、跑马场、赌场、戏院、轰鸣欲聋的机器、光怪陆离的声色、麻木颓废的市民，那并不是作家在津津乐道歌颂这种生活方式，而是在表现他们在这种生活下的苦闷、焦虑。有的海派作家更是表现出了和京派作家相似的对乡村文明的呼唤，如施蛰存的《上元灯》里的一些作品就是对乡间小镇那种质朴宁静的生活表现出深深的陶醉，在小说《夜叉》里更是对畸形的都市病已经感染了乡村感到无限焦虑。刘呐鸥控诉："电车太噪闹了，本来是苍青色的天空，被工厂的炭烟布得黑蒙蒙了，云雀的声音也听不见了。缪赛们，拿着断弦的琴，不知道飞到哪儿去了。"① 同时也表达了生活在都市里的压抑感和幻灭感："我觉得这个都市的一切都死掉了。塞满街路上的汽车，轨道上的电车，从我的身边，摩着肩，走过前面去的人们，广告的招牌，玻璃，乱七八糟的店头装饰，都从我的眼界消灭了。我的眼前有的只是一片大沙漠，像太古一样地沉默。"② 穆时英疲惫地自述："我是在奢侈里生活着的，脱离了爵士乐，狐步舞，混合酒，秋季的流行色，八汽缸的跑车，埃及烟……我变成了没有灵魂的人。那么深深地浸在奢侈里，紧抓着生活，就在这奢侈里，在生活里我是疲倦了。"③ 他的《父亲》塑造了一位传统士绅"父亲"在城市里晚景凄凉的结局，作者在文中发出深深的不平："父亲是那么地不肯失礼，不肯马虎的一个古雅的绅士；那么地不肯得罪人家，那么精细的一个中国商人——可是为什么让他生在这流氓的社会里呢？"④ 他于1932年发表的《南北极》五篇小说都是宣扬具有浓厚乡土文化特色的江湖义气、豪侠精神。吴福辉称穆时英仍旧是一个都市的飘零者，从来没有脱开过怀乡、怀旧的情结，他的一系列作品"都是十足的感伤之作，活像是从一座衰颓的古老深宅传出来的气息"⑤。可以说，京派和海派作家们在作品中表现出的城乡意识，体现出他们是在两个世界之间漂泊不定的

---

① 引自1926年11月10日刘呐鸥致戴望舒的信，载孔另境《现代作家书简》，花城出版社1982年版，第185页。
② 刘呐鸥：《都市风景线·游戏》，中国文联出版社2004年版，第3页。
③ 穆时英：《南北极·黑牡丹》，人民文学出版社1987年版，第304页。
④ 穆时英：《父亲》，《现代》1934年第4卷第6期。
⑤ 吴福辉：《都市漩流中的海派小说》，复旦大学出版社2009年版，第125页。

灵魂。

近代大都会物质文明极具诱惑,全国各地各阶层的人物一窝蜂涌进城市寻找自己的生存空间和谋生之道。但是,来自乡村世界和宗法社会的他们,一下来到了上海这样的现代工商业文明中心,仿佛是中世纪的人物来到了现代社会,对城市文明的一切都不知所措。一面是他们固有的传统文化意识抵制这种陌生的都市文明;另一面是城市文明当时还无力包容过多的进城者,还有城市人对乡村人的歧视。造成了许多人的孤独感、彷徨感、漂泊感和对乡村世界的怀乡感,这种心态在京派与海派的文学作品里得到了体现。他们笔下体现了市民在城市的无归属感,从宏观意义上还反映了"城市"本身还不具备独立发展的性格。它只是依附于外部力量的一个寄生物,上海就是大陆边沿的"孤岛",响应了西方,却脱离了与内陆的联系,"没有能及时找到新的可供插足的根基。割断了旧有联系的新型都市人物,成了无根的不安定的游魂"[①]。因此,京派和海派作品里的那种漂泊感、无归属感,不仅是这些作家本人的悲剧,也不仅是他们笔下那些小市民的悲剧,更是近代中国城市化运动的悲剧。

必须指出,这种对待城市文明与乡村文明的矛盾态度其实不仅只存在于京派、海派文学家头脑里,还存在于其他一些乡土作家和都市作家头脑里。如老舍,一面通过对生活在城市里的老派市民身上的守旧、自私等劣根性进行深刻揭露,并对传统文明进行批判,如《二马》里的老马、《猫城记》里的猫民、《四世同堂》里的祁老爷,对这些人物进行的生动刻画和鲁迅欲揭开国民身上的疮疤以引起疗救的注意实有异曲同工之处。但他"对外来的西方资本主义文明也持非常谨慎以至排拒的态度。这种态度表现在他对'新派市民'形象的漫画式描写上"[②]。对传统文明的批判和对现代城市文明的警觉乃至鄙夷就这样交织在老舍的思想里,反映在了他的作品中。而且,这种矛盾态度还不仅存在于文学家头脑里,它还存在于一些非常严谨、理性的社科学者头脑里,甚至是积极为城市建设规划构思的市政学者。如殷体扬在散文里抒情时,就写下了如下文字:

[①] 吴福辉:《都市漩流中的海派小说》,复旦大学出版社2009年版,第225页。
[②] 钱理群、温儒敏、吴福辉:《中国现代文学三十年》(修订本),北京大学出版社1998年版,第274页。

> 看呵！那三大公司的目迷五色的窗前，围着许多人头……听呵！虎般飞跑的汽车叱咤凶暴的叫声，呼！……蛇般蠕动的电车铃聒耳的锐声……这是南京路的哀唱？这是南京路的欢唱？……诗人呵！你一定立时昏迷于这样动乱混杂的南京路上，你的魂灵，也许要单独逃回生命之乡，是的：那不规则的狭狭阡陌，苍翠的树叶，少有人迹走到的四野，清脆悦耳的鸟声，远峙的青山，黄色的庙宇；静谧、幽默，……这大自然界，花、月、鸟、云……做你的侣伴。①

1928年某日晚间，刘郁樱、陆丹林、蒋蓉生三位市政学者游览了苏州后归来，刘郁樱感怀不已："吾侪天涯漂泊，海角羁栖，奔走于繁嚣之市，劳形于笔砚之间，耳所闻目所接者，悉为人欲之声色，货利之叫嚣。山间明月、江上清风，虽取无尽藏，而求之不得，恨不能脱离城市，效江渚渔樵、乡村农牧，往来于山间水涯，悠游自得之为慰也！"② 刘郁樱有时还如是自述自己对城市和乡村的喜恶转变："我过去的生涯，都是在都市中消失了，我醉心都市，我厌恶乡村。然而正因为我流浪于都市中太久了，对于现代的都市，我只觉是罪恶的渊薮，我现在是在诅咒它了，我将投入大自然的怀里。"③

这些颇具感性色彩的文字表明，一些以建设都市文明为天职的市政学者也会情不自禁地表达他们对城市喧嚣生活的焦虑不安而视自然为心灵的家园。

钱理群评价当时的作家："当作家们作为关心中国命运的知识分子，对中国历史发展道路作理性思考与探索时，他们几乎是毫不犹豫地站在现代工业文明这一边，对传统农业文明进行着最尖锐的批判，其激烈程度并不亚于历史学家和理论家们。但当他们作为一个作家，听命于自己本能的内心冲动、欲求，诉诸于情，追求着美时，他们却似乎忘记前述历史的评价，而几乎是情不自禁地对风韵犹存、却面临着危机的传统农业文明唱起赞歌与挽歌来。"④ 我们也可以如是引申，近代中国大多数学者包括市政学家在内，对中国历史发展道路作理性思考与探索时，几乎是毫不犹豫地

---

① 殷体扬：《南京路》，《市政评论》第3卷第16期。
② 刘郁樱、蒋蓉生、陆丹林：《吴门秋展》，《道路月刊》1929年第32卷第1号，第5页。
③ 刘郁樱：《在重庆城里》，《道路月刊》1932年第1期，《杂俎》第8页。
④ 钱理群：《〈乡风市声〉导读》，载《乡风市声》，复旦大学出版社2005年版。

第五章 城乡之间:时人对城乡关系问题的探讨

站在现代工业文明这一边。但当他们以一个文学家的感性认知,听命于自己本能的内心欲求时,他们却似乎忘记自己理性的认知,而几乎是情不自禁地对传统农业文明唱起赞歌与挽歌来。这种理性和感性的矛盾几乎是大多数中国知识分子思想中的矛盾,那么,我们今天该如何看待这种矛盾呢?

(1) 人类由逐水草而居的游牧部落时代进入到以定居、耕织为主要生活、生产方式的农耕文明时代,从而产生了家庭、城市、国家。可以说,是农业社会才使得人类第一次有了"家"的观念。因此,在人类文化结构和人类集体无意识里,土地就具有着"家园"的象征意义。而农业社会作为人类文明的童年时代,它就必然又使得"土地"、"家园"和"童年"这三者间具有了一种内在的联系。不仅人类每当处于社会大变革的阵痛期时总是习惯以回溯那人与自然融合无间的文明童年时代来获取心灵的安慰,即使个体,每当人生失意或对社会发展无所适从而怀恋过去时,那童年的记忆也往往是和对乡村、自然的记忆联系在一起的。若师陀自述:"除了甜甜的带着苦味的回忆而外,在那里,在那单调的平原中间的村庄里,丝毫都没有值得怀恋的地方。我们已经不是那里的人,我们在外面住的太久了,我们的房屋也许没有了,我们所认识的人也许都不在世上了;但是极其偶然的,连我们自己也不知道为了什么,我们仍旧回去了一趟。这也许是最后的一趟。这时什么是我们最不放心的呢?岂不是我们小时候曾和我们的童伴们在那里嬉戏过的地方吗?"[1] 而随着工业革命而兴起的现代城市则不同,它是由各种离乡背井千里跋涉的移民艰难创造的,现代城市是和移民的功劳分不开的,它从一开始就和游子远离故土漂泊在外的孤独感、焦虑感联系在一起。这种焦虑感和思乡之情不仅体现在个人的思想感情中,也会发生于人类的集体意识中。因此,在这种矛盾结构内部,一旦进入感性的世界,知识分子对乡村文明的感情往往就占了上风。面对都市文明与乡村文明的这种理智与情感的矛盾并非只有中国知识分子具有,也同样存在于外国知识分子心中。

(2) 中国是一个有着悠久历史文化传统的农业大国,费孝通先生称中国为"乡土中国",奠基于农业文明之上的儒家文化、士大夫文化等深

---

[1] 师陀:《铁匠》,载徐俊西《海上百家文库·师陀卷》,上海文艺出版社2010年版,第43页。

刻地影响了每一个国人，尤其是知识分子。传统的审美观、价值观和人生观始终在国人的潜意识深处起着主导作用，这是割舍不断的文化情结，就像一首短诗描述的"卖硬面饽饽的，在尖风底下，这样慢慢地呼唤着。我一听到，知道'到家了'！"① 传统的乡村文化始终带给人一种归属感。但在近代这样一个西学东渐、内忧外患的大变革时代，每个知识分子不管是从天下兴亡的大我角度还是从个人吃穿住用行的小我需要来思考问题，都不得不承认城市文明的先进性。正如郁达夫所说："以清静来说，当然是乡村生活比较得和我更为适合。可是把文明利器——如电灯自来水等——的供给，家人买菜购物的便利，以及小孩的教育问题等合计起来，却又觉得住城市是必要的了。"② 对城市文明，既不舍其现代便利，又厌恶其世俗、浮躁；对乡村文明，既向往其宁静悠闲，又不满其保守、愚昧。知识分子们向往的是田园都市，既能享受现代城市的种种便利，又能够领略乡村文明的风光。作家们和其他知识分子一样也关心着天下国家，思考着中国未来的出路，理性迫使他们也得出中国需要发展工业文明、用城市改造乡村的论断，但作家的艺术特质又使得他们是一个情感性、个性色彩极强的群体，他们的内心总是包藏着对乡村社会和乡村文明的留恋，并常常自然而然地流露在他们的声音里。正如萧乾在《给自己的信》里所说："虽然你是地道的都市产物，我明白你的梦，你的想望却寄托在农村。"③ 理性是出于利益的算计，情感则是出于文化的积淀。

（3）同时，文明进步本来就充满着悖论，一面是物质文明的日新月异，另一面又是这种进步对自然环境的巨大破坏、对人类精神家园的全面冲击。一首诗生动表现出了城市文明发展中的悖论："工场烟囱多少高，科学终算发达了；烟尘煤粒满天空，新鲜空气找不到。物质文明的幸福里，居然含着许多懊恼。"④ 人类历史，每到一种文明转型时期，面对社会发生的巨大变化，文人学者往往习惯于追溯过去来寻找自身的精神家园和应对现实的方案。尤其是资本主义这样一种城市文明来到世间后，一开始就是通过对其他地区的殖民掠夺来为自己的城市工业积累财富，

---

① 平伯：《到家了》，《晨报副刊》1921年12月6日第2版。
② 郁达夫：《住所的话》，载《郁达夫文集》第4卷，花城出版社、三联书店香港分店1982年版，第23页。
③ 萧乾：《给自己的信》，《水星》1935年第1卷第4期。
④ 李守武：《都市生活》，《晨报副刊》1921年12月6日第3版。

发达资本主义国家城市文明的繁荣往往造成殖民地半殖民地国家城市文明的畸形发展。严家炎认为:"京派作家所以如此讴歌淳朴、原始、美好的人性,一个重要根源在于他们对近代中国特别是都市半殖民地化过程中人性异化现象的憎恶与不满。"① 如沈从文的《边城》仿佛是一首怀旧的恋歌,对抗着现代都市对人性里真善美的侵蚀。"这种高等学府中的乡下人,是从淳朴的乡村灵魂中发现未被工商文明污染的原始人性,发现'一切与我同在的人类美丽与智慧'的德性的。"② 美国著名诗人艾略特说过:"我们必不可停止探索,而一切探索的尽头,就是重回原点,并首次对原点有真正的了解。"回头并不一定是倒退,回头是从人类的文化之根里去重新寻找力量和养分,在不停的回头中,人类得以重生。乡村就象征着自然和家园,象征着人类文化之根。霍华德说:"乡村是上帝爱世人的标志。我们以及我们的一切都来自乡村。我们的肉体赖之以形成,并以之为归宿。我们靠它吃穿,靠它遮风御寒,我们置身于它的怀抱。它的美是艺术、音乐、诗歌的启示。"③ 于是,和谐的田园世界不仅成为知识分子,特别是文学家在畸形发展的都市文明中的心灵归宿,也成为他们为医治现代都市病、拯救现代人心灵开出的药方。

(4) 必须看到,在中国近代这个特殊的时代,作家们对乡村世界的美化本身又是一种"非乡村化"的文学再造。特别是京派作家,表面看,他们似乎在要求"回归田园"。其实,京派作家主要成员生活和创作的背景大部分都在城市,他们头脑里反映出的是城市人的意识,无论在观照乡村世界的优点还是缺点的时候,他们已经自觉不自觉地在运用城市意识了。因为,只有从城市文明的立场出发,才会有对乡村社会的评价。他们的矛盾态度都是基于城市市民阶层自身的利益需求出发,讴歌乡村生活的淳朴、和谐,是因为对工业化给城市生活带来的喧嚣,人与人之间关系的紧张、冷漠进行反思的必要;揭露乡村世界的停滞不前,更是反映出了京派作家仍然是一群深受城市文明熏陶、已经具有了现代意识的知识分子。无论是京派作家还是海派作家对乡村世界与城市社会进行的讴歌与批判,

---

① 严家炎:《论京派小说的风貌和特征》,《湖北大学学报》1989年第4期。
② 杨义:《京派海派综论》,中国社会科学出版社2003年版,第72页。
③ [美]埃比尼泽·霍华德:《明日的田园城市·作者序言》,金经元译,商务印书馆2000年版,第9页。

其实都是在表达城市市民阶层对中国城市化运动的一种期望。海派作家是直接通过对都市生活的感性描写暴露了城市的缺点，京派则是通过把目光投射到乡村世界、通过乡村和农民的文学再造来表达自己的城市理想。

梁启超早就说过："欲新一国之民，不可不先新一国之说。故欲新道德，必新小说；欲新宗教，必新小说；欲新政治，必新小说；欲新风俗，必新小说；欲新文艺，必新小说；乃至欲新人心，欲新人格，必新小说。何以故？小说有不可思议之力支配人道故。"[①] 因此，从梁启超欲借小说实现他的"新民"理想，鲁迅欲通过小说实现他的"立人"理想，直到后来共产党领导下的旨在讴歌"社会主义新人"的无产阶级新文艺的兴起，都表明中国的现代小说从其诞生之初就被赋予了塑造现代国民的历史使命。京派为代表的乡土小说其实也是这其中的一个组成部分。

回顾欧洲城市发展史，城市其实是自给自足的农业文明向"现代国家"过渡过程中出现的产物。在黑格尔的精神哲学里，"客观精神"有三个阶段：抽象法、道德和伦理。国家是"伦理"这个阶段的产物，或者说，"伦理"就是现代国家的本质。城市的伦理就在于它将市民高度统一起来，从而使市民产生了支撑"现代国家"的意识形态——"民族主义"。在分散性的、男耕女织的农业生产方式下，是很难产生这种"民族主义"的，也很难产生现代的国家主权观念。"只有当城市完全统治了乡村，交通与通讯的发达使得整个社会紧密地结合为一体，民族主义以及民主主义的观念才会伴随着社会的需要而产生出来，并逐渐成为催生和构成现代国家的重要意识形态"[②]。正是城市的出现使得欧洲民族主义思想深入欧洲人骨髓，现代国家和国家主权观念产生，才有了西欧世界日后的称霸世界。由乡村社会走向城市社会的时代，绝不仅仅只意味着摩天大楼、霓虹灯、商场餐厅的出现，而更应该是一种新文化、新人格的兴起，应该是由分散走向统一、由放任走向高度组织纪律性的新文明的时代，特别是在一个面对外部城市文明不断侵夺渗透的时代，这种新人格显得尤其重要。韦伯说过："集中精神的能力，以及绝对重要的忠于职守的责任感，

---

① 梁启超：《论小说与群治之关系》，载《饮冰室合集》第 2 册，中华书局 1989 年版，第 6 页。
② 杨奎松：《资本主义化，还是现代化》，载北京大学世界现代化进程研究中心主编《现代化研究》第 1 辑，商务印书馆 2002 年版，第 17 页。

第五章 城乡之间：时人对城乡关系问题的探讨

这里与严格计算高收入可能性的经济观，与极大地提高了效率的自制力和节俭心最经常地结合在一起。这就为对资本主义来说是必不可少的那种以劳动为自身目的和视劳动为天职的观念提供了最有利的基础：在宗教教育的背景下最有可能战胜传统主义。"① 胡适也说过："农村生活的习惯的自由的、放任的、散漫的、消极的，城市生活所需要的新习惯是干涉的政治、严肃的纪律、系统的组织、积极的做事。"② 在市政学者张慰慈看来，城市市民应该有一种相互团结的精神，而之所以能够团结，"是因为他们有一种共同的宗教观念，共同的宗教观念是城市人民的主要团结力。"③ 他所说的其实就是城市人民要有一种共同的信念，一种为国家、社会服务的高度责任感。在那个年代，将散乱的乡民变成有组织的市民，为构建一个现代民族国家服务，这是一个落后民族在迈向现代化和城市化时最需要具有的一种精神，也是落后国家在建立现代民族国家过程中所应该具有的"城市精神"。

可是近代知识分子却发现，中国的城市精神似乎刚好相反，他们极力地抨击城市生活种种弊端，用一句话形容就是："惟此萎靡疲苶玩愒巧滑抟土聚沙绝无力量作用之全国之风气，真乃沉痼之疾也。"④ 鲁迅先生也形容当时的中国市民："野牛成了家牛，野猪成了家猪，狼成了狗，野性是消失了，但只使牧人喜欢，于本身并无好处。"⑤ 那么，许多对乡村世界和乡村文明进行"田园牧歌化""诗意化"的京派作家，其实是在用一种城市的意识在观照乡村世界，并自觉不自觉地用城市人生活的需要将乡村世界进行文学想象。而这种想象就暗含着他们在呼唤的一种"城市精神"，一种节俭积累而非奢靡浪费的、合作互助而非对立竞争的、团体主义而非个人主义的类似于韦伯的"清教伦理"。因此在京派文学里对"乡下人"和"山里人"的讴歌其实是寄托着作家对城市市民所应当具有品质的期望。沈从文就并不反对现代文明，他所关心的恰恰是城市市民达不到现代文明要求的缺陷，比如他在《中国人的病》里说道："用一种新方

---

① ［德］马克斯·韦伯：《新教伦理与资本主义精神》，于晓等译，生活·读书·新知三联书店1987年版，第45页。
② 胡适：《序》，载白敦庸《市政举要》，上海大东书局1931年版。
③ 张慰慈：《市政制度》，亚东图书馆1925年版，第8页。
④ 远生：《反省》，《东方杂志》第12卷第12号。
⑤ 鲁迅：《略论中国人的脸》，载《鲁迅全集》第3卷，人民文学出版社1981年版，第414页。

法造成一种新国民所必需的新观念，使人人乐于为国家尽义务，且使每人皆可以有机会得到一个'人'的各种权利。合于'人权'的自私心扩张，并不是什么坏事情，它实在是一切现代文明的种子。一个国家多数国民能'自由思索、自由研究、自由创造'，自然比一个国家多数国民皆'蠢如鹿豕，愚妄迷信，毫无知识'靠君王恩赏神佛保佑过日子有用多了。"① 在这段文字里面，我们看到的完全是一种现代意识，他宣扬的不是什么"农民意识""乡土意识"，而是在呼唤一种既有着明确权利意识又有着强烈的社会责任感的"现代公民意识"。因此，有理由相信，沈从文所构筑的那个纯美的"乡村世界"，李广田、何其芳等人塑造的那些坚毅不屈、充满阳刚、富有冒险精神的"山之子""旅行者"，正是希望中国的城市能够焕发出一种朝气蓬勃的奋斗精神，从而推动现代国家的建设。只是由于城市生活将市民浸淫已久，作家们发现，未被开发的乡村世界倒是一片他们可以寄托自己理想的文学空间，遂将眼光投入其中，对这个世界进行一番文学再造。正如有民国的文艺评论者评价"田园诗"一样："这种诗读了之后，如服了兴奋剂一般，使人自萎靡、麻木、浑沌、屈闷、苟且中拔擢出来，充满了活气，充满了奋斗、冒险的精神。大底将由此时代渡到彼时代的际会，必定有这样的作品做它的曙光。"② 这种文学创作就更加类似于笛福所塑造的"鲁滨逊"，表面看是在歌颂离群索居、与世隔绝的生活，其实这一形象却寄托着当时的新生力量的理想追求。乡土小说家力图从乡土世界中去寻找一种健康的精神文化，完成现代中国城市的文化伦理再造。苏雪林评价沈从文"就是想借文字的力量，把野蛮人的血液注射到老迈龙钟颓废腐败的中华民族身体里去使他兴奋起来，年轻起来，好在二十世纪舞台上与别个民族争生存权利"③。这一点也和鲁迅一脉相承，"鲁迅先生正是以其对乡土中国的'启蒙主义'观察，对中国农民的现代性想像与审视，结合自己童年对中国农村与农民的深刻生命体验，对乡土中国形成了'病中国'与'桃源乐土'的两种不同的认知图像，建构了两种性质不同的中国农民形象类型，成为中国现代文学想像和建构中国农

---

① 沈从文：《中国人的病》，《水星》1935年第2卷第3期。
② 黄日葵：《我理想底今后底诗风》，《晨报副刊》1921年11月12日第3版。
③ 苏雪林：《沈从文论》，《文学》1934年第3卷第3期。

第五章 城乡之间:时人对城乡关系问题的探讨

民形象类型的开创者"①。

现代化的核心是人的现代化,城市化的核心也同样是人的城市化。城市化不是人在空间地域上的简单迁移,而是人在精神内涵上成为现代性国民。因此,以京派作家为代表的乡土小说家对城市文明的批判其实是站在塑造现代性的"人"的高度而发的。相较而言,似乎是作为都市文明直接产物的海派作家尽管也有对城市文明的反思,却更满足于停留在"城市"的形式世界中,而没有京派作家那样的一种追索精神,海派作家比京派作家似乎更能够表达出现代人所说的"城市感觉"的原因也在于此。在以穆时英、刘呐鸥为代表的"新感觉派"小说里,充满着城市的音响、光亮、色彩和城市的节奏,以沈从文为代表的乡土小说家虽然也有对城市的描写,但缺少海派作家特别是新感觉派作家对城市生活那样生动直观的感性传达。这是因为,留恋于形式上的"城市"里的新感觉派作家更多的是从个人感受的角度来观照城市的文明,即使批判,也是从自我感受的角度来表现城市生活给个人感官和精神造成的困扰、焦虑,他们始终没有跳脱出"个人"这个小圈子,因此他们对城市的声响、色彩、灵与肉的煎熬等特别敏感,他们把表现新奇的感觉当作创作的关键。穆时英虽然也曾写出过《南北极》这样反映社会不平等的作品,但这只是由于其家庭败落后他为抒发不平的泄愤之作,之后其兴趣很快转向,他所关注的是"烂熟的都市文明,是'白金的女体塑像',是'圣处女的风情',是'笼罩薄雾的秋巷',是爵士乐和狐步舞,是用彩色和旋律交织成的美"②。司马长风评价穆时英"写的多是苍白的爱情,性的纠葛,千篇一律的性和爱也叫人倒胃口"③。刘呐鸥最喜爱描写大都会色情生活的作品。而京派作家则更多地从国家、社会命运的角度来考察城市文明的弊端,在他们的作品里,更多的是展现社会的画卷,而非个体的直观感觉。京派作家重叙事,海派作家重抒情,他们形成各自的不同风格,原因也在此。当时中国更需要的却是"叙事诗",不是"抒情诗",整个中国现代化运动和革命就是一场波澜壮阔的叙事史诗,而唯有乡村世界在当时能够给他们提供这种宏观叙事的空间。在后来的中国现代政治运动中,京派作家和海派作家

---

① 张丽军:《乡土中国现代性的文学想像——现代作家的农民观与农民形象嬗变研究》,上海三联书店2009年版,第22页。
② 司马长风:《中国新文学史》下卷,传记文学出版社1991年版,第86页。
③ 同上。

的主将走向了不同的路径。表面反对文学为政治服务、主张"为人生的文学"的京派作家日后主动地投身于现代革命的洪流之中。沈从文在抗战一爆发,便主张文学为抗战服务,宣扬"抗战文学";萧衍转向报告文学,以抨击时弊、揭露黑暗为己任;何其芳、李广田投奔延安,在被纳入到现代革命视野下的延安乡村世界,他们找到了自己的理想。而海派作家的主将则走向沦落,刘呐鸥充当了汉奸,穆时英后来创作力枯萎,充当了官方图书杂志审查委员,二人双双死于暗杀者枪下;杜衡(苏汶)后来不再有什么精彩作品问世。尤其是20世纪40年代,海派作家里还诞生了张爱玲这样极富争议性的作家。京派、海派主要人物命运的戏剧性变化,极其耐人寻味。

因此,海派作家浸淫于形式上的"城市"之内,实质上的"城市"精神却悄然隐退;京派作家虽流连于形式上的"乡村"中,却在实质上呼唤一种"城市"的精神。这种思路呼应了整个乡土文学和中国革命对农民及乡村的"文化想象",当后来毛泽东领导的共产党在意识形态领域极力拔高农民、抨击城市生活时,其实也不再是在简单地歌颂旧时代的乡村社会了,而是为农民赋予了更多的新时代的要素,是用一种城市现代化的模型来塑造农民形象,那些农民形象身上的高度社会责任感、高度的组织纪律性和为民族艰苦奋斗的献身精神恰恰也是民国时期的许多人所寄望于城市市民的品质。史华慈先生说过:"毛泽东的'群众'未必是现实中'实然'的群众,而是一种'应然'的群众。这类'群众'毫无疑问是领袖心目中所渴望把他们塑造成的那种'应然'的样子。这种'应然'的群众将被赋予大公无私的精神,他们的美德绝不是被动和消极的,而是积极而充满活力的。他们将在为民族事业的献身中,变成一种持久坚固的道德能量。这种道德能量将在一场反对一切恶势力的、积极的、敢作敢为的战斗之中被统一起来。"[①] 也就是说,当毛泽东和共产党后来从形式上打倒了"城市",树立起了"乡村"的时候,民国知识分子热切呼唤的"城市精神"才在事实上显现了出来。

[①] 萧延中:《史华慈比较文化视野下的卢梭、孟子与毛泽东——兼论当代中国政治思想的内在冲突与深层分歧》,载许纪霖、朱政惠《史华慈与中国》,吉林出版集团有限责任公司2008年版,第206—207页。

结　论

　　民国前期（1912—1937年）是中国城市化运动的一个初步发展时期，知识分子和一部分政府官员隐隐感觉到中国来到了一个新型文明的门口，他们潜心研究各种城市化理论、市政规划、城市管理体制，特别是一批前往欧美学习了外国先进市政理论的市政学者，更是将市政建设作为实现国家富强文明的最佳途径。在此时期，以这批人为代表的社会精英"城市"意识高扬，他们为寻找一条中国式的城市化道路进行了诸多有益的探讨，他们既从理论上研究城市的起源、现代城市与传统城市的区别，又为中国城市建设进行具体的城市规划，其内容涵盖城市体制的选择、市政管理的改良、城市空间布局的设计、街道卫生的整顿、交通治安的维系、城市文化教育以及城市文化品位的提升等。贯穿在这些城市建设理想里的指导思想就是市政要为大多数人服务，反对只满足少数权势阶层需要的城市化道路。这个理念在当时的学者和官员的文字中常常通过"反对资本主义""平民化"等话语表达出来。这些学者和官员的思想探索，包括一部分城市建设实践，特别是为大多数人服务的市政理想，对我们今天的城市化建设仍然具有着积极的借鉴作用，可以说是现代人进行城市现代化建设的一笔宝贵的思想资源。

　　与此同时，学者们又由对西方"城市病"的关注进而对中国式的"城市病"展开了研究。他们发现中国的"城市病"的核心问题是由于阶级不平等由此而衍生出的市容混乱、治安严重、文化道德低下等问题，如果从城市化的眼光去看，中国的"城市病"不同于西方，它不是城市过度发展而来的疾病，其实是城市文明发展不够而造成的社会问题。解决中国"城市病"的根本途径是进一步发展城市工商业，利用科学的市政管理完善城市文明。然而，由于当时的中国城市受到国际资本主义和国内的官僚、买办势力统治，现代工商业的中国城市生产的根基——工业生产特别是重工业难以发展起来，城市功能停留在商业功能上，从而导致精神文化上也无法进行大的文化再造与更新，商业文化的熏染和反动势力对城市的把持，使得城市文化流于低俗、萎靡、颓废的低层次发展，真正地以移风易俗、改造旧文化为目的的现代化运动却在城市难以深入。城市化运动既然难以深入发展，城市建设就往往只能停留在修几条马路、建几座高楼大厦等表层事务上，流弊所及，便演变为"政绩工程""面子工程"。因此，民国前期中国城市现代化运动既是一个初步发展的时期，又是一个需要更大突破为自己获得源源不断崭新动力的时期。

基于如此背景，许多人同时将眼光投向了广大乡村，力图重新整合城市与乡村的关系，"到乡村去"的思潮也成为这段时期的一大思想潮流。这反映出了中国人对城市化和城市现代化运动认识的加深，反映出一部分社会精英开始跳出"城市中心"的狭隘视角，而将眼光转向广大的社会土壤——乡村世界。他们要去传统的乡村世界里寻找城市现代化的动力，用传统的文化结构来包容、修正西方的现代化和城市化理念，为现代化和城市化寻找到土壤与根基。当然，传统的文化结构在这个过程中也同时实现了自我提升。这样使中国的城市化真正能够建立起一个牢固的基础，并且开创出一种民族的、具有本国特色的、独立自主而不是依附于外国需要的城市化道路，一种内生型的、独立型的、利润回流的城市化道路。如果，我们联系当时的作家在文学世界里对乡土文明的文学再造、共产党将中国革命由城市转向农村，直到抗战爆发后国民政府也将工业和文化中心内迁以西南为抗战救国、民族复兴之阵地，就不难发现，这背后确实存在一种历史的逻辑。"城市"要实现自己的理想，并不一定要采取自身的形式，而往往也可以依靠"乡村"的形式，对自身进行一个反动，最后扬弃自身，创造出新的"城市"形式，"城市"的理想然后得以实现。从"城市"始，以"反城市"为手段，以回归"城市"终，这就是中国近代城市化运动的特点，而"反城市"就出现于20世纪初至抗战前这段时期。

当我们把眼光由中国扩展到世界城市的发展史时，就会发现，"城市"与"乡村"的这种互动其实也是整个人类都面临的问题。当"城市"发展到畸形时，就必须依靠"乡村"的支撑。要么引"乡村"进入城市，如田园都市理念，或者"城市"转向乡村，将人员、资源分散到乡村和郊区，如美国20世纪六七十年代出现的"逆城市化"。当出现多数人走向城市的潮流时,"逆城市化"的进程就会自动启动,这其实是古今中外的一个普遍现象。"都市膨胀达于相当程度,则人口非常过剩,仍须由集中而复行分散"①。城市化的过程,通常要经过三个阶段:人口向城市迁徙—城市进入乡村—城乡差别的消失。②"逆城市化"本身其实也是"城市化"的一个阶段,"城市"借此而更加圆满。中国近代各种人士对城市化发展道路及其与城乡关系的思考,也因而具有了普遍的意义,中国知识分子在"城市"与"乡村"之间所面对的矛盾其实也是整个人类的矛盾,因此他们的思考也就具有了世界意义,对于中国未来的城市化道路尤其具有深刻启迪。"城市"走入"乡村",实现城市文明与乡村文明的整合,或许是中国城市化道路的最终归宿,也是人类城市化的最终方向。

以史为鉴,可以知兴衰。当我们具体到中国当代的城市化道路时,近代的这些有识之士的思想探索又能够给予我们哪些有益的启示呢?

第一,城市化的种种规划、设计必须适应中国的实际,特别是当地的实际情况,不能够盲目照搬西方的理论体系和概念。有研究者指出当代中国城市化道路正面临一个误区:"中国的城市规划界一直在致力于借鉴国外先进的城市规划理论。但迄今还只是停留在引进和某些概念的炒作中。……常围绕着一个概念(名词)反复的讨论,而鲜有考虑规划的理论必须是本土化的或者必须是被转化为本土化的才具有操作的可能。"③ 城市化是一个关系着人民切实的生存利益的运动,不是纯理论的游戏。理论和概念如果不能寻找到适合自己存在的土壤,它就没有实践的合理性。理论如果脱离了现实的土壤变成一种少数人的书斋游戏,炮制理论的人也将成为高高在上俯视大众的特权阶层,他们的理论将不再为普通大众而服务。

第二,处理好城市化与全球化的关系。城市发展必须融入全球化的潮流中,不可置身于世界大势之外,但是必须对全球化中可能存在的殖民主义保持必要的警惕;在参与到世界经济、政治秩序中与世界城市进行往来的同时,不能不注意到这些秩序背后隐藏着一些陷阱,城市化在全球化中必须具有自己的独立意志。

---

① 赵钧南:《交通机关与军事政治社会之关系》,《道路月刊》1924年第11卷第2、3合期。

② 参见黄凤祝《城市与社会》,同济大学出版社2009年版,第314页。

③ 姚秀利、王红扬:《转型时期中国城市规划所处的困境与出路》,《城市规划学刊》2006年第1期。

第三，城市化运动不能只关注经济的发展，更不能将 GDP 作为衡量城市发展的唯一目标。城市发展是物质精神文明共同进步的结果，不仅需要有经济发展的支撑，还需要文化的驱动。城市是现代新文化的策源地，是一国文明高低的标志，只注重经济发展而忽视文化建设的城市建设必然是短视的建设，最终只能加速城市的衰落。因文化衰败而导致城市衰败的事例不胜枚举，古有罗马城因道德极度沦丧而毁灭，南宋临安、明末金陵因沉醉于靡丽声色中而被游牧民族取代，近代有大上海、南京等地虽有灯红酒绿、莺歌燕舞，却不能为中国现代化运动提供有力的文化支持，沦陷于殖民主义、拜金主义靡颓脂粉之气中。在现代，要建设高尚的城市文明，必须旗帜鲜明地反对"资本至上"主义。如果城市发展完全被所谓经济理性、资本理性所左右，那么，工厂、住房、公园等一切城市空间都将被商品化，一系列城市问题，如噪声、大气污染、森林被砍伐、市区反复修建、市民住房紧张、生活成本上升、治安下降、社会鸿沟日益增大等弊病将丛脞繁复，越来越棘手。"如果我们把城市的活力，完全寄存在经济的发展之上，那么它的规模扩张和具体的规划可能就不得不是当下的这种折腾型，不断以自我毁灭和向外扩张的方式来消灭和重新安置资本，以便于它的流动。而如果城市的活力，并不完全依赖经济，还有政治和文化的驱动力，那么它的大小和规划就可能是另一种类型"[①]。

第四，政府应该始终坚持"以民为本"的城市化理念，必须使城市化运动成为让大多数人民受益的现代化运动，尤其是要将视角经常观照到底层的弱势群体，绝不能让城市变成贪官污吏、富豪买办乃至黑帮流氓的乐园。政府自己更不能被私人财团、地产商、金融家、企业家所绑架，而要始终把自己的根基建立在广大人民之上。如果政府的统治基础不再是人民大众，而是少数权势集团，不管如何进步的现代理念，都会在实践中被扭曲变形。"淮橘成枳"的事实一再重现，很多时候是由于人为的干预。

第五，城市的发展需要有农村的现代化作为其动力，不能以牺牲农村和农民的利益来进行城市化运动。城市文明的利益不仅要为城市人所享受，也要为农村地区所分享。城市和乡村是处在互动之中的，当城市带动乡村发展的时候，城市也在进行自我提升。通过将自己的势力渗入乡村社

[①] 闵冬潮：《快城与慢城》，载当代文化研究网《"城"长的烦恼》，上海书店出版社 2010 年版，第 116 页。

结　论

会，从乡村社会的土壤里为自己的发展吸收了有益的营养和新鲜血液，能使得自身的发展处于一种更加健康繁荣的状态，而城市智识阶级通过深入乡村，帮助乡村发展，也促进了自我人生境界和价值的提升，有利于克服城市生活带给他们的虚骄、市侩之气。正如陈翰笙所说的，一切生产关系的总和，造成社会的基础结构，而中国大部分的生产关系是属于农村的。[①] "乡土中国"是中国的基础，"都市中国"犹如矗立在土壤之上的参天大树，其根基是深入乡土之内的。城市必须向乡村土壤不断吸收营养，作为自己的动力。中国的城市化只有将动力嫁接于自己的乡村土壤上，才不会迷失在"全球化"的世界丛林中。当前，城乡二元结构的存在不仅使得农村地区不能充分享受现代文明的福泽，也阻碍了城市文明向新的高度发展。

　　第六，在帮助农村地区进行现代化建设时，要注意处理好文化冲突的问题，特别是如何处理好城市文明与传统乡村文明的关系问题。进行城市化运动，消除城乡差别，是否就意味着消灭"乡村"？一个空间不仅具有经济的价值，还具有文化的价值，就如一座古城墙，或许它已经完全丧失了昔日防御的功能，成为当地建造工业区、创办大型超市的障碍，但是它是一种文化符号，它凝聚着当地的历史文化记忆，它的价值是无法用物质进行衡量的。同样，"乡村"也是如此，它已经成为一种文化象征，它的消失对于社会将是一个巨大的损失。2012年，中国文联副主席、中国民间文艺家协会主席冯骥才在接受媒体采访时援引官方公布的数字说，过去十年，中国总共消失了90万个自然村，"比较妥当的说法是每一天消失80至100个村落"[②]。有人对此有感而发："故乡未必真的美，尤其是那些贫瘠偏僻的村庄，但那是一个群落符号，不单是社会化的象征，还有历史文化的汇聚，更有人文情感的涵养……就那么武断地让其快速消失，代之以毫无生气的水泥建筑和无个性的道路工厂，一切都那么机械化和功利化。这样的现代化和工业化，不要也罢。"[③] "乡村"的被破坏，是和权力

---

　　① 参见陈翰笙《中国的农村研究》，载中国社会科学院科研局组织编选《陈翰笙集》，中国社会科学出版社2002年版，第32页。
　　② 冯骥才：《中国每天消失近百个村落 速度令人咋舌》，2012年10月，中新网（http://www.chinanews.com/cul/2012/10-21/4263582.shtml）。
　　③ 张敬伟：《城市化蚕食村落的社会忧思》，2012年10月，草根网（http://www.caogen.com/blog/infor_detail/41879.html）。

资本主导下的政绩工程联系在一起的,这种工程只是粗犷地追求着城市化的速度和规模,肆意地践踏着民生和他们赖以生存的"故乡"。处理好城市文明与乡村文明的关系,离不开对这种政绩工程和粗犷型城市化发展模式的制约。

参考文献

(一) 近代史料

[1]《民铎杂志》，1923 年。
[2]《清华学报》，1933 年。
[3]《市政评论》，1934—1936 年。
[4]《南京社会特刊》，1931 年。
[5]《济南市市政府市政月刊》，1936 年。
[6]《广东建设厅公报》，1928 年。
[7]《武汉特别市市政月刊》，1929 年。
[8]《都市与农村》，1935—1937 年。
[9]《道路月刊》，1924—1935 年。
[10]《京都市政月刊》，1926 年。
[11]《市政期刊》，1934 年。
[12]《市政月刊》，1928—1950 年。
[13]《市政通告》，1914 年。
[14]《广州市市政公报》，1931 年。
[15]《市政季刊》，1933 年。
[16]《武汉市政公报》，1928 年。
[17]《汉市市政公报》，1929 年。
[18]《武汉特别市市政月刊》，1929 年。
[19]《南昌市政半月刊》，1934—1935 年。
[20]《长沙市政半月刊》，1933 年。
[21]《市声周报》，1926—1927 年。
[22]《无锡市政》，1929—1930 年。

[23]《安徽建设》，1929年。

[24]《社会月刊》，1929—1931年。

[25]《山东公报》，1914年。

[26]《山东工商公报》，1929年。

[27]《经济学季刊》，1934年。

[28]《独立评论》，1932—1935年。

[29]《民声周报》，1931—1932年。

[30]《进步》，1913—1914年。

[31]《平民》，1921年。

[32]《工商新闻百期汇刊》，1925年。

[33] 中华续行委员会调查特委会：《中华归主：中国基督教事业统计（1901—1920）》，中国社会科学院世界宗教研究所，1985年版。

[34]《中央周刊》。

[35]《西南六省社会经济之鸟瞰》，全国图书馆文献缩微复制中心2006年版。

[36]《近代中国西北五省经济史料汇编》，国家图书馆文献缩微复制中心2006年版。

[37]《经济统计月志》第1卷。

[38]《统计月刊》第1册。

[39]《新国民年鉴》，载《民国史料丛刊》第929卷，大象出版社2009年版。

[40] 实业部中国经济年鉴编纂委员会：《中国经济年鉴（1934—1936）》，商务印书馆1934年版。

[41]《中华实业商报》，1934年。

[42]《中国经济》，1933年。

[43]《工商学志》，1935年。

[44]《经济统计月志》，1934—1935年。

[45]《民国经济杂志》，1912年。

[46]《社会月刊》，1929—1931年。

[47]《广东实业厅公报》，1926年。

[48]《浙江建设厅月刊》，1927年。

[49]《劳动季报》，1934年。

[50]《青岛社会》,1929—1930年。

[51]《商人生活》,1935年。

[52]《平汉新生活》,1934年。

[53]《东方杂志》,1914—1929年。

[54]《申报》,1920年。

[55]《大公报》,1934—1936年。

[56]《晨报》,1919年。

[57]《晨报》,七周纪念增刊,1926年。

[58]《长沙市民日报周年纪念特刊》,1931年。

[59]《小说月报》,1911年。

[60]《生活星期刊》,1936年。

[61]《国风半月刊》,1932年。

[62]《建设》,1919年。

[63]《湘江评论》,1919年。

[64]《同济杂志》,1921年。

[65]《工程学报》,1933年。

[66]《光华卫生报》,1919年。

[67]《时代公论》,1934—1935年。

[68]《新生活导报》,1935年。

[69]上海特别市社会局:《上海之工业》,中华书局。

[70]上海市政府秘书处:《上海市市政报告》,汉文正楷印书局1936年版。

[71]湖北省政府:《大武汉市建设计划大纲草案》,1945年。

[72]《济南市市政统计》,1934年。

[73]实业部中国经济年鉴编纂委员会:《中国经济年鉴(1934—1936)》上册,商务印书馆1934年版。

[74]罗家伦主编:《革命文献》第88辑,1978年10月影印再版。

[75]《绣像小说》第4号,1903年。

[76]王世选修,梅文昭等纂:《宁安县志》,民国十三年铅印本。

[77]郑士纯等修,朱衣点等纂:《桦川县志》,民国十七年铅印本。

[78]任传藻等修,穆祥仲等纂:《东明县新志》,民国二十二年铅印本。

[79]宋宪章等修,于清洋等纂:《牟平县志》,民国二十五年铅印本。

[80]陈焕等修,李钰纂:《寿昌县志》,民国十九年铅印本。

[81] 曾继梧等：《湖南各县调查笔记·物产类·浏阳》，民国二十年铅印本。

[82] 石国柱等修，许承尧等纂：《歙县志》，民国二十六年铅印本。

[83] 刘佶修，刘威荣纂：《双流县志》，民国十年铅印本。

[84] 林懿均等修，胡应庚等纂：《续修盐城县志》，民国二十五年铅印本。

[85] 余启谋修，张启煌等纂：《开平县志》，民国二十二年铅印本。

[86] 廖兆骏：《绥远志略》，民国二十三年铅印本。

[87] 黄维翰纂修：《呼兰府志》，民国四年铅印本。

[88] 王树荣等修，潘履祥等纂：《罗店镇志》，清光绪十五年铅印本。

[89] 童世高：《钱门塘乡志》，1933年。

[90] 刘延昌修，刘鸿书纂：《徐水县新志》，民国二十一年铅印本。

[91] 黄容惠修，贾思绂纂：《南宫县志》，民国二十五年刻本。

[92] 欧阳珍等修，韩嘉会等纂：《陕县志》，民国二十五年铅印本。

[93] 陈传德修，黄世祚、王焘曾等纂：《嘉定县续志》，民国十九年铅印本。

[94] 刘樗寿等修，黄范冕等纂：《续清河县志》，民国十七年刻本。

[95] 裴焕星等修，白永贞等纂：《辽阳县志》，民国十七年铅印本。

[96] 于定增修，全咏榴增纂：《青浦县续志》，民国六年修，民国二十三年增修刻本。

[97] 吴馨等修，姚文枏等纂：《上海县续志》，民国七年刻本。

[98] 李大本修，李晓泠纂：《高阳县志》，民国二十二年铅印本。

[99] 胡祥翰：《上海小志》，民国十九年铅印本。

[100] 《蜨园文存》，台北文海出版社1968年版。

[101] 《民国时期市政建设史料选编》，国家图书馆文献缩微复制中心2009年版。

[102] 陈真、姚洛：《中国近代工业史资料》第1辑，三联书店1957年版。

[103] 殷梦霞、李强选编：《民国铁路沿线经济调查报告汇编》，国家图书馆出版社2009年版。

[104] 中国第二历史档案馆：《北洋政府档案》，中国档案出版社2010年版。

[105] 严中平等编：《中国近代经济史统计资料选辑》，北京科学出版社1955年版。

[106] 姜明清：《铁路史料》，台北国史馆1992年版。

[107] 宓汝成：《帝国主义与中国铁路》，上海人民出版社1980年版。

[108] 张枬、王忍之：《辛亥革命前十年间时论选集》第 2 卷下册，生活·读书·新知三联书店 1978 年版。

[109] 张研、孙燕京：《民国史料丛刊》，大象出版社 2009 年版。

（二）论著

1. 近代学者论著

[1] 陆丹林：《市政全书》，中华全国道路建设协会 1928 年版。

[2] 董修甲：《市政问题讨论大纲》，青年协会书局 1929 年版。

[3] 董修甲：《市政与民治》，大东书局 1931 年版。

[4] 董修甲：《京沪杭汉四大都市之市政》，大东书局 1931 年版。

[5] 张慰慈：《市政制度》，亚东图书馆 1925 年版。

[6] 白敦庸：《市政举要》，大东书局 1931 年版。

[7] 章若渊：《街道与市政》，泰东图书局 1929 年版。

[8] 邱致中：《都市社会问题》，有志书屋 1936 年版。

[9] 罗超彦：《现代都市计划》，南华图书局 1929 年版。

[10] 吴景超：《都市社会学》，世界书局 1929 年版。

[11] 刘岫青：《南京市政府实习总报告》，1933 年 9 月。

[12] 李若虚：《江苏省常熟县、湖北省大冶县实习调查日记》，1937 年。

[13] 顾彭年：《市行政选集》，商务印书馆 1929 年版。

[14] 虞清楠：《市政论集》，京华书局 1931 年版。

[15] 金国珍：《市政概况》，新民印书局 1941 年版。

[16] 乔元良等：《中国农村问题·总论》，载《民国史料丛刊》第 672 册，大象出版社 2009 年版。

[17] 范苑声：《中国农村社会经济研究》，载《民国史料丛刊》第 678 册，大象出版社 2009 年版。

[18] 朱其华：《中国经济危机及其前途》，载《民国史料丛刊·经济·概况》第 323 册，大象出版社 2009 年版。

[19] 《中国国民经济》，《民国史料丛刊·经济·概况》第 322 册，大象出版社 2009 年版。

[20] 蓝名诂：《中国农村建设之途径》，载《民国史料丛刊》第 495 册，大象出版社 2009 年版。

[21] 千家驹等：《农村与都市》，载《民国史料丛刊》，大象出版社 2009

年版。

[22] 《金融业》，载张研、孙燕京主编《民国史料丛刊·经济金融》第457册，大象出版社2009年版。

[23] 龚骏：《中国都市工业化程度之统计分析》，载《民国史料丛刊》第568册，大象出版社2009年版。

[24] 陈重民：《今世中国贸易通志（一）》，载《民国史料丛刊》第653册，大象出版社2009年版。

[25] 翟克：《中国农村问题之研究》，国立中山大学出版部1933年版。

[26] 贝淞孙：《金融业第一编银行业》，上海市商会商务科编辑。

[27] 胡庆荣：《考察上海市政及复兴计划报告书》，出版地不详，1932年。

[28] 朱亦松、宋希痒：《社会问题》，出版地、年代不详。

[29] 许仕廉：《中国人口问题》，商务印书馆1930年版。

[30] 叶恭绰：《交通救国论》，载《遐菴丛稿》。

[31] 漆树芬：《经济侵略下之中国》，光华书局1931年版。

[32] 柯象峰：《现代人口问题》，正中书局。

[33] 张心澂：《中国现代交通史》，载《民国丛书》第4编，上海书店。

[34] 金家凤：《中国交通之发展及其趋向》，正中书局1937年版。

[35] 周谷城：《中国社会史论》，齐鲁书社1988年版。

[36] 白寿彝：《中国交通史》，上海书店1984年版。

[37] 陶孟和：《北平生活费之分析》，商务印书馆2011年版。

[38] 李学通选编：《科学与工业化——翁文灏文存》，中华书局2009年版。

[39] 蒋梦麟：《西潮与新潮》，人民出版社2011年版。

[40] 费孝通：《乡土中国与乡土重建》，风云时代出版社1993年版。

[41] 李叔同：《送别·我在西湖出家的经过》，复旦大学出版社2006年版。

[42] 王韬：《漫游随录》，陈尚凡、任光亮校点，岳麓书社1985年版。

[43] 唐文权、桑兵：《戴季陶文集（1909—1920）》，华中师范大学出版社1990年版。

[44] 凌耀伦、熊甫：《卢作孚集》，华中师范大学出版社1991年版。

[45] 欧阳哲生：《胡适文集》，北京大学出版社1998年版。

[46] 郭沫若著作编辑出版委员会：《郭沫若全集·文学编》第1卷，人民文学出版社1982年版。

[47]《茅盾选集》第1卷,四川人民出版社1982年版。

[48] 老舍:《老舍全集》第1卷,人民文学出版社1999年版。

[49] 沈从文:《沈从文全集》,北岳文艺出版社2002年版。

[50] 徐俊西主编:《海上文学百家文库·徐志摩卷》,上海文艺出版社2010年版。

[51]《郁达夫文集》,花城出版社、三联书店香港分店1982年版。

[52] 张品兴主编:《梁启超全集》,北京出版社1999年版。

[53] 中山大学历史系孙中山研究室、广东省社会科学院历史研究所等:《孙中山全集》,中华书局1985年版。

[54] 吴良镛主编:《梁思成全集》第1卷,中国建筑工业出版社2001年版。

[55] 马寅初:《马寅初全集》,浙江人民出版社1999年版。

[56] 章士钊:《章士钊全集》,文汇出版社2000年版。

[57] 梁漱溟:《梁漱溟全集》,山东人民出版社1992年版。

[58] 中国社会科学院科研局组织编选:《陈翰笙集》,中国社会科学出版社2002年版。

[59] 刘大鹏:《退想斋日记》,山西人民出版社1990年版。

[60]《陶行知教育文选》,教育科学出版社1981年版。

[61]《蔡元培讲教育》,新华出版社2005年版。

[62] 刘呐鸥:《都市风景线》,中国文联出版社2004年版。

2. 当代学者论著

[1] 罗荣渠:《西化与现代化》,北京大学出版社1990年版。

[2] 向德平:《城市社会学》,武汉大学出版社2002年版。

[3] 黄凤祝:《城市与社会》,同济大学出版社2009年版。

[4] 何一民:《从农业时代到工业时代:中国城市发展研究》,四川出版集团巴蜀书社2009年版。

[5] 何一民:《近代中国城市发展与社会变迁(1840—1949)》,科学出版社2004年版。

[6] 涂文学:《城市早期现代化的黄金时代——1930年代汉口的市政改革》,中国社会科学出版社2009年版。

[7] 侯杨方:《中国人口史 第六卷 1910—1953年》,复旦大学出版社2001年版。

[8] 顾朝林:《中国城市地理》,商务印书馆1999年版。

[9] 朱铁臻:《城市现代化研究》,红旗出版社 2002 年版。

[10] 包亚明:《现代性与都市文化理论》,上海社会科学院出版社 2008 年版。

[11] 赵峥:《中国城市化与金融支持》,商务印书馆 2011 年版。

[12] 当代文化研究网:《"城"长的烦恼》,上海书店出版社 2010 年版。

[13] 胡焕庸:《胡焕庸人口地理选集》,中国财政经济出版社 1990 年版。

[14] 邓正来、[英] J. C. 亚历山大:《国家与市民社会:一种社会理论的研究路径》,中央编译出版社 1999 年版。

[15] 罗玲:《近代南京城市建设研究》,南京大学出版社 1999 年版。

[16] 侯建新:《社会转型时期的西欧与中国》,高等教育出版社 2005 年第 2 版。

[17] 徐勇:《非均衡的中国政治:城市与乡村比较》,中国广播电视出版社 1992 年版。

[18] 钱理群:《乡风市声》,复旦大学出版社 2005 年版。

[19] 唐德刚:《晚清七十年》,岳麓书社 1999 年版。

[20] 周积明、郭莹:《震荡与冲突——中国早期现代化进程中的思潮和社会》,商务印书馆 2003 年版。

[21] 张颐武:《现代性中国》,河南大学出版社 2005 年版。

[22] 中共上海市委宣传部:《现代意识与城市研究》,上海人民出版社 2006 年版。

[23] 余荣虎:《凝眸乡土世界的现代情怀:中国现代乡土文学理论研究与文本阐释》,四川出版集团巴蜀书社 2008 年版。

3. 外国学者论著

[1]《马克思恩格斯选集》第 1 卷,人民出版社 1975 年版。

[2] [美] 塞缪尔·亨廷顿:《变革社会中的政治秩序》,李盛平等译,华夏出版社 1988 年版。

[3] [美] 德·希·珀金斯:《中国农业的发展(1368—1968)》,宋海文等译,上海译文出版社 1984 年版。

[4] [美] 刘易斯·芒福德:《城市发展史:起源、演变和前景》,宋俊岭等译,中国建筑工业出版社 2004 年版。

[5] [日] 芥川龙之介:《中国游记》,陈生保等译,北京出版社出版集团、北京十月文艺出版社 2006 年版。

[6] [美] 布赖恩·贝利：《比较城市化》顾朝林等译，商务印书馆 2010 年版。

[7] [英] 埃比尼泽·霍华德：《明日的田园城市》，金经元译，商务印书馆 2000 年版。

[8] [美] 施坚雅：《中华帝国晚期的城市》，中华书局 2000 年版。

[9] [日] 城山智子：《大萧条时期的中国：市场、国家与世界经济》，孟凡礼等译，江苏人民出版社 2010 年版。

[10] [德] 马克斯·韦伯：《新教伦理与资本主义精神》，于晓等译，三联书店 1987 年版。

[11] [美] 小科布尔：《上海资本家与国民政府》，杨希孟、武莲珍译，中国社会科学出版社 1986 年版。

[12] [美] R.E. 帕克：《城市社会学》，华夏出版社 1987 年版。

[13] [美] 凯文·林奇：《城市的印象》，项秉仁译，中国建筑工业出版社 1990 年版。

[14] [美] 史书美：《现代的诱惑：书写半殖民地中国的现代主义（1917—1937）》，江苏人民出版社 2007 年版。

[15] [加拿大] 杰布·布鲁格曼：《城变：城市如何改变世界》，董云峰译，中国人民大学出版社 2011 年版。

[16] [加拿大] 简·雅各布：《美国大城市的生与死》，金衡山译，译林出版社 2006 年版。

[17] [英] 亚当·斯密：《国富论》，唐日松等译，华夏出版社 2006 年版。

[18] [美] 伊曼纽尔·沃勒斯坦：《现代世界体系》，罗荣渠译，高等教育出版社 1998 年版。

（三）论文、期刊

[1] 张寿彭：《试论中国近代资本主义商业的产生与特点》，《贵州大学学报》1986 年第 3 期。

[2] 赵德馨：《中国历史上城与市的关系》，《中国经济史研究》2011 年第 4 期。

[3] 罗志田：《革命的形成：清季十年的转折（上）》，《近代史研究》2012 年第 3 期。

[4] 姚秀利、王红扬：《转型时期中国城市规划所处的困境与出路》，《城

市规划学刊》2006年第1期。

[5] 吴松弟：《通商口岸与近代的城市和区域发展——从港口—腹地的角度》，《郑州大学学报》（哲学社会科学版）2006年第6期。

[6] 陈自芳：《略论近代城市发展的条件与动力——对杭州城市近代化的剖析》，《城市史研究》2000年第17—18辑。

[7] 郑忠：《长江下游非条约口岸城市近代化动力分析》，《南京师范大学学报》（社会科学版）2001年第1期。

[8] 谭玉秀、范立君：《从市场发育等角度对近代东北城市化的分析——以奉天东部为例》，《社会科学战线》2006年第2期。

[9] 孟晋：《民国初年商业的发展与城市近代化》，《河南社会科学》2003年第1期。

[10] 徐凯希：《略论近代沙市社会经济的变迁——近代长江中游通商口岸研究之一》，《江汉论坛》2003年第7期。

[11] 尹作升：《论近代济南城市工业的兴迁及其特点（1904—1937）》，《东岳论丛》2005年第4期。

[12] 李运华：《中国城市近代化和近代中国城市化之命脉》，《城市史研究》第7辑。

[13] 林吉玲、董建霞：《胶济铁路与济南商埠的兴起（1904—1937）》，《东岳论丛》2010年第3期。

[14] 李卫华、颜凤：《胶济铁路与近代淄博产业城市化》，《内蒙古农业大学学报》（社会科学版）2008年第1期。

[15] 刘志琴：《由市政建设看近代城市功能的衍化——以清末民初的保定城为例》，《河北学刊》2012年第3期。

[16] 宫玉松：《中国近代城乡关系简论》，《文史哲》1994年第6期。

[17] 吴毅：《农村衰败与晚清现代化的受挫》，人大报刊复印资料《中国近代史》1996年第9期。

[18] 熊月之、罗苏文、周武：《略论上海近代市政》，《学术月刊》1999年第6期。

[19] 唐振常：《市民意识与上海社会》，《上海社会科学院学术季刊》1993年第1期。

[20] 郭钦：《民国前期长沙市政现代化初步发展述论》，《湖南社会科学》2006年第6期。

[21] 唐富满：《20世纪20、30年代广州的人力车夫及其政府救助》，《中山大学研究生学刊》（社会科学版）2005年第3期。

[22] 陈广：《试析民初广州路政政策及演变——以马路建设为例》，《牡丹江师范学院学报》（哲学社会科学版）2008年第5期。

[23] 于海漪：《从〈市政全书〉看张謇城市规划思想的地位》，《建筑》2006年第1期。

[24] 赵可：《20年代我国留美知识分子对市政体制改革的探索》，《四川大学学报》（哲学社会科学版）1999年第4期。

[25] 汪华：《近代上海社会保障事业初探（1927—1937）》，《史林》2003年第6期。

[26] 李占乐：《近代中国城市社区福利事业论析》，《广西社会科学》2005年第3期。

[27] 郑成林：《1927—1936年国民政府与商会关系述论》，《近代史研究》2003年第3期。

[28] 魏国栋：《天津商会与胶济铁路的收回》，《云南社会科学》2006年第4期。

[29] 何一民：《辛亥革命前后中国城市市民生活观念的变化》，《西南交通大学学报》（社会科学版）2001年第3期。

[30] 李长莉：《以上海为例看晚清时期社会生活方式及观念的变迁》，《史学月刊》2004年第5期。

[31] 谯珊：《近代城市消费生活变迁的原因及其特点》，《中华文化论坛》2001年第2期。

[32] 陆远权：《开埠通商与重庆城市的近代化阶层》，《重庆三峡学院学报》2004年第4期。

[33] 王中茂、卫铁林：《外商经营房地产活动与上海城市的近代化》，《郑州航空工业管理学院学报》2000年第9期。

[34] 江沛、徐倩倩：《港口、铁路与近代青岛城市变动：1898—1937》，《安徽史学》2010年第1期。

[35] 李卫东、彭学斌：《论晚清武汉社会经济的变迁》，《江汉大学学报》2000年第4期。

后　　记

本书主要得益于我在读博期间的研究。我于2010年起在华中师范大学历史文化学院近代史研究所攻读博士学位，追随涂文学教授研究近代中国城市史。在刚进入华师之时，就准备对近代国人对于城市的思考进行一个研究，其间几经反复，终于将题目定为《1900—1937年中国社会精英对城市化与城市现代化道路的探索》。为了进行这个研究，我几乎天天泡在所里翻阅资料，并前往国家图书馆泡了一个月，撰写期间根据导师和教授的意见多次进行修改，经历了一个比较痛苦的研究过程，最后完成了博士论文的写作。2013年毕业到了江汉大学以后，我继续着这个研究，将题目的时间范围缩小到民国前期（1912—1937年），以期进一步将之前的研究拓深。如是又进行了将近两年的研究，才得以完成了这本著作。

写作此书提升了我个人的学术能力。首先，当感谢我的导师——涂文学教授。读硕期间我在他的指导下学习，他尽管公务缠身，却从不因此放松对我的指导。我写的论文他总是要认真阅读，字斟句酌，反复修改；而且总是不厌其烦地向我讲解研究方法、写作方法，推荐阅读书目，而我学识浅陋，水平有限，始终未能完全达到导师的希望，心中不胜惭愧。其次，还非常感谢华师近代史研究所里其他多位老师的指点，他们的严谨态度将使我获益终生。严昌洪教授虽年事已高，而且要辅导多名自己的学生，但他除了在我的第二次开题报告时就认真指点外，当我完成了论文初稿后，他还逐字逐句地认真批阅，连文章中的错别字都找了出来。罗福惠教授在开题报告时就对我严格要求，对我后来厘清论文的思路、框架有很大的指点。朱英教授和何卓恩教授在我的开题报告时也提出了许多宝贵的意见，而这几位教授在我最后的博士论文答辩中又提出了许多深刻的意见，对我在毕业之后继续这个研究有莫大的帮助。此外，彭南生教授、刘伟教授、郑成林教授等在开题报告和预答辩中对我的严格要求与提出的宝

后 记

贵建议，都使我获得了很大启发。

此外，还要感谢孙跃、张世敏、敖以深、陈明辉等同窗好友在写作过程中对我的启发。感谢中国社会科学出版社的吴丽平编辑对我的大力支持！感谢中国社科出版社负责校对工作的老师为修改我的文章付出了大量的劳动！还要感谢江汉大学对于拙著出版给予的大力资助。

桂子山3年的博士学位攻读生涯，是我人生中最特殊的3年，我的生活被彻底改变了，这不仅是指我学历学位的提升，而且这3年里我经历了生命里最为痛苦的事情，留下了永远无法弥补的创伤，我在这巨痛中进行着研究，这段经历是命运对我进行的摧残，也是考验，它使我的意志比以前更加坚强。感谢在我家里遭逢巨变之时关心着我和我父亲的亲友们，他们的爱心使我能够减少后顾之忧，专心学习研究。愿好心人一生平安！感谢父亲始终对我的支持和鼓励，使我能够克服一切悲痛、焦虑、彷徨，一路前行！特别要感谢已在天上的母亲，是她的勤劳朴实、尽职尽责的美德一直感染着我、激励着我，使我在学习、生活中常常感到她仍在身边。我会在今后的学术生涯中一往无前，奋力突破！

高路

2015年10月8日于武汉